科技工作者科学传播译丛

主 编：王 挺 陈 玲
副主编：李红林

芝加哥科学传播指南

〔美〕斯科特·L.蒙哥马利◎著
杨文源 赵 博◎译
石顺科◎审校

The Chicago Guide to Communicating Science

科学出版社
北 京

图字：01-2017-6417 号

内 容 简 介

科学传播者比以往任何时候都更加需要具备在各种平台和风格之间无缝对接的能力，需要更好地与受众开展交流。本书通过一些可靠的实例和具体的建议，帮助科学家发出自己的声音，并成为强有力的传播者，在更广泛的科学传播背景下思考自己的工作；讨论了在科学态度方面媒体和公众的角色定位，并为那些从事气候变化、流行病毒等具有争议性问题的研究者提出了开展科学传播工作的建议。

本书可面向的读者对象广泛，包括科技工作者、科普创作人员，以及对科普创作感兴趣的大众读者。

Original Title：The Chicago Guide to Communicating Science
Licensed by the University of Chicago Press，Chicago，Illinois，U.S.A.
Copyright © 2017 by the University of Chicago. All rights reserved.

图书在版编目（CIP）数据

芝加哥科学传播指南/（美）斯科特·L.蒙哥马利（Scott L. Montgomery）著；杨文源，赵博译. —北京：科学出版社，2021.9
（科技工作者科学传播译丛/王挺，陈玲主编）
书名原文：The Chicago Guide to Communicating Science
ISBN 978-7-03-068689-3

Ⅰ.①芝… Ⅱ.①斯… ②杨… ③赵… Ⅲ.①科学技术-传播-芝加哥-指南 Ⅳ.①G219.712-62

中国版本图书馆 CIP 数据核字（2021）第 085394 号

责任编辑：张 莉/责任校对：郑金红
责任印制：李 彤/封面设计：有道文化

科学出版社 出版
北京东黄城根北街 16 号
邮政编码：100717
http://www.sciencep.com

北京建宏印刷有限公司 印刷
科学出版社发行 各地新华书店经销
*
2021 年 9 月第 一 版　开本：720×1000　1/16
2022 年 8 月第二次印刷　印张：23 1/4
字数：320 000
定价：98.00 元
（如有印装质量问题，我社负责调换）

丛 书 序

习近平总书记深刻指出,"科技创新、科学普及是实现创新发展的两翼,要把科学普及放在与科技创新同等重要的位置",殷切希望广大科技工作者"以提高全民科学素质为己任,把普及科学知识、弘扬科学精神、传播科学思想、倡导科学方法作为义不容辞的责任,在全社会推动形成讲科学、爱科学、学科学、用科学的良好氛围,使蕴藏在亿万人民中间的创新智慧充分释放、创新力量充分涌流"[①]。

科技工作者是科学研究与探索的实践者、亲历者,对本领域的科学知识有清晰的认识和理解,对科学方法、科学精神有直接的体验和感悟,对本领域的未来发展有理性的认知和展望,具有从事科学传播与普及的天然优势,是连通科技创新和科学普及、将科技创新成果转化为科普作品的核心群体。

科技工作者从事科学传播与普及,在科学发展的历史上由来已久。近代科学摆脱宗教和神学桎梏而诞生,很大程度上得益于自然哲学家不断向公众传播科学,赢得越来越多的公众对科学的兴趣和支持。近代科学确立后,科学家开展科学传播与普及的优良传统得到了传承和发扬。1799年英国皇家科学研究所成立时明确提出,"通过定期的讲座和实验,向公众传播知识和有用的机械发明及进展,并教会他们将科学应用于日常生活之中",并开创了科学家面向公众开展科学传播与普及的经典活动——"圣诞科学讲座",一直沿袭至今。化学家戴维、物理学家

---

① 习近平. 为建设世界科技强国而奋斗——在全国科技创新大会、两院院士大会、中国科协第九次全国代表大会上的讲话. 北京:人民出版社,2016.

迈克尔·法拉第、生物学家罗伯特·达尔文、博物学家托马斯·亨利·赫胥黎等科学巨匠都参与其中，热心向公众传播科学。伴随着现代科学的发展，卡尔·萨根、史蒂芬·霍金等科学家更因其在科学传播与普及方面的伟大成就广为世人所知，我国也涌现了一批热心科普的科学家。

当前，我们正迎来新一轮科技革命和产业变革，科学技术的迅猛发展从来没有像今天这样深刻地影响着人们的工作和生活，科学传播与普及也肩负着更神圣的使命——让公众理解科学，让科学普惠人类，以科学素质的整体提升构筑理性、和谐、美好的未来。放眼世界，科技工作者们正通过出版物、影视作品和新媒体等各种平台，以科学写作、演讲咨询等各种形式，与政府、媒体、科技教育界等合作互动，为科学发声，为公众解惑，为科学更好地造福人类而孜孜以求。

我国拥有世界最大体量的科技工作者，如果能调动、引导对科普感兴趣、有热情、有能力的一部分科技工作者投入科学普及，我国的科普人才队伍将得到极大的提升。

基于这样的初衷，中国科普研究所科普创作研究室团队围绕国外科技工作者开展科普（尤其是科学写作）领域的指南类书籍展开调研，并选取经典著作进行译介，期望能为我国科技工作者开展科学传播与普及提供一些实用、可操作的借鉴，也能为已经在从事科学传播与普及的科技工作者提升传播技能提供参考。

我们愿与广大科技工作者一起，积极探讨符合科技创新规律和时代发展需要的科学传播与普及方式方法技巧，弘扬科学精神，普及科学知识，为提升全民科学素质，厚植创新沃土共同努力，贡献力量。

王　挺

2020年1月

译 者 序

科学传播是科研工作的重要组成部分,也是科研工作者的基本职责和义务。做科研本身也需要与同行保持良好的交流。科学传播(尤其是书面传播,如发表科研论文和科普文章)使得科研工作者之间、科研工作者与公众之间能够实现跨越时间和空间的交流,是科学共同体存续和发展的关键纽带。与此同时,随着传播媒介的多样化和全球化发展,科研工作者也需要适应和学习更多不同类型的科学传播方式。

《芝加哥科学传播指南》是一本面向科研工作者的较为全面的科学传播指南,既包括不同形式的传播(书面传播和口头传播)指导,也包括面向不同受众的传播(科研传播和科普传播)指导。作者梳理了科学领域大量不同类型的传播案例,结合自身从事科学研究和科学传播工作,以及与同行交流的相关经历,剖析了科学传播的历史和现状,并提供了许多实用建议。本书不是罗列关于科学传播的金科玉律似的操作指南,而是尽可能地唤起读者关于科学传播的元认知,这样做不仅能帮助读者学习科学传播方法,还能帮助读者理解科学传播,从而更有效地完成科学传播工作。书中关于科研工作者在进行科学传播时会遇到的各种内在的和外在的挑战与障碍,非常贴合科研工作的实际情况,每一名科研工作者都能或多或少从中看到自己的影子,很容易产生共鸣。

我们是《芝加哥科学传播指南》的译者,更是它的读者。在翻译和校对过程中,我们通读全书多遍,每一遍阅读都能激发起浓厚的兴趣和继续读下去的强烈愿望。这本书本身就是一份科学传播作品,作者对于科学传播的理解以及准确运用语言文字、深入刻画这种理解的能力令人叹服,而这样的理解与能力亦是开展科学传播所需要的。

译 者

2021年6月

第二版前言

任何作品的新版本都是对作者的赞誉，也是给作者提供的第二次机会。读者发现第一版是有价值的，但现在希望它得到改进。这种需求是一件好事。在科学传播这样一个飞速发展的领域，作者（在新版本中）能够更新关键材料、纠正错误、强化重点、消除尴尬，甚至吸纳审稿人和其他书评人的评论（当然，多是善意的）。同时，作者也能扩展和深化图书内容，使之更充分地契合已经发生的历史变化。

本书第二版同样如此。自第一版问世以来，科学传播界已经发生了翻天覆地的变化。毫不夸张地说，自20世纪90年代末以来，世界进入了一个新纪元。互联网现在显然处于科学（传播）的核心位置，为表达、分享和滥用知识提供了前所未有的新机会，这些机会带来的振奋和效益与困惑和问题同在。总的来说，科学家对传播技能的需求和使用比以往任何时候都要大且多。

第二版直接响应了上述情况。与之前一样，我的目标是在帮助读者理解相关建议的前提下，为其提供完全实用的建议。同时，我将这些建议扩展到了一些新的领域。今天，科学家比以往任何时候都更加频繁地被要求向大量读者/听众传递观点。具备胜任并出色完成这项工作所需的各项技能，是维持科学本身强大且重要的形象的必要途径。

这一版的新内容涉及剽窃和欺诈、撰写毕业论文（学位论文）、科学翻译、面向非专业读者/听众的写作和演讲、在课堂上教授科学传播等。本书的其他部分也做了一些有选择的改进，如涉及科学的语言、如何写得好、与新闻界的合作等内容。另外，我保留了第一版中关于图表的讨论。尽管互联网无疑扩展了科学的视觉维度，但是创建高品质（科学）图像的基本要点是没有变化的。

本书还修改了结构框架。它现在分为三个部分：第一部分涉及科学语言和修辞及其如何在优质写作中发挥作用；第二部分是关于面向科学家的专业传播的具体形式及其生成方式；第三部分涉及特殊话题，包括上文所述的大多数新内容。

我希望并且相信，这个新版本证明我充分利用了第二次机会，并为读者提供了一个有价值的接替第一版的继任版。

致谢是必需的。但是，我更想表达赞美，而非情义。芝加哥大学出版社的玛丽·劳尔（Mary Laur）在这一版的创作过程中一直是极好的助力：参与、理解，当然还有耐心。我希望将来还能与她合作其他项目。在她的帮助下，我还受益于两位杰出的（匿名的）审稿人，他们的评议不仅改进了本书的内容，还让我认识到了自身的局限性。芝加哥大学出版社的特聘编辑克里斯蒂·亨利（Christie Henry）也提出了一些极好的建议。凯利·费恩弗朗克-克里德（Kelly Finefrock-Creed）也给予了我极大的帮助，使我免于一些关键的尴尬，并将书稿提升到了一个可能达到的更高水平。多年来，我的许多学生也贡献了一些很好的想法和经验，我非常感激地吸纳了这些想法和经验，在此对他们表示诚挚的感谢。最后，和以往一样（致敬家人），是玛丽莲（Marilyn）、凯尔（Kyle）、卡梅伦（Cameron）和克利俄（Clio）使这本书既得以成行又充满希望。每个人都不是一座孤岛，而是一个半岛。

第一版前言

本书围绕科学传播的方方面面花费了大量时间和精力精心雕琢。作为一名出版学家以及一名科学史和科学语言领域的独立学者,我的工作经历为本书提供了许多可借鉴的资料。除此以外,像绝大多数作者一样,我在当代写作行业既做过"佃农"也做过"自耕农"。这项工作使人不得不被拽入许多角色——散文家、自由职业者、翻译、编剧、演说家、评论家、代笔、文案、编辑、校对、信使、秘书、被拒绝者。这些都是当代社会"成功"作家所拥有的面孔——能够被称为作家,意味着能够大致上定期有出版物面世。接下来的章节都直接源自这种多面经历。

本书很可能不同于你之前见过的大多数其他科学传播指南。根本原因在于,我不认为科学家是文字水平不高的人——因为科学家有时也必须(以某种方式、克服各种困难)通俗易懂地表达观点。我把科学家视作成熟的作家或演说家,他们清楚将自己的知识传递给他人是其研究工作的重要组成部分。对于作家而言,学习写作最重要的不是学习前人传承下来的规则和标准,也不是从按部就班的建议中汲取养分。他们向同道中人学习,向其他作家学习——拉丁语中的"模仿"(imitatio)一词集合了仿写、改编、创造的意思,是很实用的学习写作的方法,而且这个词实际上源自从古至今写作教学中一直在使用的修辞学传统。但是,向其他作家学习并不像听起来那么简单。它涉及许多重要的和实际操作方面的东西,我尝试将这些方面进行各种程度的整合并贯穿全书。

基于上述观点,有了这本指南,在某种程度上可将科学家归属为

"作家"（或者更确切地说是"沟通者"）行列。我的目标是提供一系列清晰且切实的方法，以帮助读者在个人已有基础上发展出实用水平或更高水平的（传播）技能，同时，帮助读者认识到当今科学领域写作、演讲和出版的实际情况。此外，本书的一部分内容旨在向科学家作者传递关于科学话语本质和历史的理解，它是一种鲜活的、不断演变的现象。对传播媒介以及如何有效运用媒介的了解，只能让人在一定程度上把控传播这件事。事实上，这种把控是科学传播的关键环节。

过去半个世纪以来最伟大的语言学家之一诺姆·乔姆斯基（Noam Chomsky），曾把词典称作"提示清单"（list of hints）。他认为，单词及其含义在使用上是非常灵活的，不能被一套固定的定义所束缚。同样地，那些希望找到关于优质科学表达的永恒不变的规则的人，随着时间的推移必然会被反复"打脸"。科学行文在形式和表达上一直是多样化的，作者和演讲者应当不断适应和探索。

本书的撰写得到了许多朋友、教师和同事的帮助，有些帮助是直接帮助，有些是在日常接触中积累起来的收获。受限于篇幅，此处我只能提及几位最感激的人。比尔·特拉弗斯（Bill Travers），地质学家，我的朋友，曾在康奈尔大学（Cornell University）工作，多年来我与他之间进行了许多关于科学和写作的有益的讨论。奈杰尔·安斯蒂（Nigel Anstey），地球物理学家，帮助我重新定位了对某些重要议题的思考。在过去 5 年里，我还收到了许多审稿人和编辑的很有帮助的批评和指正，他们来自美国石油地质学家协会（American Association of Petroleum Geologists）、美国地质学会（Geological Society of America）、堪萨斯地质学会（Kansas Geological Society）、落基山地质学家协会（Rocky Mountain Association of Geologists）、犹他州地质调查局（Utah Geological Survey）和美国地质调查局（US Geological Survey）。此处仅列举对本书贡献最突出的意见来源。这一路走来，史蒂夫·富勒（Steve Fuller）、莱斯·莱维多（Les Levidow）和柯克·朱克（Kirk Junker）提供了关于科学语言和出版物的有益交流与评论，约翰·莱恩（John Lyne）常常提供一些温和但有效的支持。华盛顿大学医学研究中心（University of Washington Medical Research Center）的汤姆·科特纳（Tom Cottner）为本书本版提供了宝贵的材料和信息。我还要感谢本书初稿的审稿人，他们凭借自己的聪明才智和学识改进了书中的许多部分，使我避免了某些信息和判断上的错误。书中如果还存在什么偏误，都是我的问题。

芝加哥大学出版社的苏珊·艾布拉姆斯（Susan Abrams）是本书的责任编辑，她的工作保证了本书能够面世并确保了书的品质。她在本项目的各个阶段提供的坚持不懈的支持、耐心和明智的建议，我将永远铭记在心。

最后，我以这部作品向在世的和后继的家庭成员致敬，特别是凯（Kay）、雪莉（Shirley）、林恩（Lynn）和弗兰克（Frank），他们看到这样一本出自众人之手的书都会感到惊喜。最后的最后，我必须感谢那些幕后的人——凯尔、卡梅伦和玛丽莲——他们又经历了一个充满希望的劳动季。

目　　录

丛书序 / i

译者序 / iii

第二版前言 / v

第一版前言 / vii

第一部分　科学语言和修辞：工欲善其事，必先利其器

第一章　传播科学 / **003**

    一、引言 / 004

    二、态度的重要性 / 005

    三、学术交流相关文献概览 / 007

    四、本书的写作思路 / 009

    五、结语：语言的学问 / 011

第二章　科学的语言：读者和作者应当知道的历史事实 / **014**

    一、陈年旧事 / 015

    二、我们从哪里来：现代科学表达的开端 / 017

    三、教育的作用 / 021

    四、科学修辞：著名文章的启示 / 023

    五、语法：事实和谬论 / 027

    六、写好文章或做好演讲意味着什么？/ 029

第三章　阅读：写作的第一步 / 032

　　一、创作的感觉 / 033

　　二、内化喜好：模仿的价值 / 034

　　三、做一名批判性读者 / 036

　　四、需要考虑的一些问题 / 037

　　五、一些相关技巧 / 038

　　六、作者的心理障碍：一个不同的观点 / 040

　　七、T. S. 艾略特和"盗窃"的重要性 / 042

第四章　写出好文章的基础 / 044

　　一、实用型表达 / 045

　　二、写作就是做实验 / 046

　　三、读者 / 047

　　四、作者 / 048

　　五、组织 / 049

　　六、体例 / 051

　　七、环境 / 052

　　八、着手动笔 / 053

　　九、修改文稿 / 054

第五章　善于写作：创造力和文字修养的历练 / 066

　　一、超越实用型的"创造性写作" / 067

　　二、机会 / 068

　　三、最后：文学技巧体现在知道什么时候该停止 / 086

第六章　审稿过程：评判优劣 / 087

　　一、编辑和他们的工作 / 088

　　二、审稿过程：逐步评议 / 089

三、要点和指示 / 091

四、得体的回复：要有重视批评的态度 / 093

第七章 穿过黑暗的瓶颈：剽窃、欺诈和作者的道德规范 / **097**

一、为什么会发生这种事？ / 098

二、历史因素 / 101

三、什么是剽窃？ / 102

四、剽窃有多频繁以及谁会剽窃？ / 106

五、一个必要的结论 / 108

第二部分 专业传播：何处、何事、以何种方式

第八章 专业科学传播：事件在哪里发生？ / **111**

一、传播的情境 / 112

二、科学全球化：发展中国家的重要性 / 116

三、传播到底意味着什么？ / 117

四、地点，地点…… / 123

第九章 科学论文：现状和实用建议 / **125**

一、过去和现在 / 126

二、论文类别 / 127

三、一次文献、二次文献和其他文献 / 129

四、论文结构：各组成部分及其目的 / 129

五、提纲能辅助 / 141

六、科学论文中的引文：它们的意义和用法 / 141

七、共同作者：如何组织和管理他人的贡献 / 143

八、选择期刊 / 144

九、提交原稿 / 145

第十章　其他写作类型：综述、书评、辩论/评论 / **147**

　　一、建议与赞同 / 148

　　二、综述文章：功能和角色 / 149

　　三、书评 / 155

　　四、辩论/评论 / 159

第十一章　项目申请书 / **164**

　　一、申请书的重要性 / 165

　　二、提出理由 / 165

　　三、定义与现实 / 168

　　四、价值判断标准 / 170

　　五、使用范例 / 172

　　六、实例 / 174

　　七、结语 / 178

第十二章　图片和它们的位置 / **179**

　　一、视觉语言：分离但平等 / 180

　　二、特异性与改变 / 181

　　三、选择范例：这里也用得到 / 183

　　四、试验再试验 / 184

　　五、一些必需指标 / 186

　　六、示例 / 187

　　七、在文本中提及配图 / 202

　　八、最后一点 / 204

第十三章　口头演讲：寥寥数语 / **205**

　　一、科学中的口头用语 / 206

二、基本态度 / 207

三、怯场：谁都经历过 / 208

四、结构与流畅性 / 209

五、使用文稿：电子展示的现状和技巧 / 211

六、设计演示文稿：进阶实用要点 / 218

七、该不该照稿子念？/ 219

八、向公众做讲座：一些要点 / 220

第十四章　毕业论文（学位论文）：它的意义和写作方法 / **224**

一、论文意义 / 225

二、论文基础 / 226

三、论文结构 / 228

四、论文主体部分 / 232

五、但是你的论文评审委员会（审查人）会审查什么？/ 240

第十五章　网络世界：科学的新语境 / **243**

一、新媒体，新信息 / 244

二、积极的一面 / 245

三、注意事项 / 247

四、版权问题 / 249

五、开放获取 / 250

六、警告："捕食性"出版商 / 257

七、社交网络：科学的新文化 / 259

第三部分　科学传播专题

第十六章　写给非英语国家的研究者 / **269**

一、英语作为科学语言的几个现实问题 / 270

二、读、听、说、写 / 271

三、要想会写作，首先要会阅读 / 272

四、有益的和无益的担忧 / 275

五、同行的重要性 / 276

六、一些实用建议 / 277

七、耐心是必要的 / 278

第十七章　翻译科学资料：指导原则和现实问题 / **279**

一、视角 / 280

二、如今的这个领域 / 281

三、关于计算机翻译的几个问题 / 284

四、给新手翻译或准翻译人员的建议 / 285

五、最后说些鼓励的话 / 288

第十八章　应对媒体：如何成为有效且可靠的信息来源 / **289**

一、为何要有这么一章？/ 290

二、事实与问题 / 291

三、新闻媒体的现实问题 / 293

四、一个简单的比较 / 297

五、科学家的动机 / 298

六、公众的兴趣 / 300

七、做好准备：一些建议 / 302

八、如果我的研究领域特别有争议怎么办？/ 306

第十九章　科普写作和科普讲座：与公众交流，为了公众而交流 / **311**

一、别跑，我们是你的朋友 / 312

二、什么是科普写作？/ 313

三、如何做：一些基本要素 / 314

四、公开演讲：基于实战的实用建议 / 322

　　五、结语 / 330

第二十章　教授科学传播：给课堂教学的建议 / **332**

　　一、致谢 / 333

　　二、教授科学写作和演讲 / 334

　　三、教授科普写作和演讲 / 337

第二十一章　结语 / **340**

参考文献 / **344**

第一部分

科学语言和修辞:工欲善其事,必先利其器

第一章 传播科学

一个人若是讲了真话,那是他肯定自己迟早会被发现。

——奥斯卡·王尔德(Oscar Wilde)

一、引言

科学家既是作家，又是演说家。如果我们从事生物、物理或地理等科学方面的职业，会对这一点有更加直观的感受。作为可共享的知识，科学与书面语言和口头表达密不可分。做科研与传播科学之间没有严格的界限，也没有隔阂；传播科学在一定意义上也可以说是在做科研。如果只做科研而不传播科学，就好比把科研数据扔在森林里，没有人会听到，也没有人会看到。那些未能形诸笔墨、见诸出版的研究，要么还没有发表，要么还处于设想阶段，要么根本不存在。出版物和学术报告，事实上是在彰显科学工作的现实存在，这也是一种可共享的存在。

以上这些基本事实，指明了科研工作的起点。科学家是专注于学习和研究的学者，也关注不易获得的学术头衔。传播科学是科学家的本职工作，决定着科学研究的存在以及科学家在专业领域的地位。所以，科学家必须履行传播科学的义务，接受写作的需求和责任。除了履行传播科学的职责外，科研工作本身也需要科研工作者能够与同行之间保持良好的交流。

所有致力于科研工作的人都避不开传播和交流科研成果的需求。可以肯定地说，良好的写作和表达能力决定着人们对所做工作的重要性与可靠性的理解。在科研领域的声望，很大程度上取决于交流能力。因此，提升表达交流能力不是为了取悦英语老师，而是专业领域的现实需求，有助于专业发展。良好的沟通交流是为了自身发展得更好。换句话说，清晰准确的书面和口头表达是专业能力不可缺少的组成部分。

上述观点可能与你的个人经历和听别人故事的感受不太一样，不过没有关系。创造和分享知识不仅意义重大，同时也是一种操作性极强的活动。这种活动属于人类能够达到的最高层次的成就。但实际上，当你用电脑键盘打字，当你走上演讲台，当你站在教室里讲课时，你都是在参与这项人类最重要、最需要智力投入的事业。

本书旨在帮助科学家更好地胜任科学传播者——作家这一角色。我要表达的是，作为科学共同体的一员，你该如何自在地表达和交流，甚至为自己能够进行这样的交流而感到自豪。这个过程没有煎熬，也没有什么金科玉律，只需要有耐心，有向他人学习的愿望，以及正确看待"作家"这个身份的态度。

二、态度的重要性

对于科学家来说，写作并不是容易的事情。许多杰出的研究工作者写的文章能把刚教作文课的老师"炫"花了眼，而且这样的故事太多了。但实际上，写出好文章对任何人、任何学科（无论是量子力学还是艺术史）来说都不容易。写作是一项技能，或者更准确地说，是一系列技能的集合。写作并不是模式化的机械活动，往往还需要情感的投入，并且需要持之以恒和不断磨炼。日语里有个非常好的谚语用来形容学艺的艰难，叫作"三年石上立"（Ishi no ue ni，san nen）。

我不建议大家这么做（用一两年时间养成一个好习惯，太耗费时间了），但这里指出了大概方向。作为科学家，应该接受的写作方面的训练是什么样的呢？事实上，人文学科与科学学科之间最主要的差别是，撰写、评论和修改文章是人文学科基础训练的核心内容，但科学学科不是。此外，研读前人的优秀著作也是人文学科训练的重要内容，但科学教育则很少有这类训练。我们在基础物理课上，不会读艾萨克·牛顿（Isaac Newton）的文章；在植物学课上，不会读卡尔·林奈（Carl Linnaeus）的文章；在化学课上，不会读拉瓦锡（Antoine-Laurent de Lavoisier）的文章；在地理课上，不会读查尔斯·赖尔（Charles Lyell）的文章。为什么会这样呢？原因很复杂，与近代科学史有很大关系。但科学家进行写作训练的成效却是显而易见的：科学家应当自己培养和提高写作能力，要么通过在校期间的专业写作课程学习写作技能，要么在进入专业研究领域后通过潜移默化的学习来提升写作能力。

如果正式、规范的交流对于科学家和工程学家来说是一种压力，那么，有什么有效的方法能改变这种情况呢？研究者对撰写科研文章和科学语言的理解非常重要。要想达到良好的交流效果，你至少应当能够驾驭你所使用的语言。也就是说，作为作者，你起码要意识到，你正在使用文字和形象的描述来展示研究工作。同时意味着，你应当知道你正在通过特定的方式和逻辑架构讲故事，说服特定的听众。

在科学研究工作中，科学工作者经常感到语言是一种障碍，需要耗费很大工夫应对语言问题。学术发表有固定的规范，在很大程度上限定了发表者能说什么和不能说什么。事实上，科研写作的总体风格是平实的，十分依赖专业术语，学术期刊编辑不会喜欢那些敬神般的华丽辞藻、激情抒发和肆意鼓吹。这些不足以把科研成果说清楚。科学，听上去也许是平淡无奇的，但骨子里充满了人情味和个性化。"平静"是学术演讲向人昭示的"声音"，有待通过种种选择使之焕发新生，而其中的一些选择又是灵活多变的。如果足够细心，就能发现有很多方法可以将个人的口头表达用于科学交流。创新性和独特性是写科研文章非常重要的一个特点（详见第四章）。

另外，相较于人文学科领域的研究者，自然科学领域的科学家在学术交流方面还有一定的优势。一些使科研用语显得平实且规范的东西对科学家进行学术交流是有益的。实际上，大量使用专业术语意味着科学工作者的论文或演讲的许多成分是预先设定好的。很多时候，在写文章时，我们通常能很顺畅地在电脑上敲出来一系列词汇，就像它们是自动生成的一样。但事实上，这并不是自动生成，而是一种语言直觉。我们如何才能获得这种语言直觉呢？答案其实很简单，就是要将本学科领域的话语体系内化为自己的东西。这就需要经年累月地阅读，查阅大量相关专业文献，直到对这些内容不再陌生。还有一些适用于研究生的途径，耗时要短得多（详见第三章）。这里想说的是，科学工作者不要认为写作是一件孤寂的苦差事。每一次科研写作都是共享交流，对我们的研究工作是有益的。

很多事情始于态度，也止于态度。自信的作者能够把自己的观点传递给读者。他们的科研成果往往表现得更加有效，而非模糊不定。同样，如果你对写作感到恐惧，那你的文章可能会吓到别人（甚至更糟，让人读起来感到可笑）；反过来，如果你将学术文章的写作视为没有约束的创造活动，以尽情发挥为目标，那么，必将迅速收到编辑拒稿的消息。本书将帮助大家避免以上两种情况的出现。

三、学术交流相关文献概览

作为科学家和作家，如果我不专门提及同行的已有相关成果，那我就太疏忽大意了。用专业术语来说，这些已有的相关成果就是"文献综述"。

多年来，很多人编写指导手册来填补科研写作和学术演讲在培训方面的空白。这些指导手册所能达到的培训效果各不相同。这些文献中有许多出色的观点，就像在暗淡的沙粒中闪烁的宝石。但是，也同时存在着许多"玻璃碴"和"灰烬"。因此，有一些注意事项不得不在此处提及。

首先，许多科学传播书籍可以归结为一系列关于科学交流的规则、标准和注意事项。有些书甚至反其道行之，结果却适得其反。这些书通常会告诉读者，"所有句子都应该用短句和简单句式结构""避免情绪化的词语"。这些书也可能会指导读者"尽可能使用主动语态"，或者"所有文章都应遵循 IMRAD［即前言（introduction）、材料与方法（materials and methods）、结果（results）、讨论（discussion）］结构"等。这些指导建议，如果被视作铁律，就会变成教条。

从某个角度来说，学习规则是有意义的，毕竟科研领域充满了规范、原则和标准。为什么不把这些规范、原则和标准巧妙地应用于科学写作呢？当然可以，但得清楚这意味着什么。这样做会导致焦点偏移，导致人真正关注的不是写作本身，而是遵守"写作守则"。不鼓励学习者学习其他科学家的文章或著作，却鼓励他们遵从规则。这就是为什么这类手册通常都使用法律似的强制执行的口吻（比如，绝对不能……）。但也存在一个很大的问题，法规似的写作建议往往容易让科学工作者手足无措，造成他们在写作上的困扰。小心翼翼地避免可能出现的错误，对提升写作能力并没有什么帮助。因此，这些建议往往导致科学工作者犯更多的错误，而不能帮助他们获得成功。

比如说，很多手册都会用大篇幅陈列论文各部分的写作标准，包括参考文献、表格、体例、文章结构等，这些标准绝大部分都没有太大价值，因为并不存在论文写作的普适标准。不同领域的写作要求往往是不同的，统一标准仅适用于特定期刊，甚至特定领域。因此，研读所在学科领域的文献是获得学术交流相关实用知识的可靠方法之一。

此外，还有一个问题，即指导手册的作者提供的建议通常都是基于个人经验的，这就难免有局限性。对生物医学或农学有用的建议，不一定适用于化学或天文学，甚至可能都不相关。就实验性质的工作而言（比如地球科学、数学、物质科学、工程学以及众多其他领域），大多数情况下并不遵从 IMRAD 结构，而是呈现其他一些内容，比如野外考察、理论和实录性描述。科研文章不存在一套单一标准，科学实验也不存在固定"套路"。任何试图倡导普适标准的尝试都带有权威主义色彩，事实上，这个领域的人们长期以来都在抵制这种强加的意志。就像大自然一样，研究工作也具有很强的多样性。科学工作者需要的不是专横的条例，而是具有包容性的建议，帮助他们学会分辨什么才是可接受的工作。

更何况，自21世纪以来，科学出版物的方方面面都处于不断变化当中。整个学术出版界已经进入一个充满活力又存在诸多不确定性的时代。当然，我指的是网络世界，即使科学工作尚未立足网络世界，也已经到了全力挺进之际。在线文章已经发展出基本的发表规则，一些期刊也要求在参考文献或者补充材料中插入网络链接。形式多样的开放获取（open-access）期刊的兴起，不断改变着科学出版的主流方式，这是所有专业科学家都需要了解的事实。因此，既然"如何出版"在很大程度上影响着"发表什么"，本书将重点讨论这个话题。

四、本书的写作思路

这是一本关于专业科学传播的书，内容包括什么是专业科学传播，如何实现、理解和提升专业科学传播。本书的作者有着丰富的科学写作和讲座经验，熟悉科学素材和科学语言的学术研究。在作为地理学家的职业生涯中，我发表了大量的学术文章、专著和专利研究。同时，我对科学对话非常感兴趣，撰写了关于科学修辞及其发展史、在不同语言中的特点和翻译等方面的书籍和学术文章。因此，本书所呈现的内容是经验和学问的结合。

本书聚焦于书面表达。这是每个科学家都必须知道如何去做的事情，无一例外。此外，还有关于口头表达、与出版界打交道、与公众交流等其他主题的章节。本书主要关注科学家同行之间的书面交流，在有交流需求的各个科学领域具有推广意义。

在学术领域，期刊文章占有相当大的比重。尽管期刊文章仅仅是学术表达的其中一种方式，但大多数科学家和科研单位都认为，期刊文章是承载科学知识的主要形式。科学期刊起源于350年前，自19世纪开始流行，于20世纪发展成为一种无可争议的"标准形式"。以后有可能还会发生变化，新的替换形式有可能会出现。但是，就现在以及可以预见的未来而言，在线发表和印刷出版仍将是期刊出版的主要形式。

那么，什么样的写作是科学的写作呢？有两种说法，都很重要。第一，科学的写作是讲故事。其他写作指南里也会强调这一点，这是对的。阅读任何一篇文章的小标题，我们可以明确地推测出该标题下所包含的内容是什么、是怎么来的、导致了什么结果以及意味着什么。第二，科学的写作也会用修辞"辩术"，不仅仅是陈述，还要有观点。它要说服读者，研究结果不仅有意义，而且有重要价值。这一点比讲故事更重要，也就是说，我们需要看到故事的重点。

总的来说，本书是建议而非规则，是指南而非要求。根据我多年的出版和教学经验，如果把自己定位为作者而非堆砌文字的"工人"，通常能学好如何写作。

这是什么意思呢？首先是身份转换。更确切地说，是要给作为作者的你提供可靠的理解、技能和态度，以帮助你掌控你所运用的语言。我希望从三个基本方面着手。首先，我回顾了关于科学对话的历史和本质的一些观点，这让科学工作者对背景有所了解，也让他们更加明确自己的定位；其次，我认为好的写作通常需要以阅读为基础，即站在写作的角度阅读，带着批判的眼光追求质量，看哪些是值得学习效仿的；这也直接指向了第三点，也就是最后一点，好的交流者能够鉴别和研究所在领域的成功表达的案例，并从中学习。

最后一个观点是所有观点中最重要的。这是一个古老且被深度测试过的真理：写作者通过模仿他人的优秀作品，获得实用的写作技能。这一观点也被诗人、小说家、剧作家、散文家和学者广泛证实。事实上，自公元前1世纪古罗马修辞学家昆体良（Quintilian）起到19世纪后期，模仿一直都是西方教育的一个重要方面。直到今天，在艺术和人文科学领域，模仿仍然是一种普遍使用的方法。经验告诉我们，虽然模仿可能是不经意的，我们也不太倾向于承认模仿这件事或者将其列为主要培训内容，但是，科学家学习写作最常用的方式同样也是模仿。

审慎地利用优质的范本还有另外一个突出好处。那就是，如果愿意的话，你能够自行选择自己的"老师"。正如我说过的，写作是一种个人行为。但是，写作也使得你成为创作者团体的一员，从而能够通过模仿其他成员的优秀作品来提升自己的能力。关于这件事情，后续章节会进行详细叙述。现在，请允许我引用美国著名诗人T. S. 艾略特（T. S. Eliot）说过的话作为总结：不经过与前人的作品进行对照、比较，就永远不会成为一个纯粹的原创者。

关于本书所不涉及的内容：本书不会教你语法规则，也不会教你固定用法。其他一些书会教这些内容，本书假定读者具备基本的造句能力，会查词典。如果你具备这样的能力，请继续往下阅读，本书很适合你。本书也适合母语非英语的读者。针对这类读者，我专门写了一章。但是，那些没有基本的语言文字应用能力的读者可能需要先学习语言文字——这类读者可能已经被刚才说的这点烦到或者已经被吓跑了。

请考虑用多种不同的方式来使用本书。接下来的三章（第二章、第三章和第四章）是一个单元，写明了本书的主旨思想，建议按顺序通读。第五章将前三章涉及的部分观点提升到一个更高的水平，但可能不一定适合所有读者。接下来的篇章既可以采用类似的阅读方法，一章接一章阅读；也可以根据个人兴趣和需要，专门阅读其中一章。不出意外的话，我想在读完本书之后，大家应当能够转变关于科学表达的观点，包括什么是科学表达，它有哪些组成部分，它的发展趋势，以及如何运用科学表达。哪怕只有其中一部分有收获，也是好事。

五、结语：语言的学问

我说过，一个人对语言的看法会在很大程度上影响他对语言的使用。曾几何时，科学家成了某种特定语言原理的"俘虏"，使得他们对"科学信息"的理解产生偏移。这里，我专门指的是那条重要原则——简化，再简化。关于这一观点，有很多不同的解读。你可能已经听过其中一些，比如，尽可能少用单词，删掉所有不重要的内容，科学写作要直观易读，所有句子都使用主动句，等等。

所有这些观点反映出一个关于学术对话本质的根深蒂固的错误概念。"无限简化"就是一条强加的律令，因为科学交流存在不可避免的复杂性。这种思想没有认识到专业写作作为人类的一种表达方式在语言运用方面的灵活性，也没有认识到专业写作包含一定的文学技巧。要想说服一名有批判眼光的读者，作者不能仅仅简单地把头脑中的信息堆砌在纸面上。如果堆砌文字有用的话，指导写作的书就没有存在的必要了。那任何人都是大师，不需要学习了。

举一个例子，最常见的写作原则"简化"，认为科学作者应当去掉所有诸如"在这些或类似的情况下"（under these or similar circumstances）、"值得注意的是"（it is important to note）、"绝大部分"（for the most part）、"值得怀疑的是"（it is doubtful that）等一类的说法。虽然对数据而言这些短语可能是可有可无的，但它们却在好的写作中发挥着重要作用。它们是句子或段落之间的过渡，对读者来说是有用的线索，增强了论证的严密性、连贯性和内在联系。

在任何领域的研究工作中，有效的论证都需要采用富有说服力的技巧。事实上，很多这类技巧在科学写作和文学写作中是通用的，只是使用方式不同。仔细分析任何一篇学术文章，都能很容易发现这一点（见第二章）。从根本上说，科学表达和人文表达的基础并没有太大的差异，只是存在一系列注意事项而已。

本书的主要目标是帮助科学作者和会议发言者在创作合格甚至优质的科学作品时，能够理解他们所用的表达方式。换句话说，帮助读者学会用批判的眼光去阅读，并真正理解科学信息的本质是什么。尤其是，写作其实是一项复杂的工作，需要不断试错，会写着写着遇到"死胡同"，做了一堆无用功。当然，也会像做研究一样获得小小的成就感，最终希望能够呈现出的是架构合理、逻辑连贯、能够解决掉前面提到的大部分问题的作品。用诺贝尔生理学或医学奖获得者彼得·梅达瓦尔（Peter Medawar）的话来说，"科学文章是骗人的"。所有成功的写作都是这样。

科学传播是高度程式化的，比文学写作要程式化得多。当我们回首过去（比如17世纪），寻迹当时的专业写作，会发现现在做的专业表达实际上仍然在对同样的特定听众讲述高度精练、极其形式化的故事。大多数时候，我们都是通过模仿来学习这种表达的，这也是一个试错的过程。科学工作者自觉或不自觉地（更多时候是不自觉地）采用一些策略来向读者传递他们的知识、能力、原创性和贡献。这么说，专业表达似乎是一件困难的事情，它既平凡又崇高。或许这样的观点能让科学工作者持续保持批判、细致和质疑的状态。但是，科学工作者应当时刻清醒地牢记当初选择做科学的原因，始终不忘推动他们在这条道路上走下去的好奇心和魅力，以及目标和愿望。写作也关乎他们生活的这些方面。科学家也是作家，因为科学是这个世界上伟大的存在。

第二章 科学的语言:
读者和作者应当知道的历史事实

一个科学家的所有创造,实际上就是他用以阐释这些创造的语言。

——亨利·庞加莱(Henri Poincaré)

一、陈年旧事

作为科学家，我们也是生活在这个时代的人。与其他领域不同，我们接受的训练几乎没有关于本学科历史或科学对话演进方面的内容。科学语言有自己的历史吗？牛顿和拉普拉斯（Laplace）会如何看待《物理评论快报》（*Physical Review Letters*）现在刊登的文章？如果将达尔文（Darwin）的《物种起源》（*Origin of Species*）提交给现在的主流刊物，它有多大机会能够被接收（或者说，还有可能出版吗）？

这些不仅仅是学术问题。科学家之间进行交流所用的专业语言是经过演化的。语言不是一成不变的，科学语言也是如此。如果你质疑这个观点，我强烈建议你阅读你所在领域1672年、1760年、1868年、1965年和2014年的文章，就会发现这些文章和今天的文章风格有明显的差别。

举个例子：

> 1672年的文章：1666年……我给自己物色了一个三棱镜，尝试著名的颜色现象……起初玩得很开心，看到了五颜六色的光；但是，过了一会儿……我开始疑惑，这些不同颜色的光都是长方形

的；根据已知的折射规律，我以为会看到环形的。[1]

1760年的文章：地层除了水平分割，还被许多垂直裂缝分成不同的区块：有些地方垂直裂缝非常少且窄，更多的地方是多且宽的。也有很多地方，某一地层几乎没有任何裂缝，而它相邻的上下两层却被裂缝分得非常碎。这种情况经常发生在黏土层，因为它非常软，不易裂。[2]

1868年的文章：当前，一个国家的过度开采程度可以通过从地表移走并被排放到海里的矿物质的量来衡量。仔细考察这种现象，经过计算有助于回答"山谷起源"这种长期争论的问题，也有助于弄清地质年代。[3]

1965年的文章：在干旱的气候下，岩石暴露在炙热的太阳底下，变得非常烫，因而外层膨胀，容易从相对较冷的几厘米以内的内层脱落下来。但是，在完全干燥的条件下，由此产生的应力不足以使新生成的巨型岩石产生断裂。实验证明这是毫无疑问的。[4]

2014年的文章：前寒武纪陆地地表下岩层中古老的含盐裂隙水，作为地下水，滞留时间已有数百万年到几十亿年，这些水域一直在为地球深层生物圈提供氢气，以前它的作用被低估了。直到现在，关于从这些环境，即通过地下实验室和矿井中获得的氢气的相

---

[1] I. Newton, "New Theory about Light and Colors," in *Isaac Newton's Papers and Letters on Natural Philosophy*, ed. I. B. Cohen (Cambridge, MA: Harvard University Press, 1958), 47. [作者注：普遍认为这是第一篇现代科学论文]。

[2] J. Mitchell, "The Earth Composed of Regular and Uniform Strata," in *A Source Book in Geology, 1400—1900*, ed. K. F. Mather and S. L. Mason (Cambridge, MA: Harvard University Press, 1970), 84.

[3] A. Geikie, "On Denudation Now in Progress," in Mather and Mason, *Source Book in Geology*, 523.

[4] A. Holmes, *Principles of Physical Geology* (New York: Wiley, 1965), 248.

关信息，都还没有被列入全球地球化学和生物化学模型。[①]

即使是在如此简短的叙述里，我们也能看到现代科学措辞发生了非常大的变化。我们先来看看牛顿的文章，他为我们呈现了个人实验和观察的过程，就像是在房间里比画着手势给我们讲解一样。第二段引文，人称主语不见了，使用了被动语态，以文章关注的焦点（地层）作为主语，所陈述的现象成了故事的主角。因此，文章措辞显得更加客观、有条理。但是，如果我们继续往后看会发现，文章对术语的依赖与日俱增，使用术语的频率也越来越高。到最后一段引文，几乎所有文学或对话的感觉都已经没有了，所有不够正式的表达都被剔除掉了。这种风格看起来似乎比较机械化，甚至有一点仪式化（事实上并非如此，后面会具体谈）。这就是科学对话演化的趋势。那么，这个过程是如何开始的呢？

二、我们从哪里来：现代科学表达的开端

英语的现代科学写作始于17世纪，代表人物有弗朗西斯·培根（Francis Bacon）、罗伯特·玻意耳（Robert Boyle）和牛顿。总的来说，当时的主要特征是社会上普遍对语言的本质展开了激烈的讨论。争论的焦点是所谓的言语对知识的控制力，正如培根所说："（它）强行干预理解，把所有事情搅得一团混乱，使人们盲目地进行了无数空谈和妄想。"培根因此成为第一个呼吁抵制伊丽莎白时代写作风格的人（当然，也包括莎士比亚写的戏剧）。他认为，这些写作风格使得智慧和世界之间隔了一层纱帐。要发展学问，尤其是"新实验哲学"，需要一种简洁、直接、没有过多修饰的表达方式，这样就能揭开那层纱帐，使得"话语用词和所要说的事情是等量的"。

[①] B. S. Lollar, T. C. Onstott, G. Lacrampe-Couloume, and C. J. Ballentine, "The Contribution of the Precambrian Continental Lithosphere to Global H_2 Production," *Nature* 516, no.7531 (2014): 379.

培根的支持者非常认可他的观点，并在英语国家第一个科学学会——当时刚成立的设在伦敦的英国皇家学会（Royal Society of London）中形成了核心流派。这些人有多么遵守培根的原则呢？托马斯·斯普拉特（Thomas Sprat）在他的《英国皇家学会史》（*History of the Royal Society*，1667年首次出版）中给了我们答案：

> 看到这些华而不实的修辞和花样给我们的知识带来这么大的混乱和不确定性，谁能不愤慨……因此，本学会严格执行唯一能够矫正这种误区的原则，也是永恒的原则，以抵制所有过于夸大、跑题和膨胀的写作风格；从而回归原本的纯正和简洁……回归密切相关、无过度修饰、自然的说话方式……使得所有事情最大限度地靠近精确平实的表达——要用工匠、农夫和商人的语言，不要才子或学者的语言。[1]

英国皇家学会出版物里的用词找不到比批判伊丽莎白时代写作风格更华丽的措辞。

17世纪末，新的写作风格已经出现。英国皇家学会创办了一本期刊——《哲学汇刊》（*Philosophical Transactions*），主要刊登会议演讲报告。最早的英文科学论文通常需要在听众面前大声读出来，这也迫使写作风格和文章长度不得不发生变化。牛顿的论文《关于光和颜色的新理论》（*New Theory about Light and Colors*，1672）就树立了一个很好的标准。这篇论文以书信的方式，写给英国皇家学会的秘书亨利·奥尔登堡（Henry Oldenburg），在全体会员面前大声朗读。牛顿的论文展示了将一个人的言辞限制在呈现和复述实际做了什么事情的范围内是多么有实效。同时，牛顿还吸收了罗伯特·玻意耳的文章的特点并加以简化。而玻意耳实际上是在模仿蒙田随笔的写作风格来讨论他的化学实验。[2] 牛

---

[1] T. Sprat, *The History of the Royal Society of London, for the Improving of Natural Knowledge*, 4th ed. (London: J. Knapton, 1734), 112.

[2] J. Paradis, "Montaigne, Boyle, and the Essay of Experience," in *One Science: Essays in Science and Literature*, ed. G. Levine (Madison: University of Wisconsin Press, 1987), 59-91.

顿以简化的方式精炼地总结了玻意耳所做的事情和得到的结果,以第一人称"我"的方式进行讲述。这种方式在一定程度上在科学文章中被保留了下来。文中的"我"即见证人,成为科学故事的第一讲述人。这是一种能够表明实际做了研究工作的写作手法。

接下来的三个世纪又经历了很复杂的过程。基于普遍认可的文章格式和对什么是"科学风格"的理解,不同领域各自改进了一些方面。[1] 到了19世纪末,科学文章里显然有了文学修养的一席之地。以迈克耳孙(Michelson)和莫雷(Morley)于1887年发表的著名的否定以太的研究文章中的一段话为例。

> 如果地球是一个透明体,根据刚才提到的实验,也许可以勉强认为,尽管地球在自己的轨道上运动,但分子之间的以太是静止的。但是,我们不能将这个实验的结论扩展到非透明体上……正如洛伦兹(Lorentz)所言:"(法语)Quoi qu'il en soit, on fera bien, à mon avis, de ne pas se laisser guider, dans une question aussi importante, par des considérations sur le degré de probabilitié ou de simplicité de l'une ou de l'autre hypothèse。"[2]

的确,上述文章要达到今天的超弦理论和量子色动力学文章的风格,还有很长的路要走。你最后一次在一篇论文中读到(或写到)"我们没有权限扩展我们的结论"或引用法语是什么时候?现在的编辑看到这样的措辞会如何处理这样的段落?

然而,还是有很多相同之处存在的。难道我们不是仍然在提出假设,然后证实或推翻它吗?难道我们不是以支持自身方法和结论的方式

---

[1] S. L. Montgomery,"Notes for a History of Scientific Discourse," chap.2 in *The Scientific Voice* (New York: Guilford, 1996).

[2] A. A. Michelson and E. W. Morley,"On the Relative Motion of the Earth and the Luminiferous Aether," *The London, Edinburgh, and Dublin Philosophical Magazine and Journal of Science*, 5th ser., December 1887, 450, reprinted in W. F. Magie, ed., *A Source Book in Physics* (Cambridge, MA: Harvard University Press, 1965), 369-377. 文中法语的意思是:无论什么情况,对于一个如此重要的问题,我认为最好不要被另一个假设的可能性或朴素性所左右。

来引用已有观点吗？我们当然是这么做的，只不过以更加正式的方式。那么，随着时间的推移，牛顿文章中用到的"我"及其命运会如何变化呢？它会消失吗？会被更加客观的语气取代吗？事实上，并没有。经过几个世纪，直到现在，这两种表达方式仍然并列存在，甚至会同时出现在一篇文章当中，形成一种新的模式。

1775年的文章：经过这么长的时间，我已经回忆不起当初做这个实验的目的是什么了。但我知道我对这个问题不抱什么希望……但是，如果不是恰巧……一支点燃的蜡烛出现在我面前，我可能永远不会做这个实验。①

1903年的文章：关于放射性矿物的研究结果……引导居里（M. Curie）和我努力从沥青铀矿中提取出一种新的放射体。我们的研究方法只能基于辐射情况，因为我们不知道这种物质的其他属性。下面是基于该物质属性开展研究的方法。②

1999年的文章：我们首先寻找，当动物闭上眼睛时表现出高频自发性活动的神经元。接着，我们描述了这些神经元的方位协调特征，并选择了具有灵敏微调取向和响应强烈的神经元。我们选择方位协调……因为猫的纹状皮层的绝大多数神经元都呈条状或栅栏状分布。③

如果"我"已经替换成"我们"，第一人称的观点仍然是我们陈述科研工作的重要元素。是的，我们的语言倾向于平稳过渡，类似于衣服

---

① J. Priestley, "Of Dephlogisticated Air, and of the Constitution of the Atmosphere," in *A Source Book in Chemistry, 1400—1900*, ed. H. M. Leicester and H. S. Klickstein (Cambridge, MA: Harvard University Press, 1952), 120.

② M. Curie, "Radio-active Substances," in Leicester and Klickstein, *Source Book in Chemistry*, 522.

③ M. Tsodyks, T. Kenet, A. Grinvald, and A. Arieli, "Linking Spontaneous Activity of Single Cortical Neurons and the Underlying Functional Architecture," *Science* 286, no.5446 (1999): 1772.

先从雅致的花呢转换为灰色的法兰绒，再转换为漂白的实验服，而不是直接从雅致的花呢转换为漂白的实验服。现在，我们不再为可能对充满技巧、小说式的叙述感兴趣的人写作。不过请注意其中的变化，从普里斯特利（Priestley）的第一人称表述方式（"但是，如果不是恰巧……一支点燃的蜡烛……"）转变为居里夫妇（the Curies）的以结果为导向的陈述实验的方式，继而转变为在最后一例引文中，"神经元"成了由"我们"操盘实施的研究工作中的主角。从本质上讲，我们陈述故事仍然是以技巧为基础，以获得认同和合作为目的的。

三、教育的作用

事实上，作为科学家，我们在写作中有很多技巧用以说服读者。后面我会回顾其中的一些技巧，但是此处需要强调另外一件事情：表达技巧随着时间的推移而改变，这并不取决于编辑群体，他们只是热衷于驯化那群越来越不听话的"思想者"。导致语言演变的因素有很多，并不是所有因素都弄清楚了，其实只有极少数是有计划的。就像上述事例所表明的，所有科学家、编辑、出版商和机构都在这个过程中产生了影响，并且仍将持续产生影响。写作和用法手册同样产生着影响。就像第一章里提到的，这类手册通常试图约定一套固定的方法，但一直无法成功。在某种程度上，这类手册的目标是夸大且不可能的。但是，换一个角度讲，这也只是演变过程的一个部分。

直到最近75年左右，当代科学家才有了关于做研究和写文章的训练。尤其是在18世纪和19世纪，科学家通常是当时最能言善辩的作者。比如，英国的查尔斯·赖尔和托马斯·赫胥黎（Thomas Huxley）。这取决于当时主流教育的类型，所有中学和更高层次的教育都在学习希腊-拉丁传统（Greco-Latin tradition）的作者，以及相应的语法和修辞，同时也在学习当代最成功的思想家和作家的作品。学习不同风格的写作是这种教育的一部分，而且是要求非常高的一部分。

在过去的一个世纪里，这样的训练已经被更专业的设计和不关注修辞的训练所替代。同样的，引起这种变化的原因有很多，不是积极或消极的言语就能解释的。比如，小科学（little science）变成了大科学（big science）。学科研究需要了解的发展背景已经在很大程度上被扩大和深化了。学习复杂的方法以及获得大量专业词汇（语言学习的一种方式）不过是我们的前辈不曾遇到的诸多需求中的两项。

我们可以换一种角度来思考这个问题。现在所做的研究和发表的文章的数量比50年前要多很多个数量级（20世纪的大部分时候，科学文献的册数每15年翻一番）。① 随着数量的变化，文章的平均篇幅变短了，文章则变得术语越来越多：从发表在《科学》（Science）和《自然》（Nature）上的文章就能看出这种变化（比如，上述最后一段示例）。这两本期刊是所有科学学科影响力最大的期刊，为我们提供了非常好的示例来展示专业文献的发展变化。这些期刊从过去一直发展到现在，刊登来自各学科的新闻和研究。从另一个角度来讲，这些期刊实际上是语言专业化发展的引领者。这些期刊上的文章篇幅通常都在5面以内，即便写得非常好，除了本专业同行，其他人也很难理解文章内容。在风格上，这些文章读起来像是术语的堆砌；在内容上，它们通常是开创性的、有影响力的研究成果。

为什么学科发展背景很重要？因为过去为现在提供了观点依据和指导。发展背景表明，我们作为科学家，已经和语言（包括我们的专业对话）学习渐行渐远，以至于写作已经不再是我们训练的核心部分。因此，像本书这样的指南，真正的作用其实是有历史缘由的，就是把这方面的认识和意识扶正。发展历程同样说明，专业语言是处于动态变化当中的。我们需要以当代的语言风格来写作和交流，而不是学习几个世代前的科学界前辈。我们最好的老师是我们的同龄人、我们的同行（广义上的同行），以及最多扩展到几十年前的同行。无论是否上写作课，我

---

① 见：D. J. de Solla Price. *Little Science，Big Science*（New York：Columbia University Press，1963）.

们最终都要通过模仿同行学会在自己的专业文章中表达自己的想法，也能通过自我努力提升交流技能，而不是靠侥幸或墙上贴着的名人警句来学习。

四、科学修辞：著名文章的启示

近现代的大部分时期，科学和文学都在采用很多相同的技巧来说服读者。现在是什么情况呢？要回答这个问题，我打算以一篇发表在《自然》上比较著名的科学文章为例，对其进行详细分析，并找出它所使用的一些修辞手法。我们从这篇文章的前几段开始读。

我们希望提出一个能够表现脱氧核糖核酸（DNA）要素的结构。这个结构具有一些新奇的特征，这些特征具有重要的生物学意义。

核酸的结构已经被鲍林（Pauling）和科里（Corey）提出过了。他们在文章发表之前就让我们阅读过。他们的模型由三条缠绕的链组成，磷酸基团在中轴线附近，碱基在外侧。我们认为，这一结构不是非常令人满意。这是因为：第一，我们认为形成X射线图的是盐类，而不是游离的酸。如果没有酸性的氢原子，就不清楚是什么力量使得结构保持稳定，尤其是带负电荷的磷酸基团在中轴线附近会相互排斥。第二，有些分子间的距离似乎太小了。

另外一种三链结构由弗雷泽（Fraser）提出。在他的模型中，磷酸基团在外侧，碱基在内侧，相互之间通过氢键连接。这一结构非常有问题，我们在此不做任何评述。

我们希望从根本上提出一个完全不同的DNA结构。这个结构有两条螺旋的链，分别盘绕着同一条轴。我们的化学假设是，每条链都由磷酸二酯基团和带有3′及5′端口的β-D-脱氧核糖残基组成。这两条链（而非它们的碱基）在中轴线的两侧对向垂直于中轴线。两条链都是右向螺旋。但是，由于对向垂直，两条链上的原子顺序正好是相反的。每条链大概类似于富尔贝里（Furberg）的模型1，即碱基在螺旋的内侧，磷酸基团在外侧……

该结构的新奇之处在于，两条链通过嘌呤和嘧啶碱基结合在一起，而且碱基所在的平面与中轴线垂直。它们之间配对结合，一条链上的一个碱基通过氢键与另一条链上的一个碱基连接，两两配对的碱基一组一组沿着Z轴摞起来。配对的碱基里，一个必须是嘌呤，另一个必须是嘧啶，才能键合在一起。氢键的连接方式是，嘌呤位置1连接嘧啶位置1，嘌呤位置6连接嘧啶位置6。

如果假定碱基配对仅发生在该结构高度异化的部分（也就是说，发生在氧化结构，而非烯醇化结构），会发现只有特定的碱基对才能键合在一起。这些碱基对包括腺嘌呤和胸腺嘧啶、鸟嘌呤和胞嘧啶。

换句话说，如果腺嘌呤是碱基对中的一个碱基，那么，基于上述假设，另一条链上对应的碱基必须是胸腺嘧啶。类似的，还有鸟嘌呤和胞嘧啶配对。在一条单链上，碱基的顺序没有任何限制。但是，如果只有特定的碱基才能够配对，那么，一旦一条链上的碱基序列是确定的，另一条链上的碱基序列也就相应地确定了……

先前发表的DNA的X射线数据不足以严密地论证我们提出的结构。就目前我们能说明的是，这个结构和实验数据是大致吻合的，但是，该结构还没有被证实，除非找到了更加确切的结果。一部分确切的结果，会在下文中陈述……

我们也注意到，前面假定的特殊配对会让人直接联想到遗传物质可能存在的复制机制。[1]

一篇20世纪科学界具有划时代意义的论文，即沃森（Watson）和克里克（Crick）的《核酸的分子结构——脱氧核糖核酸的一个结构模

---

[1] J. D. Watson, F. H. C. Crick, "A Structure for Deoxyribose Nucleic Acid," *Nature* 171, no.4356（1952）：737-738.

型》(*Molecular Structure of Nucleic Acid: A Structure for Deoxyribose Nucleic Acid*)几乎违背了你在科学写作手册中可能会看到的所有主要原则。它没有遵循IMRAD结构。它是描述式的,不是分析式的。它包含许多"不必要的"短语(比如,"换句话说""就目前我们能说明的是");含糊的词汇(比如,"非常有问题""大概")和赘述(比如,第一句话在第四段开头又重复了一遍)。其至还存在一些语法错误,比如,频繁使用非限定关系代词"which"替代"that"。段落划分不均衡,也不恰当。它甚至都没有呈现或参引相关实验数据(期刊在发表时竟然认可了)。此外,它并没有真正的结论,这距离一篇完整的论文相去甚远。

但是这篇文章成功了。尽管有这么多不容忽视的错误,但我们可以说这篇文章是有说服力且成功的。为什么?首先,它非常好地回答了科学交流中非常重要的5个基本问题:

第一,你(和你的合作者)做了什么?

第二,你(们)为什么要做这件事?

第三,你(们)是怎么做的?

第四,你(们)发现了什么?

第五,你(们)的发现意味着什么?

对于问题1,沃森和克里克说他们探索了DNA的结构。接着,他们告诉我们"为什么"(问题2):它具有"重要的生物学意义",并且还没有人解决这个问题,其他模型"不是非常令人满意"。他们对问题3回答得不太清楚,我们只能依据他们提供的关于结构细节的逻辑以及他们提到的DNA晶体的X射线数据来推断。但是,这篇文章发表在1953年,写作风格和现在的论文存在一些差异(一个有趣的练习建议:重写这篇文章,让它看起来更符合21世纪的文章风格)。今天,审稿人很可能会要求作者更加详细地陈述他们的数据和方法。至于问题4,答案就是模型本身,文中既有文字描述又有图像。我们可能会注意到,双螺旋结构至简至美,是遗传学领域当之无愧的代表形象。沃森和克里克在最后一句话陈述了这个结构更深层次的意义（问题5），虽简洁却非常清楚。

也可以用另外一种方式来看这篇文章。我们一步步来看这篇文章到底写了什么。它按照以下步骤行文：第一，表明研究的重要性和创造性；第二，陈述还没有解决的问题，即使是一些杰出的同行也没有解决这个问题；第三，讨论研究结果（第4～第7段）；第四，研究结果的局限性，还没有完结（需要进一步研究）；第五，详述并提升文章开头所说的重要性。这篇文章展示了一种什么样的"故事"风格呢？一个朴实而又震撼的故事。作者告诉我们，迫切需要揭开DNA之谜，所有其他重量级解释都不成功，但他们恰巧找到了正确的路径。最终，沃森和克里克公布了他们的发现，用详细的描述建起一座"城堡"，并插上他们的旗帜。事实表明，他们的成果远比当初预想的还要伟大。就像一个精雕细琢的故事，文章的论证总体遵循沙漏结构：从提纲挈领开始，写到具体的内容，最后再次扩充到提纲挈领的内容。

接下来，我们分析得再具体一些。首先，请注意，文章以简洁的句子开头，当作者开始描述他们的模型时，则变成了长句。事实上，这一改变与文章的主要意图是匹配的，通过语言描述具体细节来构建模型。文章开头用短句能够快速推进文章内容，我们也能够跟上内容节奏。文末用短句能够产生一点微妙的戏剧效果，留下一个令人更难忘的结尾。作为读者，我们享受着看到最好、最特别的信息的待遇，作者给予了我们满满的信任。

此外，请注意"我们"一词的使用。文章开头和结尾都用到了这个词。为什么不在文章中间使用呢？因为在文章中间，叙述的主体变成了模型及其结构。我们可以把这篇文章想象成是一段视频，以作者出现在画面中作为开头，然后镜头聚焦在模型上，单拉出来给特写，最后镜头又回到作者身上。在这篇文章当中，这件事情进行得如此顺畅，以至于我们都没有察觉到，这就是一种修辞技巧，是写好文章的一种不着痕迹的写法。

另外，这篇文章采用了推理式的逻辑，这种逻辑形式在科学传播中就像逗号一样常见。我们可以在第6段和第7段中看到这种形式"如果假定……会发现……""如果……那么……"。推理式在很多写作指南中都没有被算作一种写作技巧，只在某种过时的理论交流中可能被提及。但是，这些指南错了。设定场景、可能性、可替代的选择是非常重要且有价值的科学推理类型。无论是过去还是现在，"如果……那么……"句式都是一种基本句式，同时也是优秀的科学作者会使用的一种修辞手法。我们看到的沃森和克里克用这种句式提出他们的观点就是一个案例，只不过他们在文章中缺乏数据来更加肯定地支持自己的观点。

此时此刻，你可能会觉得分析这篇篇幅不长的文章，我们讲得足够多了——确实，可能是多了一点。我们把沃森和克里克的文章分析得很复杂，复杂得不亚于一个蛋白质分子，不逊色于一台核聚变反应器。事实上，如果要对《核酸的分子结构——脱氧核糖核酸的一个结构模型》一文进行透彻的修辞研究，那足够写整整一本书。这么细的分析对于我们的目标是不是太浪费了？并不是，只是没有必要。窥斑见豹，基于前文的分析，我们可以知道上述修辞手法在科学论文中大量存在。这就像一个风平浪静的湖泊，表面上可能很平静，但是只要深入观察，就能看到整个领域的策略、主张和手法。

这就涉及另外一个问题：好的作者能够意识到他们所使用的技巧吗？答案几乎都是"能"和"不能"并存的。能意识到，是因为水平高的作者经常总结或试验他们叙述的逻辑路线；不能意识到，是因为许多修辞技巧是靠直觉使用的，这些技巧都是在阅读文献的过程中学习并内化的。高效作者是那些能够判断如何讨论才更有说服力的人。知道一些写作技巧及养成方法，将为科学家陈述他们的工作提供非常有力的支持。

五、语法：事实和谬论

无论是否愿意，关于历史和语言变化的问题都会把我们带到语法这个话题上。这个话题要讨论什么内容呢？回顾本章最早给出的一系列的例子可以看到，专业术语的数量逐渐增加，句子的语法越变越简单。这并不是一个偶然现象。来看下面这段话：

> 一篇关于DNA质量控制的全面综述应当包含关于DNA聚合酶准确性和复制后失配校正的讨论，也应当考虑细胞周期的损伤应答位点和保障细胞功能的信号转导系统。[①]

现在，将这段话中的所有专业术语或短语都用省略号替代：

> 一篇关于……全面综述应当包含关于……和……的讨论，也应当考虑……和保障细胞功能的……

最后，进一步提炼，我们得到如下句式：

> 一篇关于……全面综述应当包含关于……的讨论，也应当考虑……

一旦把专业术语都清除掉，今天的科研论文的造句都是相当简洁的。对近期论文里的一整段话或者对自己的文章进行同样的操作，我保证你会看到同样的结果，也有助于找出不必要的冗繁的句子（上述句子就是一个很好的示例）。

我希望既不要因为语法削弱了对内容的关注，也不要过于抬高内容的目的性。仅是语法好成就不了一个作者，坏的语法，如果仅仅是偶然情况，也并不会毁掉整篇论文。另外，为了更有效地沟通，需要能够写出清晰易读的句子。这一点基本上不用多说。但是，如果过度在意可能出现的语法错误，将使你很难成为一个善于交流的人。无论是作者还是评审人，完美主义都会导致一些过分的标准。

[①] T. Lindahl and R. D. Wood，"Quality Control by DNA Repair，" Science 286，no.5446 (1999)：1898.

语法主要是一些习惯和公式化的规则，它必然包含规则驱动、机械化的语言运用观点。它是交流过程中必须遵循的基本法则：需要遵守，但远不够。另外，"恰当使用"实际上是另外一回事。专业论文写作手册的作者都是"穿着防爆衣"在讨论是否把"在……以前"（prior to）替换为"先于"（before），把"执行"（perform）替换为"做"（do），等等。这些功夫与语法无关，而是将过分简化作为一条标准。这些都是相当徒劳无益、非常糟糕的，且与语法没有任何关系。在许多情况下，它们成了一些人的心病。只有到了编辑的面前，它们才是重要的，对审稿人而言，则没有那么大的关系。总的来说，科研用语已经进入一个比以往任何时候都高产的时代，并且无须太在意这些学究式的写作规则。

这意味着不再需要"标准"了吗？科学正在酸腐的措辞当中呻吟吗？当然不是。的确存在大量劣质的文章（其他领域也是如此），也的确需要做一些事情来改变这种情况。但是，如果认为列出几十条铁律就能彻底提升科学措辞能力，无异于认为知道元素周期表就能成为化学家。

因此，我的建议是，如果你没有把握能写出正确的句子，那么，找出是什么地方影响或阻碍了你的写作，务必尽一切努力解决这些问题。专门花一两个月或更长时间学习语法，阅读本专业领域的文献时也留心文章的语法。放下心中的焦虑，树立信心，先学习基本语法，再开始尝试难度更大的专业写作。

六、写好文章或做好演讲意味着什么？

就把文字落到纸面上而言，科学家有一定的优势。这是什么意思？简单来说，在基本层面，科学家做本学科的事情一般不受其他学科规则的约束，单纯地做一名实用型作者，码字就行；或是在可接受的规则范围之内追求更高水平的写作，甚至是创造性的内容。

在科学领域以外，实用型写作通常会被认为没有技巧。大多数领域，都会期待写作要优雅、出彩、有格调，尤其是在艺术、历史或文学等领域，作者期待能够引发读者对措辞本身的关注，至少时不时写出些闪光智慧的词句，或是妙言妙语。哪怕在商界或是社会学领域，文书资料如果是干巴巴、硬邦邦的，也会被视为有欠妥当。但在科学领域不是这样。我们可以按照自己的意愿朴实地写作，不会因为语言朴实而被判定为有问题。事实上，实用型作者占成功发表文章的科学家当中的绝大多数。这也并不是说这种写作方式总是好的，但其中相当一部分确实是不错的：易读、有料，且有组织逻辑性。此外，没有作者永远写不好（或永远写得好），各种各样的写作能力常常就体现在一篇篇的文章中。高水平的实用型交流是科学领域的追求。正如我们已经说到的，这种交流方式对科学成果也是非常重要的。

除了写作方式，还有另外一些情况需要探讨。非小说类作者经常面临一些基本问题。比如，威廉·津瑟（William Zinsser）就非常细致地罗列过这些问题，包括但不仅限于：我应该以什么样的口吻对读者说话？（记者？信息提供者？普通人？）用什么人称，什么时态？用什么风格？（客观报告？主观但正式？主观且随意？）我该以什么态度来对待素材？（相关的？不相关的？评判的？嘲讽的？戏谑的？）谁将会是我的读者？什么样的出版物会对我的作品感兴趣？我将得到多少报酬……

几乎所有这些问题在科学写作方面都不太相干，我们并不需要担心。这些问题大部分在历史上早已有了答案。几乎所有领域的专业交流都有这样的便利，科学领域更是如此。但是，这一点也不意味着科学的语言简单或者不具有挑战性。我们有我们需要解决的问题，而非小说类作者却无须面对这些问题：如何将数据转化为文字；如何描述实验过程，以便能够被其他同行重复；如何使用插图；应当引用哪些同行的观点，或者应当质疑哪些同行的观点。

但是，我们真的能够成为科学领域有说服力的作者吗？当然可以。这就涉及精巧的文章结构、过渡衔接、句子的长短、修辞技巧的使用等。本书有一整章都是在讲如何创造性地利用这些方面来给文章增色。

难点在于这种创造性在科学领域需要处理得比较微妙。通常按特定方式来使用，微妙地指引和推动论证的进程，因此，往往不为大多数的读者所察觉。这也是出色的科学写作的弊端：可能只有编辑、作者（比如你自己）和写作教师才会欣赏你的作品。当然，从长远来看，你也可能会成为他人模仿的榜样。

  本章以当代科学作者开篇，亦当这样收尾。历史证明，作为作者和演讲者，我们直接影响着科学话语体系的演变。我们所创作的每一篇文章、提案、报告，我们在文章中用到的每一个字，都是这个演变潮流中的一个重要事件。科学语言正在也必须持续变化着。我们是它的创造者，也是它的传承人，但我们更是它的主要媒介：我们努力创造和交流知识，使得科学语言能够存在并充满活力。无论是实用型还是善辩型，把文章写好，把话说好都是对历史、知识以及学者自己负责。

第三章　阅读：写作的第一步

唯愿我的读者一辈子都读我的书。

——詹姆斯·乔伊斯（James Joyce）

一、创作的感觉

优秀的音乐家和作家有一些共同的特点：他们都具有甄别好坏的能力。当面对一段音乐作品或一段文字作品时，有良好甄别能力的人能够关注到乐章和文字的韵律，能够发现内容要素的顺序和逻辑规律。具有这种能力不是件小事，但也并不神秘。需要对作品给予非常细心的关注，也就是说，作为一名科学作者，应当能够发现句子中不恰当的地方，比如下面这句话：

> 在高等植物中，花期（由生长阶段转向繁殖阶段）是由许多相互作用的、受到植物内在因子和环境条件共同影响的因素控制的。

这是发表在一本优质期刊上的一篇文章的开头。这不是一个理想的句子，只能说是一个可理解的句子。假设，这个句子这么写：

> 高等植物在花期从生长阶段转向繁殖阶段。这一变化由许多相互作用的因素控制，这些因素受到植物内在因子和环境条件的共同影响。

将原句改写成新句子，呈现出一种不同的风格和行文逻辑。句子陈述的信息变得更易读且更易于记忆。一个简短的关于基本过程的介绍性定义，再接一个长一点的解释控制机制的句子，风格和感觉并存，相互映射。从理论上分析，改写后的句子略长一点，既解释了控制因素，又介绍了前文提到的物种的生长活动。

每一段音乐和每一篇科学文章一样，都是一次向听众或读者传递信息的尝试，而不仅仅是为了"发布"（express）或"出版"（publish）。尤其是写作，它还是一种教学形式——尝试向读者传递一些他们之前不知道的事情。对这个过程保持敏感是一种非常重要的优势。能够识别好文章是写好文章的第一步。

二、内化喜好：模仿的价值

普通科学家有可能获得这样的能力吗？我们知道，音乐家都是有天赋的。但从某种意义上说，天赋是需要训练和发展的，在一定程度上，也可以视作一种模仿并超越前人的能力。那么科学写作者呢？当然也是需要天赋的。但是，在绝大多数情况下，尤其是在专业领域，娴熟的作者都是训练出来的，而不是天生的。如何训练呢？最自然、最有效且人们历来采用的方式就是见习模仿。实际上，这也是获得任何一种复杂技能的基本方式。

我们最初通过模仿教师、前辈同行等来学习如何做研究。此外，在整个职业生涯中，我们都在从那些更优秀的人以及能够对我们工作有帮助的人身上学习技巧和方法。见习模仿是一个学习的过程：通过整合调整他人好的作品，最终形成自己的风格。即使是最具天赋的音乐家，也需要学习一系列的作曲家的作品和音乐片段，初次作曲也是从模仿开始的。个人风格的出现，实际上是作曲家或作者内化并改编他们认为最有价值的作品的过程。

科学和音乐最大的差别是，对于科学家来说，这种类型的学习通常是分散的、零星的、不系统的。除了大学期间有一两门写作课程外，科学家通常需要自己来学习写作。但是，你能想象作曲家、新闻记者或历史学家也这样学习会是什么结果吗？科学家的工作同样也是将观点写到纸面上，却普遍丢掉了写作这项重要技能的训练。

那么，我们从哪里着手呢？缺乏导师和熟手的指导，我们只能转向他们的替代品——可靠的、成功的写作作品。见习模仿有两项主要活动：第一，无论何时你读到的时候，有意识地收集好的写作作品；第二，仔细品读，这些作品就能内化为你的写作指南，让你有能力判断什么是好作品，什么不是。

最关键的是能够鉴别有效的写作范例，研读这些文章，然后找到模仿的方法。选择范例时，可以选择整篇文章，也可以只选择其中一部分：独立的一个部分、一段话、一个插图都可以。研读选择的范例时，可以先尝试找出吸引你的是什么：是行文风格和句子长短、用词准确、论证独特、插图的视觉结构、漂亮的过渡衔接，还是以上所有这些？模仿的时候，可以重新读一遍选择的范例，把它们抄写下来，记住并背诵出来，再尝试写一段同样风格的话。见习模仿有许多技巧，但最终目标都是一样的：将这些范例内化为自己的东西，这样才能让这些好的作品为你所用。

最后一点，写作技巧手册和编辑通常都会强调科学领域有多少不好的写作。《科学》的一位编辑就曾说过："大家都知道，我们期刊上发表的文章（甚至是最高标准的期刊上发表的文章）大都写得不太好。"[①]事实上，我并不认同这个观点（我还知道有很多人都不认同这个观点）。这种说法过于激烈和绝对，也是对好作者的一种不尊重。我们不必站在道德的制高点上去评判那些把我们当作戏剧作者的人。的确，真正好的写作在大部分领域都不多，但这并不意味着没有。仔细寻找，就能够找到。

[①] F. P. Woodford, "Sounder Thinking through Clearer Writing," *Science* 156, no.3776（1967）: 744.

三、做一名批判性读者

甄别范例，我们需要通过特定的方式来阅读他人的作品。我们需要关注节奏、语意和逻辑，总的来说，就是关注如何讲述"故事"。要做到这点，需要进行一些练习。科学家所接受的训练让他们关注内容胜于关注其他，这也是为什么我们习惯了只关注信息的阅读。但是，每一个写作片段都蕴含了多个层次的语意，就像我们在第二章中提到的例子。当我们读到一段话这样开头的时候：

> 银河系暗物质可能由能够被恒星捕获吸收、有助于能量转移、存在弱相互作用的粒子组成。这些粒子的一种具有比标准类型更大的弱横截面的特殊类型"宇宙子"（cosmions），已被人提出用以解答太阳中微子问题，也被认为是抑制水平旋翼上恒星内核对流的一种介质。[1]

根据前文观点，这段话被批是必然的：这几句话里塞进了太多内容，我们反复阅读才能获得需要的信息。现在，来看看另一篇文章的开头。

> 胡安德富卡和戈尔达板块的潜没让地球科学家陷入了一个两难的困境。尽管已经有了确凿的活跃板块运动的证据，但卡斯卡底古陆上的地壳下沉常常被认为是相对温和的板块构造运动。沿海没有深海海沟，也没有大片的贝尼奥夫-达清夫地震带，最让人困惑的是，历史上在大陆板块和潜没板块之间就没有出现过缓角断层地震。[2]

这段话让我们知道专业语言读起来也可以让人很愉悦。这段文字行

---

[1] D. Dearborn, G. Raffelt, P. Salati, J. Silk, and A. Bouquet, "Dark Matter and the Age of Globular Clusters," *Nature* 343, no.6256（1990）：347.

[2] T. H. Heaton and S. H. Hartzell, "Source Characteristics of Hypothetical Subduction Earthquakes in the Northwestern United States," *Bulletin of the Seismological Society of America* 76, no.3（1986）：675.

文舒缓、流畅、优美。在词汇上，选用了一些让我们在情感上和理智上感同身受的词语："两难的困境"（dilemma）、"确凿的"（compelling）、"温和的"（benign）、"让人困惑的"（puzzling）。这些句子形成了一个读起来非常舒适的节奏（短句、中长句、带间歇的长句），带领我们读下去，渐入佳境。除此之外，用词读起来也很舒服，这段话的每个细节都让我们愿意继续读下去。

这就是我们作为批判性读者应当关注的方面。但是，还不止这些。如果一篇文章或一段话看起来写得不错，就像上面这个例子，那就多花一点时间分析它的组织逻辑。以引用的最后这段话为例，注意文章是如何从一般到特殊的，是如何给所讨论的主题添加说明的。同时，也要注意所讨论的话题是一个该发生而没有发生的现象——极好的提出问题的方式。

这种类型的分析适合于短篇范例，引人入胜。对于写得不错的整篇文章，可以分析它全文的逻辑，通读小标题、研究插图、研读结论，并思考它的各部分是如何组合在一起的。通常，你会发现一些混杂的情况：好的段落中间穿插着一般的段落；写作风格不错，但组织逻辑很一般；文字表达贫乏却有高质量的配图。极少数情况下，你能找到一篇各方面都完美的文章、报告或项目申请书。如果找到了，那就保存它，研读它，把它变成自己技能的一部分。

四、需要考虑的一些问题

科学文章和报告通常由不同的部分组成——摘要、介绍、方法等——不同部分之间有很大差异。每个部分都有特定的内容和特定的写作风格，即不同的表达方式。一个好的介绍部分和方法部分是不同的，后者在文体和讨论部分也是不同的。一篇文章把这些不同的表达聚集并组装起来，从而讲述它要讲的故事。过渡衔接非常重要（关注这些地方），但"缝合"处依然会存在。认识到这些事情都是在精读文献时需要关注的方面。这些事情不应当让人感到惊慌或有压力，毕竟，成千上万的各领域专家每天都在做这些事情。

很多学生以及那些还没有成功发表文章的科学家可能会觉得核心期刊上的几乎所有文章都是写作质量不错的。毕竟，它们公开发表了，不是吗？但是，文章能够发表在期刊上有很多原因，写作质量只是其中一个因素。一定数量的写作质量不好的文章也能够刊发出来。编辑的工作量非常大，不可能把每一篇写作质量不好的关于重要课题的文章都重写一遍。因此，大量写作质量不佳的文章找到了刊发的途径，甚至是刊发在最好的期刊上。你可以在弗农·布思（Vernon Booth）的《科学传播》（Communicating in Science，1993）和罗伯特·A. 戴（Robert A. Day）的《科学英语》（Scientific English，1995）中看到他们列举的很多滑稽的错误。正如他们提到的，最常见的错误是误用形容词，例如，"造山地理学家"（mountain-building geoscientists）以及"婴儿专家"（infant experts）（原文中想表达的实际上是具有宏伟目标的地理学家和有一定智力的婴儿）。还有那段说得不伦不类的句子："我们把样本放在一个575°的炉子里干燥3小时。"（印象中没有任何评论）。我建议你也收集一些这样的例子，作为反面教材，时刻提醒自己。有羞耻感是成功的关键之一。

因为批判性阅读的意思是做出判断，有判断能力，所以我们所接受的训练里，要求科学家应当以评判的眼光（甚至是质疑的态度）去看待同行的工作。我们也需要把这种要求扩展到写作领域。或许，最简单、最有效地初步判断一篇文章的方式是问自己：希望自己也能写出这样的文章还是不希望写出的文章是这样的？一旦回答了这个问题，就可以继续分析这么回答的原因了。

五、一些相关技巧

下面介绍一些选择和使用范例的方法，但我并不是建议你使用以下建议的所有方法。不同方法适用于不同的人和不同的情况。根据需要、时间和喜好来选用适当的方法，完全可以调整其中的任何一种方法，甚至总结出自己的方法。

（一）选择范例

第一，为了培养良好的语感，可以阅读你所在领域过去发表的高质量的文献，从现在往前推100年，比如，生物学领域的巴斯德（Pasteur）、地理学领域的吉尔伯特（C. G. Gilbert）、物理学领域的开尔文（Kelvin）、化学领域的吉布斯（Gibbs），等等，然后把过去的文献和现在的文章或书籍进行对比。这个练习有助于校准你对不同语言风格的灵敏度（注意：这不是建议把过去的文献作为范例风格，仅仅是作为对照来培养语感）。

第二，如果不确定如何进行选择，先检索一定数量的文献，然后通过阅读对比一点一点去掉一些，最后就剩下最好的了。随着时间的推移，就会发现某种特定风格的文章越积越多，而其他风格的文章越来越少。如果你所在领域有公认的写作质量高的作者，那可以首先查阅这些作者的文章。但是，千万不要认为发表文章数量多的作者就是写作质量高的作者。你要找的是优质范例，而不是可以接受的范例。任何一篇能打动你的作品都是值得收集的。

第三，记下所选择的范例的作者，追踪检索他们其他的作品，看看是否同样是高质量的作品。你可能会发现有特定几位作者的作品很吸引你。这样就最好了，能让你选择范例变得容易一些。

第四，考虑和同事一起组建一个阅读小组或阅读讨论会。每周花一点时间（比如1个小时）聚在一起讨论所在领域最近发表的文献，这将为你判断和选择优质（或劣质）写作范例提供良好的基础。这件事在人文科学领域相当常见，但就我的经验而言，在自然科学领域相对较少。

第五，确保知道你选择的范例的来源。课本的写作和期刊文章的写作不同，二者与项目申请书的写作也不相同。每种写作类型都有其特定的写作风格和逻辑需求，要时刻注意不同写作类型之间的差异。

第六，如果可以的话，最终从选择的范例中确定下来几篇精选的范例（5~10篇为宜）。坚持研读这些范例一段时间，直到你具备成熟的判断力。接着，当发现新的范例时，考虑替换掉之前选择的个别范例。最重要的是选择你欣赏的范例。

（二）使用范例

第一，定期反复阅读所选择的范例。让阅读成为习惯，有几分钟的空闲都可以翻出来读一读。

第二，尝试大声朗诵或抄写选择的段落。这是一个经过时间证实有助于理解的方法，能够使得所选段落更快地内化为你自己的认识。

第三，选择一个样本，比如一篇文章介绍的第一段话，反复阅读几遍，注意分析句子的长度、用词的选择和标点的使用。模仿这段话的写作风格自己写一段话（内容是不是精确或真实不重要）。如果自己写有困难，那就直接把范例复制下来，改写其中的一些词汇。

第四，找一篇自己的文章，按照你所选择的范例的风格重新写一段或两段话（就像你所选择的作者那样去写作）。

六、作者的心理障碍[①]：一个不同的观点

作者的心理障碍是无数作者都在关注的问题。关于这个问题的本质和来源，说法有很多，但是解决方法很少。从某种意义上讲，由于任何类型的写作纯粹是一件个人的事情，因此，写作中存在压抑和焦虑也是个人的事。

在这里，我把这种障碍界定为所有想要把文字落到纸面上的愿望都停止了。这种情况可能会发生在一个人最初坐下来想要写东西的时候，

---

① 作者的心理障碍（writer's block），是指使作者无法进行写作的心理阻滞，几乎所有作者都遇到过这种情况。——译者注

可能存在选词和用词的挣扎，也可能之前写的材料都不理想，或者所有努力都看不到希望。不同的作者有自己不同的方法来克服这种障碍。一些方法是操作性的，比如，"把没想好的用词空着，继续往下写""跳过几行，从下一个观点开始"；另一些是写作环境方面的，比如，"打扫和重新布局你的办公室，到乡下走一走，跑步、结婚，再坐下来开始写"。有一种回避这种障碍的方法，就是自我暗示："有多少作者就有多少种心理障碍……我又不是西格蒙德·弗洛伊德（Sigmund Freud）"。①

我打算提出一点不同的观点：作者的心理障碍发生在作者听不到自己内心的声音的时候，我们需要采取一些措施帮助内心的声音再次迸发出来。结合前面提到的选择和使用范例的方法，在这里向大家介绍几种克服心理障碍的方法。

一是，回到你选择的范例，尽可能找出与你关注的主题相关的段落。如有必要，将这些段落背诵或默写出来。

二是，阅读你过去写的文章，最好是和你当前要写的主题差别不太大的内容。

三是，和同事讨论你的文章或研究。把这当作一次解释你观点的机会。留心你的描述和解释中有用的措辞，把它们记录下来。

四是，如果在你的文章写了一部分的时候出现心理障碍，那么，从头到尾阅读你已经写完的部分，将有助于你找到新的成长点。

最根本的观点是要找到一种能够重新找回语感和写作信心的方式。上面提到的方法都不是绝对有效的。如果感觉将别人的文章大声朗诵出来或默写下来很幼稚或很尴尬，那就把这种方法当作最后的选择。我的很多学生都发现，仅仅通读相关主题的文章就有助于"打通"语言的感觉；另外一些学生更喜欢通过自己诵读或默写来找回语感。在极特殊的情况下，我曾建议作者找到一段或一节与他写不下去的内容在主题和意思上非常相近的文字，把它重抄一遍，一句一句地抄，抄写的时候，尽

---

① W. Zinsser, *On Writing Well: The Classic Guide to Writing Nonfiction*, 6th ed. (New York: Harper Reference, 1985), 23.

可能保留原文的用词，但在必要的时候修改其中的短语或词语。这样就能找回爱因斯坦（Einstein）所说的"科学话语体系的语感"。

七、T.S. 艾略特和"盗窃"的重要性

著名诗人T.S.艾略特曾经说过：不成熟的诗人借用，成熟的诗人"盗用"。这句话在专业作者圈非常著名，却没人愿意直接承认这一点。然而，将别人的作品用作自己写作的模板这种事情，几乎从作者职业诞生之日起就存在了。当然，并不是真正意义上的盗窃（除非你剽窃），而是一种向他人学习的方式。采用同行的方法，在研究领域到处都是——为什么不能用在写作上呢？

如果你看到非常喜欢的组织架构、段落结构、短语，那么，将它内化为自己的东西。例如，你可能会觉得有些类型的介绍部分效果特别好，像前面引用的胡安德富卡和戈尔达板块的潜没那段话。如果有，那就直接模仿它的写作方式，将它添加到你的写作工具箱。下面给一个具体的例子。

范例段落：

> 胡安德富卡和戈尔达板块的潜没让地球科学家陷入了一个两难的困境。尽管已经有了确凿的活跃板块运动的证据，但卡斯卡底古陆上的地壳下沉常常被认为是相对温和的板块构造运动。沿海没有深海海沟，也没有大片的贝尼奥夫-达清夫地震带，最让人困惑的是，历史上在大陆板块和潜没板块之间就没有出现过缓角断层地震。

仿写段落：

> 花岗岩嵌入大陆型地壳的确切机制一直困扰着研究者们。尽管已经有了大量沿断层侵入的证据，但嵌置往往还是被视作相对被动的或者非构造的过程。花岗岩通常不会变形：它们几乎没有内部线

理痕迹，最重要的是，它们与周围相邻的岩石之间常常只有少数断裂截面。

显然，这不是剽窃，这就是作者圈里所说的受到另外一位作者"影响"。平心而论，一旦开始以这样的眼光来阅读文献，寻找潜在的影响，你就会发现所有作者，即使是最有影响力的作者，都在不断地相互"借用"（borrow）和"盗用"（steal）。事实上，这是世界上最自然的事情，人类所有形式的表达都是这么做的，包括音乐和艺术。当然，很多时候都是无意识地发生的。为什么不将它变成有意识的呢？至少能少一点混乱。

没有作者、作曲家或艺术家是像加拉帕戈斯群岛（Galápagos）那样与世隔绝的。尤其是作为科学家，我们生活在一个充满私人和公众交流的环境中，在这种环境中，模仿带来的同化是有助于我们生存的真正方式。

第四章　写出好文章的基础

阅读使人充实，讨论使人机敏，写作使人严谨。

——弗朗西斯·培根

一、实用型表达

作为传播工作者,科学家有两个基本选择:可以追求专业和实用;也可以追求更高水平,甚至是精通的文字技能。前者适用于所有人,后者不是。在科学领域,两者都有发展空间,两者也都存在。

实用型传播者能够准确地写作和演讲,表达具有适当的精准度,有清晰的组织风格,文章中没有太多明显的语法和句法错误。大多数专业人员喜欢这种方式。如果能达到这种水平,不仅仅是可以接受,而且是完全值得称道的。实用型传播体现了一种理念,认为写作和演讲是传播知识的有效且有用的方法。这一理念在它自己局限的圈子里是奏效的,但从长远来看,它很可能会变得不那么有效。

要想写作专业化,需要具备一些技能,包括判别语感的好坏能力、组织能力(跳出混乱)、对插图的构想能力和聚焦于长篇大论的能力。当然,还需要一些其他能力。

写作非常需要强大的专注力,就像下棋、演奏乐器一样。这也是一种技能。科学家在做研究或进行野外考察的训练中,已经获得了这种技能。你投入观察和记录中的持续专注力需要迁移到写作上。得出新知识是一种创造性的活动,包括两件事情,即研究和写作。

二、写作就是做实验

写作是一个实验的过程。对科学家和所有其他专业人员来说，这是一个不争的事实。要想写出非常好而实用型的文案，包括尝试、试错和修补等过程。即使对想写的文稿有非常明确且清晰的构想，最终呈现出来的东西也很少会与你当初构想的完全一致。这当中就是因为有太多具体的东西需要处理，有太多层面的细节和取舍。我们毕竟是人，不会像机器一样精确运算。所有这些因素帮助我们理解为什么写作是一件如此困难的工作。

从一开始就能明白你即将进入一个试错的过程，会对你有极大的帮助。有经验的作者能够预料到可能会走进死胡同，也可能很挣扎，觉得胜利的希望很渺茫。他们知道有可能会发现新的、没有预料到的想法，这些想法可能会以一种完全不一样的方式来阐释他们当前的工作，或者开启后续写作的前景。写作常常伴随着这样的发现——这也是实验本质的一部分。

实验可能会一直持续到你的文章投递出去，直至进入评审或出版流程。到这个时候，文章已不再是作者个人的，而是属于世界的。文章将为自己说话。没有人理会"我原本想要说什么"（what I wanted to say）或者"他们知道我是什么意思"（they'll know what I mean），只剩下你在文章中留下了什么文字。

最后，我建议你避免一种极其普遍的错误观念。这是一个广泛传播的观点——"要写清楚，首先你必须想清楚"。这条聪明的准则似乎很有逻辑，但其实是有问题的。无论关于某个问题的思考看起来有多么理性，也不论你的目标和计划有多么精细，写作这项工作几乎总是难以把控的，充满了未知的困难、离题的可能，以及有写不下去的时候和意外的发现。好的、清晰的写作（讲解和信息传递不存在混乱）都是经过一个挣扎或论辩的过程得来的。对所有作者来说，无论他多么有经验，也无论他发表过多少篇文章都是这样。大多数情况下，前面提到的那句话应当反过来说："写清楚了，才能想清楚。"通过组织和表达观点来理顺逻辑，非常有助于厘清思路。很多时候，写作是科学家弄明白他们工作的真正逻辑和意义的过程。但是，必须时刻准备着应对过程中的混乱和尝试。否则，所有写作指南能提供的最好建议就只有找专家了。

三、读者

每篇文章都有一个预期的读者群体。在科学领域，读者群体很可能是对相关话题感兴趣但还没有读过你的工作成果的同行。如果你的写作与预期一致，读者群体也将是稳定的。

通常，文章的前几行就能确定读者群体。一篇文章如果以下面这句话开头："乙酰胆碱受体是配体依赖性通道，调控脊椎动物神经肌肉连接点的信号"，那么立马就将不熟悉这些术语的读者排除在外了。这篇文章的读者群体显然是专业人士。像这样以详细的主题描述开头，尽管有些时候被认为不合时宜，但在科学的许多领域都是广泛认可的方式。当然，从效能的角度来看，这样写是可以理解的。

相反，以这样一句话开头："近年来，人们对人工神经网络的兴趣明显回升"，或者像这样开头："我们报告的内容是关于土星最大的卫星泰坦（Titan）的第一次恒星掩星的观测结果"，看起来面向的读者群体要更广泛一些。在这种情况下，第二句话的写法可能就很关键。

> 这样的网络由计算机系统组成，这些系统以简化高效的形式模仿人类大脑的某些基本运作原则。

> 得到的数据包括表1列出的每一站的掩星弦，其中，t为半强度时间，即未被挡住的恒星光线照到地球的比例是0.5。

如果第一个例子面向的读者还是普罗大众，那么，第二个例子面向的读者群体就缩小为专业天文学家和高水平业余天文学爱好者了。

这两种开头都是常见做法。第一种方式是好在一贯到底；第二种方式则是先激发读者的兴趣，然后立马进入专业正题。

重要的是在最开始的几行就要留住读者群体，并让他们有兴趣一直读下去。许多作者都会犯这样的错误：把面向大众的开头拖得很冗长，然后又突然转向专业讨论，或者在大众读者和专业读者之间来回跳跃，这就很容易使读者感到困惑。

阅读选择的范例，看看这些范例的作者是如何开头的。读一下最开头的一两段话，看看目标读者群体是谁，以及读者群体是如何确立的。检索你所在领域的不同期刊，找出共同点，以及哪些对你是有用的，哪些对你是没用的。以文中设定的读者群体的视角来阅读，能够有效地评估自己和他人的作品。

四、作者

如果每篇文章都有一个读者群体，那么，文章就像是在以一个特定的语音向这个读者群体讲话。在科学领域，这必然是一个权威的声音，一个知识传递者。我们再来看一下前面提到过的一个例子。

> 近年来，人们对人工神经网络的兴趣明显回升。这样的网络由计算机系统组成，这些系统以简化高效的形式模仿人类大脑的某些基本运作原则。我们此处将报告当前研究的其中一个领域的进展——全息光学信号处理。

这是什么类别的声音？犹豫的、入迷的还是有信心的？很明显，是最后一类。作者发出了自信的声音，他在控制文字所表达的意思。作者讲话的方式，让人觉得他就像是一个智慧的人，也像是一个想要进行教学、信息传递和指导的人。这就是科学领域有能力的形象。

当然，有时候需要把说过的话再修饰一下，收一收，这几乎在任何一篇文章中都能见到。这是很常见的，比如，当归纳概述、讨论研究的意义、提出新观点或者承认你研究成果的局限性时：

这些结果
　　表明已有的解释可能是错误的……
　　可以说明……
　　大体上能够支持关于……的概念。
　　是初步研究，还需要关于……的进一步研究。

知道何时恰当地修饰所说的内容，是成为一名自信的作者和展示专业水准应当具备的素质之一。

我所听到的编辑抱怨频率最高的事情之一，是新手科学作者常常在他们的写作中表现得非常犹豫，他们更倾向于这样说："我们的工作，尽管在某种程度上还处于初步研究阶段，但是可以说能够支持……的结论"，而不是"我们的工作能够支持……的结论"。

第二个例子展示了各种各样的缓和性语句，可能对你很有用。科学家读到这些地方的时候，知道是怎么回事。请注意第一个例子真正想说的是："我们要以什么样的姿态来表明自己做了有意义的工作？"或者，像著名人类学研究者格劳乔·马克斯（Groucho Marx）说的那样："为什么我一度想要加入某个俱乐部？因为俱乐部里会有人把我当成一分子来对待。"

再次强调，通读选择的范例，看看它们是如何发出权威的声音的，关注在哪些地方陈述事实或观点的时候用词非常坚定，哪些地方用词修饰得比较委婉。这也将帮助你调整语感，指导你写作。

五、组织

每篇文章的架构都存在于它的组织（即结构和内容的排布）当中。好的组织包括几个层次的排布：首先，是大标题的顺序，通常是摘要，介绍，背景（如地理位置、材料与方法、已有研究），主要讨论，结论，参考文献；其次，是这些大标题下的小标题的顺序，这些大标题和小标题组合在一起应当起到类似目录的作用——事实上，把一篇文章中的标题摘取出来，看它们是如何组织到一起的，这也是一项很好的训练；最后，作者必须确定各个标题下的内容需要详述到什么程度，以及这些详细内容如何展开。所有这些听起来像是苛刻的要求，但确实就是这样。

许多写作指南会提供这样或那样的体系来帮助你组织文章。它们的基本观点是文章结构决定着论证的顺畅性，进而决定了文章的说服力。但是，如果真的是这样，我们只要简单地把信息一股脑儿堆在纸面上写故事就行了。组织架构无法保证能写出好文章，就像骨架不能使人起死回生一样。如果我们想成为文章中所用文字的掌控者，就需要有等量的或者更大量的文字储备。

无论多么详细的说明，都不可能存在一套方法能够囊括所有科学作者在写作过程中遇到的需要、问题和风格，不存在排布文章内容的正确方法。我知道一些科学作者运用提纲概要来指导写作；一些科学作者需要一个类似火车时刻表的东西，按顺序列出一个个写作要点；一些科学作者想到哪个点就先把哪一部分写完；一些科学作者完全没有大致写作规划。我认识的一位研究者（一个非常厉害的作者）是将写有写作要点的卡片随机钉在墙上，然后将这些卡片直观整合到一个树状结构中。总之，不同的方法适用于不同的作者。

对于经验不太丰富的作者，这里有一些实用技巧，可能会对早期阶段的写作有所帮助。从拟定一个初步的提纲入手，包括文章的大标题和小标题，随着写作的推进，可能会将提纲改得更好（通常都会这样）。如果研究是基于实验的，可以从标准结构入手——介绍问题和背景、材料与方法、结果、讨论、结论——然后在这个结构下添加可能会涉及的小标题。可以仅选择文章需要的大标题，逐个单独建档，然后写下你认为每个大标题下应当涵盖的观点、数据类型或主要论点。如果你喜欢以可视化的方式来制订计划，那么，可以采用类似前面提到的那位研究者使用要点卡片的方法：将主要观点和数据分别写在卡片上，然后看它们存在什么样的逻辑关系；另一种方法是可以先把你在文章中大致会用到的插图列出来，找到插图之间的逻辑顺序，以此来指导写作逻辑。

以上这些只是一部分建议。你可以完全自由地按照自己的需求来采用这些建议，或是根本不用它们，按自己的方法来。几乎所有人都需要花一些时间和精力来确定一种适合自己的内容组织风格。在这个方面多一点耐心是很有益的。

作为总体规划，文章的脉络应当是从一般到特殊再回到一般，就像沙漏或类似花瓶的形状。也就是说，从大体介绍问题和背景开始，然后介绍方法，呈现详细过程和结果，最后落到结论上。最为集中的细节讨论应当落在文章的中间部分：有什么发现，得到了什么新数据，如何解释这些数据，这些数据意味着什么。在一篇好的科学文章中，这种沙漏式或花瓶式的结构会在每个独立的部分重复出现：读者阅读文章时会重复遇到相似的节奏，就类似于一系列变奏曲——概述（快板）、详述（极其缓慢）和再一次概述（终曲：慢板）。实用型传播者不需要做到这一点。但是，采用"概述—详述—概述"的方式来组织文章内容是非常有效的。

但是，请注意，通常不可能在动笔之前就能确定文章所有层次的逻辑顺序。大部分时候，是从一个大致计划（无论是否写下来）开始的，然后着手写作。极少数情况下，大纲和实际写的内容是一致的。但是，更多情况下，大纲会随着写作的进行而调整。正如我已经说过的，写作是一个实验和发现的过程。

综上所述，查阅你选择的范例，阅读相关主题的文章，尤其是你可能会投稿的期刊中的文章。选用或改写一个看起来比较合适或者适用于新手的框架。或者，如果框架不适用，就分析一下它缺了什么，思考如何改进它的逻辑顺序，如何命名各级标题。

六、体例

科学写作的体例通常不涉及文学质量，而是指涉及文章形式的种种规范。换句话说，它是指基本结构、标点、字母大小写的使用、缩写、引用和参考文献格式等诸如此类的应当遵循的要求。市面上有许多关于体例指南的书籍，如《科技文体与规范：作者、编辑及出版者手册》（*Scientific Style and Format: The CSE Manual for Authors, Editors, and Publishers*）。这些书大部分都是面向特定领域的，对编辑来说很有帮助。许多书还会提供一些关于写作体例的通用建议，比如计量单位、换算因子、各种常数，等等。但是，关于其他所有写作风格方面的事项，几乎所有这些指南都只是部分适用于科学作者。

我提出这种异议，是基于一个简单的原因：经验。科学学科的文献如此多样化，很难只服从某一本体例手册的标准。标准和规范在不同层次是不同的，在同一领域的不同期刊也不相同，甚至同一期刊在不同时期也不相同（例如，同一期刊在不同主编时期的标准和规范也可能不尽相同）。产生这种现象的原因很复杂，是机构需求、个人风格和相关人员培训等方面的综合作用导致的。

编辑可能会因为标点如何使用或参考文献格式而争论不休。但是，对作者而言，实践结果是显而易见的：因为不存在普适的标准，所以，你必须按照各个期刊各自的要求来写作，也就是说，需要认真阅读该期刊上已经发表过的文章，以及期刊的作者须知或投稿建议，按须知和建议要求来准备文章。这是确保你能够按要求写作的唯一方法。这也再次强调了学科领域使用范例的价值。

七、环境

写作会受到所处环境的影响。但我并不是建议你隐居到一个乡村庄园或山间小屋，而是希望你能形成自我认知，意识到什么样的环境因素能够促进或阻碍工作。20世纪最伟大的作家之一瓦尔特·本雅明（Walter Benjamin）曾经说过，"避免在工作环境不干正事"。有的人需要一张干净的书桌和美妙的音乐（高品质的声波壁纸）；有的人需要在笔记本、报告和文章（数据的声音）的环绕中才能更好地工作；有的人喜欢在办公室里写作，所有东西都触手可及；有的人则更喜欢在家工作，与家人保持一点距离，但又能够听到家人鼓励的唠叨声。学着了解自己，根据自己的喜好开始自己的写作。

以上这些并非琐碎的没有价值的事情。作者有许多让自己投入工作的方法，时间和地点是这些方法的一部分。作为一项人类活动，写作也有它的生态学环境，个人投入的热情既会因物理环境而助长，也可能因物理环境而消退。写作的地点和时间非常重要，不限于如何写和写什么。

八、着手动笔

如果面对一张白纸或屏幕难以动笔，这里提供一些方法帮助你克服这个障碍。

首先尝试拟定文章题目。你可能对要写什么内容已经有了一些想法（这似乎是必需的）。粗略记下一个、两个或者三个（或者更多）短语，来描述你打算写的主题。

还记得第三章结尾谈到的作者的心理障碍吗？尝试前面列出的一些方法，在头脑中开始构思语言。通读一两篇相关主题的文章，要相信，这不是浪费时间，也不是在拖延写作进度，而是必要的准备工作，还很可能会节省更多的时间。你内心的声音越流畅，文字写起来就越容易。

从介绍问题和背景开始写，如果想不好开场白，那么，回到你选择的范例，选择一篇相关主题的文章，模仿（其至一开始可以直接复制）它的第一句话，替换成自己的主题和术语。注意这段话剩下的内容和介绍部分余下的内容是如何架构的。如果写不下去了，可以接着模仿后面的内容。然后回过头去修改已经写好的内容，添加一些与你的主题相关的背景信息。

回头看看之前写过的文章：自己是如何开始的，看看用了什么样的概述方式。是关于议题的重要性吗？你指出了已有研究的空白吗？或许你简单地描述了研究过程或者这项研究得到了什么新的发现吗？大致分析之前是如何着手的，看看能否用于现在正在写的这篇文章当中。

坐下来和同事讨论要写的主题。这将迫使你将观点表达出来，或许还有可能在头脑中滋生出一些后面能够用到的短语。在初始阶段，没有比向别人解释更有助于厘清话题的方法了。记下同伴可能存在的任何疑问：作为倾听者，他是你的第一位读者，可能会直接帮助你确定文章需要涵盖哪些要点。

九、修改文稿

（一）修改组织架构

改稿可能会使文章变得更好，也可能变得更糟。这也是好的作者和差的作者之间的差别。原因很简单，改稿实际上是作为作者的你，有机会从读者的角度来修改文章。你可以看到文章创造了一种什么样的体验，可以看到哪里比较粗略和薄弱，哪里处理得不合适，哪里没有表达完整。最好，你可以通读它，就像是别人写的文章让你来润色（还给了不错的酬金）一样。你可以像所有作者都会做的那样，每一步都问一下自己：这是我期待看到的文章吗？如果看到它出版了，我会希望自己的名字署在上面吗？我不是说每个句子都要完美。你也不是在写《包法利夫人》（*Madame Bovary*），古斯塔夫·福楼拜（Gustave Flaubert）常常为了一句话要琢磨一个月甚至更长的时间，近乎到了精神失常的地步。但是，科学写作者无疑希望能够避免粗鄙，希望能够写得更好。

据我所知，科学写作界从来没有出现过像作曲界莫扎特（Mozart）那样的人物。没有人能够在第一稿或者第二稿时就能写得很好。改稿是我们给自己的完善文章使它变得更好的机会。但是，不要因此就认为改稿就是"进行修正"或者"把坏的替换为好的"，改稿不是我们如何"修订"一篇稿子，而是我们如何"完善"一篇稿子。下面举一个例子。

在过去30年，密歇根州生产的石油和天然气主要来自志留纪时期的礁岩层。1990年，该礁岩层产出了2500万桶石油（占全州产量的84%）和将近1320亿立方英尺①天然气（占全州产量的92%）。到1990年年末，该礁岩层累计生产了2.11亿桶石油、1.21兆立方英尺天然气和5000万桶水。预计该礁岩层中可开采的资源起码有3亿~4亿桶石油和3万亿~5万亿立方英尺天然气。本研究的主要目的是详细分析密歇根盆地最大且最具代表性的尼亚加拉宝塔礁的沉积史。

密歇根盆地的宝塔礁都是孤立的碳酸盐沉积物，完全被盐、硬石膏和细密的碳酸盐沉积物包裹。直到20世纪60年代，重力法仍然是鉴定水下宝塔礁最有效的方法。近年来，地震勘探法成为探测礁岩层的主要方法，而且效果非常好。②

我们可以感觉到这个例子的组织架构和风格都是半成品。应当做什么呢？通常都是先看组织架构。

起始句似乎非常好，但是，立刻被数据信息淹没。读完一堆数据后，我们又突然跳到了"主要目的"，而这个目的却是关于地质史的，而非关于石油和天然气产业的。同时，第二段的开头又跳转了，跳到礁岩层的特点，之后又进入一个完全不同的话题：探测礁岩层的方法。

这个例子里包含了太多信息，但并不是所有信息都与主题相关，而且大部分信息都是没有关联的零散碎片。什么才是必要的呢？我们能够删除或替换掉什么内容呢？要回答这个问题，需要再来看看"主要目的"。首先，如果我们对这些礁岩层的地质史感兴趣，那么，我们需要知道具体哪年这些礁岩层产出了多少石油和天然气，或者需要知道找到礁岩层所使用的具体方法吗？当然不需要。所以，这就能删除一些内

---

① 1立方英尺≈0.03米³。
② D. Gill, "Depositional Facies of Middle Silurian (Niagaran) Pinnacle Reefs, Belle River Mills Gas Field, Michigan Basin, Southeastern Michigan," in *Carbonate Petroleum Reservoirs*, ed. P. O. Roehl and P. W. Choquette (New York: Springer-Verlag, 1985), 123-124.

容。我们想要删除第一段给出的所有数据信息吗？可能不想，因为我们需要加强文章开场的支持力度。第一句话的叙述方式好吗？细看这段话后面的内容：在最后一句话之前，我们都不知道这些礁岩层是宝塔礁，也不知道这是在说密歇根盆地（一个特定的地理区域）；直到最后一句话，才捎带着提到这些非常重要的术语。假设我们这样来修改第一句话：

> 位于密歇根盆地志留纪时期的宝塔礁是石油和天然气的主要来源，预计蕴藏的可开采的资源有3亿～4亿桶石油和3万亿～5万亿立方英尺天然气。

这样修改，既保留了原句的重要感，将所有术语界定都移到了最前面，又增加了数据支持，所有内容都包含在一个简明的句子里。用我们的"主要目的"作为组织原则，我们删除了多余的数据（我们可以在后续部分把这些数据加回来），转变为描述礁岩层的基本地质特征，这样有助于向读者指明我们的主题。

> 位于密歇根盆地志留纪时期的宝塔礁是石油和天然气的主要来源，预计蕴藏的可开采的资源有3亿～4亿桶石油和3万亿～5万亿立方英尺天然气。这些礁岩层由被隔离的碳酸盐沉积物组成，完全被盐、硬石膏和细密的碳酸盐沉积物包裹。

我们能够把最后一句话加到上面这段话里，以完善我们的介绍吗？让我们看看修改之后是什么样子的。

> 位于密歇根盆地志留纪时期的宝塔礁是石油和天然气的主要来源，预计蕴藏的可开采的资源有3亿～4亿桶石油和3万亿～5万亿立方英尺天然气。这些礁岩层由被隔离的碳酸盐沉积物组成，完全被盐、硬石膏和细密的碳酸盐沉积物包裹。本研究的主要目的是详细分析密歇根盆地最大且最具代表性的尼亚加拉宝塔礁的沉积史。

看起来不错。但第二句话和第三句话之间仍然有一点小跳跃,感觉这段话太短了。我们没有解释"尼亚加拉",让读者自行界定。那么,我们需要做什么呢?增加一句话(下文中的粗体字)作为过渡如何?

位于密歇根盆地志留纪时期的宝塔礁是石油和天然气的主要来源,预计蕴藏的可开采的资源有3亿~4亿桶石油和3万亿~5万亿立方英尺天然气。这些礁岩层由被隔离的碳酸盐沉积物组成,完全被盐、硬石膏和细密的碳酸盐沉积物包裹。**已有研究表明,礁岩层沿着盆地边缘扩展,在中志留纪(尼亚加拉)时代给密歇根盆地镶了一个边,后来由于海平面大幅下降,被蒸发岩(盐类和硬石膏)所覆盖(Hedberg,1975;Corson et al.,1986)。**本研究的主要目的是详细分析密歇根盆地最大且最具代表性的尼亚加拉宝塔礁的沉积史。

我们把这篇文章另一个部分的信息摘出来放在这里,提到前面来说效果会更好。我们添加了一些内容,把关注点从当前礁岩层的特点转移到它们的地质史上,这也是我们想要陈述本研究的主要目的。我们界定了"尼亚加拉",也增加了一些参考文献。注意:我们添加的信息实际上也是对前面句子的解释。这样的话,盐类和硬石膏就与海平面下降结合起来了,因而,过渡也就变得平稳且有逻辑了。我们还能再做些什么吗?给最后一句话做点延续怎么样?

位于密歇根盆地志留纪时期的宝塔礁是石油和天然气的主要来源,预计蕴藏的可开采的资源有3亿~4亿桶石油和3万亿~5万亿立方英尺天然气。这些礁岩层由被隔离的碳酸盐沉积物组成,完全被盐、硬石膏和细密的碳酸盐沉积物包裹。已有研究表明,礁岩层沿着盆地边缘扩展,在中志留纪(尼亚加拉)时代给密歇根盆地镶了一个边,后来由于海平面大幅下降,被蒸发岩(盐类和硬石膏)所覆盖(Hedberg,1975;Corson et al.,1986)。**这些研究尽管很有**

价值，但都是区域性的。本研究的主要目的是详细分析密歇根盆地最大且最具代表性的独立礁岩层的沉积史，**即贝尔河米尔斯（the Belle River Mills）气田的特征。**

这时候，我们的介绍才最终比较完整了：添加了解释性的过渡句，带着读者从主题的重要性过渡到我们这项研究的重要性；从一般概述转到特例详述，介绍了相关术语；也说明了本研究将要填补的认知空白（这通常是放在介绍问题和背景部分很好的内容）；还明确了关注的话题，同时描述了将要做什么。

所以，最终我们写出了一段完美的话，是这样吗？还差得远呢！不存在完美的文章，我们只是写出了文章的一个小片段，这个小片段让我们有了一定的信心继续写下去。如果有足够的时间和空间，我们可以无限修改下去，让介绍问题和背景部分不断变得更好。但是，那样就永远无法发表了。福楼拜花了20年时间来写《包法利夫人》，但是，别忘了，小说可不会像科学数据这样快速过时。

（二）修改写作风格

我花这么长的篇幅描述如何修改段落，有三个原因。第一，介绍问题和背景部分非常重要，尤其是对编辑和审稿人来说，如果你能在这个部分打动他们，那么，你已经在很大程度上获得了他们的认可（以至于他们可以原谅文章中的一些错误）。第二，我试着在本章展示了之前讨论的所有因素是如何起作用的：试错、实验、考虑你的读者，以及文章组织。所有这些因素需要整合在一起。第三，我们所有的简短的事例都是为了揭示在改写过程中有多少需要做决策（识别和解决问题）的地方。

接下来，我们专门来谈谈文字风格。先看看下面这段话，这段话摘自一篇已发表的文章。

作为一种生成微蜂窝泡沫材料的方法，我们合成了一种在相对适中的压强下能够溶解于二氧化碳（CO_2）的分子，然后在溶液中交联形成凝胶。已有研究表明，凝胶可以在传统有机溶剂中通过氢键结合交联离子基团，或者交联电子供体和电子受体基团形成。在这种凝胶中形成泡沫材料，需要能够在溶剂处理过程中以及清除之后，始终保持在溶液中形成的超分子聚合物呈凝聚状态。

一开头，我们就看到了一个独立修饰句，"作为一种……的方法，我们……"，"我们"不是一种"方法"，因此，需要把"作为一种"和"的方法"删掉，改为"想要生成微蜂窝泡沫材料"。接着往下看，这句话的第二个逗号和它之后的短语（"然后在溶液中"）让人读起来很困惑。第一遍读的时候，似乎和前面所说的"我们合成……分子"是并列关系，第二遍或第三遍读的时候，我们发现不是这样，它应当和"能够溶解于"是平行关系，像这样：

想要生成微蜂窝泡沫材料，我们合成了一种在相对适中的压强下能够溶解于CO_2，然后在溶液中交联形成凝胶的分子。

这个读起来就顺畅多了。再多读几遍，又会发现这句话有点儿冗余：如果说这种分子"能够溶解于CO_2"，我们接下来还需要说"在溶液中"吗？这不是一个重要的点，但是可以再精炼一点。此外，如果我们想要作者展现自信，还可以去除条件时态。

想要生成微蜂窝泡沫材料，我们合成了一种在相对适中的压强下能够溶解于CO_2，然后交联形成凝胶的分子。

现在这句话仍然有一点问题。通读整句话，我们看到有一个时间先后过程："溶解于……然后交联"。我们将这个过程描述得更加外显一些，是什么样子呢？

想要生成微蜂窝泡沫材料，我们合成了一种在相对适中的压强下能够**先**溶解于CO_2，然后交联形成凝胶的分子。

添加一个"先"字就能让句子表达得更加清楚。

第二句话怎么修改呢？下面这种添加列项的方法能让原文意思更加清晰。

> 已有研究表明，凝胶可以在传统有机溶剂中，通过以下任意一种过程形成：①氢键结合；②交联离子基团；或者③交联电子供体和电子受体基团。

注意，我添加了"以下任意一种过程"，而不是简单地说"三种过程"。这句话后面用到的那个连词"或者"，说明这几种过程不是同时发生或交错发生的。这是一个让读者读起来更加精确和清晰的例子。

最后一个句子，也可以做一点儿小修改。首先，词组"在这种凝胶中形成泡沫材料"读起来不是很顺口。如果我们改得顺口一点，会是什么样子呢？

> 要想在这种凝胶中生产泡沫材料，需要能够在溶剂处理过程中以及清除之后，始终保持在溶液中形成的超分子聚合物呈凝聚状态。

关于最后这句话，我们还面临一个终极问题：这句话到底在说什么？它是在告诉我们在溶剂处理过程中和清除之后都能形成聚合物吗？或者，它是在说聚合物的保存条件吗？恰巧，这篇文章后面的内容告诉我们这句话说的是后一种情况。但是，句子的意思表达并不清楚。我们一起来修改一下。

> 从这种凝胶中生产泡沫材料，需要在溶液中形成的超分子聚合物，能够在溶剂处理过程中以及清除之后，始终保持凝聚状态。

这时候，"保持凝聚状态"距离它的先行条件"溶剂清除"就更近一些了，也消除了所有的困惑。我们这段话的最终版本就变成了如下这样。

> 想要生成微蜂窝泡沫材料，我们合成了一种在相对适中的压强下能够先溶解于CO_2，然后交联形成凝胶的分子。已有研究表明，凝胶可以在传统有机溶剂中，通过以下任意一种过程形成：①氢键结合；②交联离子基团；或者③交联电子供体和电子受体基团。从这种凝胶中生产泡沫材料，需要在溶液中形成的超分子聚合物，能够在溶剂处理过程中以及清除之后，始终保持凝聚状态。

这是一个非常好的、实用型表达。它已经足够清晰，读者不会因为破碎或混乱的措辞而被卡住。它相当顺畅，逻辑良好，也让论证指向了特定的、期待的方向。

我相信你肯定注意到了，将文章修改到这个程度需要做相当多的工作。事实上，为了简洁地说明问题，我已经简化了这个过程，省去了许多改得不满意的过程，我自己在修改上面这段话时，遇到了更多其他的问题。你需要知道，能够找出写作风格或文章组织架构上的问题，并不意味着你自然而然地不用经过试错的过程就能把它改对。

以上这些就是自查文章时需要问自己的问题，然后通过修改文章来解决这些问题。如果有任何疑虑，一篇文章是否需要进行这样的修改，那么，把你的文章给一两个同事看——这在任何情况下都是很有用的方法，尤其是你完成了第一稿之后，换一个人来阅读你的文章是一种行之有效的方法。这种换一种视角来阅读的方式也是你自己修改文章时需要注意的事情。如果很难做到这一点，或者如果已经实在看不下去了，那就把文章放在旁边搁置一段时间（几天，一个星期，可能的话更长一些），然后再来读它。这时，你可能会发现仍然有许多需要修改的地方。

（三）通常会遇到的问题

确实存在所有人都可能会有的关于写作风格和文章组织架构的大量

误区。需要有一个大部头的手册来描写这些误区的严重性，而最终可能也只写到了其中一半的误区。这里我也只谈谈其中一些非常常见的误区——这些也是已出版的文章、书籍、报告和项目申请书中最常出现的误区。仔细翻阅这些误区，确保自己不会陷进去。

1. 名词堆砌

> 地表运动地震衰减实证数据或者……
> 北极圈对流层臭氧损耗值……

像这样把形容词和名词堆积在一起，反映出作者在尝试增强速记，但是这会造成文字叠加，使句子或段落变得烦冗。尽管科学语言能效高，但是不能没有可读性。尝试修改上述两段如下：

> 基于地表运动研究的关于地震衰减的实证数据……
> 北极圈对流层存在的臭氧损耗值……

但是，如果你要使用的短语是通用的（标准的）专业术语，那么，可以直接使用缩写，例如：

> 高迁移率硅金属氧化物半导体场效应晶体管（metal oxide semiconductor field-effect transistors，MOSFETs）。

2. 定义放错位置

> 强地表运动的信息（估算振幅峰值、持续时间和地震波相位）对于建造抗震建筑是必需的。

定义最好是放在一句话的末尾或者单独作为一句话，否则就会阻碍或分散阅读的流畅性。尝试修改这句话如下：

要建造抗震建筑，需要强地表运动的信息，即估算振幅峰值、持续时间和地震波相位。

或者修改为如下：

关于强地表运动的信息对于建造抗震建筑来说是必需的。这些信息包括估算振幅峰值、持续时间和地震波相位。

3. 跑题

有预测说，全球气温升高将使得许多物种的地理分布转移到更高的纬度或海拔。这种气温升高被认为与对流层化学组成的改变有关，尤其是与燃烧有机燃料产生的二氧化碳进入对流层有关。这里我们将报告关于水温轻微波动控制着环境对一种重要捕食者赭色海星（*Pisaster ochraceus*）影响的实证证据。对赭色海星行为的初步分析表明，处于地势较低位置的海星在海洋上升流期间会表现得不活跃。

如果第一句话做了一个不错的开场，那么，第二句话则跳到了另一个完全不同的主题。这里需要把第二句话删掉，然后把它放到一个合适的位置，比如结论部分。第三句话与第一句话相关，但是最后一句话又立马跳到了一个新的话题，应当把最后一句话放到其他地方（如接下来的段落里）。尝试修改如下：

有预测说，全球气温升高将使得许多物种的地理分布转移到更高的纬度或海拔。局部地区，群落可能会出现结构变化，因为原本已适应较高温度环境的物种会逐渐从低纬度地区迁入。这里我们将报告关于水温轻微波动控制着一种重要捕食者赭色海星迁入的实证证据。

时刻记住：将相似主题或相似类型的数据放在一起。避免把信息"倾泻"在纸面上，寄希望于读者找出信息之间的关联，这本该是你应做的重要工作。好的文章组织架构包括分类和排布资料。带着这个要求回过头去阅读你选择的范例，看看它们是否符合标准。

4."抢地式"的开场

持续数分钟的强烈的伽马射线已经在过去30年观察到了，并且引起了被认为是来自确切的几何模型和发射机制还不知道但会受到特定的光偏振值制约的超相对论的膨胀冲击波同步辐射的光学余晖。

现在，深呼吸。在好的、实用型科学写作中，开场段落会被拆分为两个基本部分：一个像序幕一样的短句，以及短句之后的一系列句子（这些句子通常会较长，引出本主题涉及的各个具体方面）。对于上面这段话，可以这样开场：

能够持续数分钟的强伽马射线已经在过去30年被许多天文学家观察到了。

或者变为主动语态：

在过去30年，许多天文学家已经观察到了能够持续数分钟的强伽马射线。

接下来这么改：

紧随这种伽马射线能够观察到光学余晖，这些伽马射线被认为是来自超相对论的膨胀冲击波的同步辐射。这种冲击波确切的几何模型和发射机制尚不清楚，但是会受到特定光偏振值的制约。

开场段落应当起到介绍的作用，需要能够引导读者进入主题，从一般概述到特例详述，逐步介绍关键词，帮助读者跟上文章节奏，而不是向读者倾倒一堆主题和术语。

（四）修改过程

改稿有什么实用方法或技巧吗？电脑和文字处理软件的出现改变了改稿过程，文章可以随时修改：技术已经消除了写作和改稿之间的界限。

当你发现每次坐下来都无从下手的时候，一个非常有用的方法是通读你已经写完的部分，在头脑中回顾这些资料，再往下扩写。这么做的时候，你很有可能在读到写不下去的地方之前就会发现需要修改的地方。大多数人每一次接着上次的内容往下写的时候，都会对文章进行修改——一些内容、一些地方需要被修改。这有可能导致文章的前面部分比后面部分被雕琢得更加细致：尝试关注前后部分的差异，看看是否存在风格上的显著差别。

要想做出正确的修改，必须能够跳出惯性来审视文章。此时你选择的范例又该登场了。在修改文章之前，从收集的好的作品当中选取一篇文章，最好是和你正在写的主题相关的文章，阅读这篇文章，感受一下它的风格和语感。可能需要反复读几遍，然后回到你的文章。你的文章与范例比起来怎么样？相当流畅且有逻辑吗？哪里存在卡壳或不顺畅吗？哪里写得很好？能做些什么使文章读起来像你所选的范例或者像你自己写的高质量的部分？把选择的好的写作范例作为一个标杆，能够很有效地指出你有哪些地方需要修改，有哪些地方无须修改。前者能够让你继续工作下去，后者则能帮助你树立写作信心。不用为承认自己的成功而感到害羞，即使只是零散的单句写得很成功，好的写作都是值得称赞的成绩，无论是一句话还是一段话。

第五章　善于写作：创造力和文字修养的历练

勤奋且善用技巧可以做好任何事情。

——塞缪尔·约翰逊（Samuel Johnson）

一、超越实用型的"创造性写作"

科学领域最不幸的事情之一,是陷在日常用语中没有发展创造力和说服力的空间。除了个别极具天赋的研究者能做出让人惊艳的讲座,以及个别广受欢迎的公众号能写出优秀的科普文章外,科学家的世界整体被认为缺乏文学氛围,不仅仅单调、一味追求实用,还乏味、疏远且冷淡。更糟糕的是,科学家自己都认为是这样的。

但事实并非如此。所有形式的有说服力的写作都可以通过细致的修改进行创造性的打造。科学领域的写作也是这样吗?当然是。差别再大的文章都逃脱不了"科学性"这一要求。可能会有少许例外——大概100篇文章里有1篇,抑或是一般的文章中散落的一些句子。但是,它在那里非常显眼,宛如走在红地毯上耀眼的明星。一些人已经注意到,沃森和克里克关于DNA结构的文章(第二章中分析过)被许多科学家称为"散文诗"。尽管这种赞美有些过誉了,但至少我们看到文字典雅的写作在科学领域是受欢迎的。

在科学领域,写作典雅且富有创造力是什么意思?最基本的,是指遣词造句不仅仅能有效传递信息,还能让人读起来感到有意思,能够给读者提供更高层次的阅读体验。从实践角度来说,就是能够以一种精致甚至独创性的措辞方式达到非常好的、实用型交流的所有要求。这类作者在有意识或无意识间会用到很多写作技巧。例如，调整句子的长度和节奏，在叙述的特定位置提出问题，在单个句子中使用平行结构，采用优雅的短语，创造新术语，在段落之间进行平稳过渡，以及巧用句法来强化意思的表达。

无论在哪个领域或是什么主题，这些技巧都是高水平的表达技能。但是在科学领域，有一些特殊的情况。作为作者，科学家工作在一个有表达限制的系统当中，这种表达限制微妙地影响着他们的创造行为。语言表达不能过度夸张，这导致科学家不会将太多精力放在语言的美感上。一般来说，学术文章或报告当中是有雕琢文字和发挥创造力的机会的。

二、机会

一篇文章的许多地方都可以将文字雕琢得比较讲究。当然，任何一篇文章或报告都可以靠出色的组织和通篇优美的表达变得更具可读性。但是，也有一些特定地方是可以在论证中提升质量的，比如以下这些。

一是，任何需要概括的地方。这是一个添加吸引人的或者别出心裁的措辞的机会。例如，一篇文章的介绍部分和结束部分，尤其是最开头的那一段和最后那一段。

二是，类似的，每个部分最开头和最后的那一段。这些地方是能写出精彩的总结和精致的过渡的地方，例如，和前文提到的观点关联起来，预见或提出接下来会发生什么。

三是，论证中需要加大解释力度的地方。这可能是在介绍一个重要的甚至意料之外的结果，揭示已有文献的空白，说明当前理论的薄弱环节，指出研究的重大贡献，提出进一步研究的方向。

四是，新起一个论点的地方。例如，那些新起一个话题或方向的地方，以及一个不同的数据领域或不同类型的测量值。

五是，文章或报告中描述性的，不是特别学术的地方。例如，那些追溯历史的地方（如关于已有文献或某项技术的讨论）。

六是，最后一句话。这是读者读到的最后的内容，因此也是可以给读者留下深刻印象和意义的一行字，更是对文章前面所有内容的总结和提升。

这个清单列出了其中一些，但并非全部。不同的作者常常创造不同的机会来表现他们的独创性。接下来是一系列示例，列出一些适用于上述地方的例子，当然也不限于此。

（一）示例1：介绍和结论

这是一篇题为"磁流体的复杂模式结构"（Labyrinthine Pattern Formation in Magnetic Fluids）的文章的开头。

> 一些独立的物理系统形成了极为相似的复杂结构。包括薄膜磁性材料、两亲"朗缪尔"（Langmuir）单层膜，以及Ⅰ类磁场超导体。这些系统在热力学上的相似性说明存在模式结构的共性机理。[1]

这是一个高度专业化的开场，但是措辞有一点点生硬。第一句话短小且精悍，接下来第二句话介绍了专业主题，第三句话揭示了该研究遵循的基本逻辑。这三句简短的话以一种令人赞叹的逻辑传递了大量信息。我们来对它做一点点修改：

> 不同的磁流体能够形成极为相似的复杂结构。由于结构的相似性反映了流体热力学的相似性，所以，模式结构的形成可能存在共性机理。有三个例子表明这一假设是正确的，包括薄磁性膜、两亲"朗缪尔"单层膜，以及Ⅰ类磁场超导体。

---

[1] A. J. Dickstein，S. Erramilli，R. E. Goldstein，D. P. Jackson，and S. A. Langer，"Labyrinthine Pattern Formation in Magnetic Fluids，" *Science* 261，no.5124（1999）：1012.

分析一下我对这段话做了哪些改动。注意文字发音的变化（例如，删掉了第一句话中过多的带有"s"音的字，如several，systems），平行结构的添加（"……的相似性……的相似性"），以及第二句话的新逻辑（原文隐藏了这个逻辑）。同时，也注意句子的长度——短、中、长句相结合，既能够让读者顺畅地读下去，又介绍了更多细节。下面是同一篇文章的结论部分：

> 总之，实验中看到的扩展模式能够通过最简单的动力学模型加上表面能和偶极能之间的竞争性来解释。总的来说，实证和理论结果表明，空间形状中极为复杂的能量景观是由受几何约束的系统中的短距离作用力和长距离偶极相互作用之间的竞争性导致的。复杂模式的静态理论只能适用于最低能量构造，而动态理论则能反映复杂模式结构中景观的复杂性。[①]

同样的，我们看到了修辞的痕迹，也看到了想要给读者留下深刻印象的愿望，以及已经部分达成了这个愿望。因此，我们继续来修改：

> 总而言之，我们认为实验中看到的扩展模式可以通过非常简单的动态模型来解释。与静态理论相反，这种模型能够解释观察到的表面能和偶极能之间的竞争性。总的来说，实证结果和理论结果都表明，在受几何约束的系统中，极为复杂的能量景观可能是由这种短距离表面作用力和长距离偶极相互作用之间的竞争导致的。静态理论不太可能解释这种竞争，而只能解释形成复杂模式结构所需要的最低能量构造。要揭示复杂模式结构中存在的能量景观的复杂性，需要动态理论。

我们再来看看做了哪些修改。添加或删除的内容非常少。取而代之的，原文的要素被重组了；句子被拆分了，给每个独立的点进行单独解

[①] A. J. Dickstein, S. Erramilli, R. E. Goldstein, D. P. Jackson, and S. A. Langer, "Labyrinthine Pattern Formation in Magnetic Fluids," Science 261, no.5124（1999）: 1015.

释。添加了一些词来增强表达效果（比如，"非常""竞争""不太可能"），但没有删掉任何内容。同时，请注意修改之后的段落比原文的段落略长一点，对于有语言洁癖的人来说，甚至可能认为有点儿冗长。但是，一个讲究的结论会对读者产生一种持续的影响：如果仔细阅读，会发现上述修改并非冗长，而是替换了一定程度的重复，并且有助于将核心论点拽回本文主题。同时，段落的结尾使用了略带哲学意味的陈述，这也是所有科学家都应当学起来的一项重要原则。有什么理由阻止这样的尾声吗？当然没有——在你的学术生涯中都不会有。

（二）示例2：重新组织和推敲完善

我们再来看看下面这段话。这段话中的部分内容在第三章中作为高质量写作范例分析过：

> 胡安德富卡和戈尔达板块的潜没让地球科学家陷入了一个两难的困境。尽管已经有了确凿的活跃板块运动的证据，但卡斯卡底古陆上的地壳下沉常常被认为是相对温和的板块构造运动。沿海没有深海海沟，也没有大片的贝尼奥夫-达清夫地震带，最让人困惑的是，历史上在大陆板块和潜没板块之间就没有出现过缓角断层地震。关于这些现象有两个最简单的解释：①卡斯卡底的下沉区域已经完全断开了，下沉是因为地震引起的；②卡斯卡底的下沉区域都暂时沉寂了，但蕴藏着活跃的能量，在未来的大地震中会释放出来。彻底解决这个问题可能是很困难的。尽管让人很惊讶，这一区域还没有浅层下沉地震的记载，但是，文字记载的历史还是相当短暂的。[①]

[①] T. H. Heaton and S. H. Hartzell, "Source Characteristics of Hypothetical Subduction Earthquakes in the Northwestern United States," *Bulletin of the Seismological Society of America* 76, no.3（1986）: 675-676. 在随后的示例中，我还会引用这篇文章的一些段落，对其进行不同程度的修改。尽管会有修改，但这篇文章仍然是地球科学领域非常好的写作范例。

这篇文章并不是以这段考究的话作为开头，而是以下面这句话作为开头："这是四篇系列文章中的第三篇，估测在北美伴随陆地潜没发生的地震灾害……"上面那段话是第三段话，位于已有文献综述和本文核心目标之后。为了改进这篇文章，我们将文章的介绍部分进行重新组织，以上面这段话作为开头，之后进行已有文献综述，最后以本文目标结尾。

上面这段话还有改进空间吗？我们来试一试。

胡安德富卡和戈达板块的潜没让地球科学家陷入了一个两难的困境。尽管已经有了确凿的活跃板块运动的证据，但卡斯卡底古陆上的地壳下沉一直是相对温和的板块构造运动。沿海没有深海海沟，也没有大片的贝尼奥夫-达清夫地震带，最让人困惑的是，历史上在大陆板块和大洋板块之间就没有出现过缓角断层地震。关于这些现象有两个最简单的解释：①卡斯卡底区域已经完全断开了，下沉是因为地震引起的；②卡斯卡底区域暂时沉寂了，但蕴藏着活跃的能量，在未来的大地震中会释放出来。尽管让人很惊讶，这一区域还没有浅层下沉地震的记载，但是，文字记载的历史还是相当短暂的。彻底解决这个问题可能是很困难的。

我们做了很少的一点修改，替换了其中几句话中的"下沉"或"潜没"这两个词，以减少术语的过多重复（在科学写作中常常出现这种情况）。第二句话，把短语"常常被认为是"修改为"一直是"，因为前一句话说的是潜没过程造成了两难境地，而不是关于这个过程的观点造成了两难境地。最后两句话也被调换了顺序，这种修改不仅仅是为了逻辑更合理，也是为了句子的节奏和韵律。优美的开场白与结尾通常都是以短句来开头和结束的。对第三句没有做任何修改，这句话使用了漂亮的平行结构，颇具说服力。请注意这三点是如何有效且简明地达成的。

（三）示例3：使用问句

使用问句是一种简单的写作技巧，在科学领域不常用，但它能形成一种优美且有效的语气，有助于增加强调的意味，引入新素材，或新发起一个讨论，或提出一个问题加强一点表达效果。

> 胆固醇和相关固醇类不是均匀分布在真核细胞膜上。为什么是这样呢？这里我们根据这些扁平、盘状分子在脂双层上的作用来寻求这个问题的答案。

一个问题能够吸引读者的注意力，结束延伸讨论，或者把叙述转向一个特定方向：

> 已经观察到麻疹流行的年度周期发生在人口出生率高的地区。这种相关性有何局限，是如何建立起来的呢？已有模型是基于平均且稳定的人口出生率来构建的，但忽略了季节变化可能产生的影响。

对于你的目标期刊的一贯风格来说，如果公然质疑显得过于大胆，还有一些更含蓄的提问方式：

> 超短波的测量是一项要求很高的任务。有人提出这样的问题：我们现有的仪器可以如何改进呢？我们的研究结果认为……

或者，用更加微妙的方式：

> 近期气候建模表明人类活动产生的排放入北太平洋的最大流量的碳发生在比已有记载还要更北的地方。要研究为什么会出现这种情况，我们调查了两种传输机制。

> 艾滋病的发作伴随着人类免疫缺陷病毒（HIV）从淋巴器官扩增转移到别的组织，比如脑组织。这个过程是如何发生的，目前还

不清楚，但似乎有可能是由于受感染细胞起到中介作用。

注意，提出问题不一定局限于文章的开篇部分，也可以用于讨论当中：

> 在分析实验结果的过程中，产生了问题：在这种条件下，有什么机制能够解释粒子的单列传输？

也适用于结论当中：

> 卡斯卡底潜没区域的沉降是缓慢发生地震蠕动的前兆过程吗？或者，是弹性应变能在这一区域的聚集吗？如果是这样，这会引发什么性质的地震呢？

甚至可以用在标题里：

> 卡斯卡底潜没区域：沉寂，还是没有沉寂？
> 粒子单列传输：发生在哪里？如何发生？

在文章中插入问题应当有所节制，保证这样的提问能对读者产生有效的指引。如果问题使用得太频繁，会有让读者感到被操控的风险（对于任何作者来说，这都是巨大的失败），把问题放在精心挑选的位置。如果你正在试验这项技巧，而且有些不确定它的效果，那么，找一个同事来阅读你写的内容。当然，找两三个同事来阅读效果会更好。

（四）示例4：过渡衔接

对于任何一篇文章来说，优美的过渡衔接都是一个体现其质量的技巧——如何把不同的内容衔接在一起，并形成一个连贯的过渡。一种简单的方式就是在介绍部分的结尾说明接下来将讨论哪些话题，然后将后续内容按照提到的顺序来组织，并且在接下来各部分的标题中逐一体现这些话题。

例如，前面提到的关于卡斯卡底潜没区域及其发生地震的可能性的文章，在介绍的结尾这样写道：

> 本文扩展了已有研究，系统比较了世界各地潜没区域的海沟测量、重力和浅表地震，以期进一步推动这个方向的研究，找到更多类似的区域。

这个部分之后比较理想的应当包含这样一系列标题，如海沟测量和重力、地震活动、专业比较、类似区域、它们是否存在、卡斯卡底潜没区域发生地震的可能性、结论。

当然，这样的标题链在实用型写作中同样需要。文章的考究不仅体现在总体逻辑规划，而且体现在各个部分之间的过渡衔接。例如，第一部分（海沟测量和重力）可以以下面这段话开头：

> 卡斯卡底潜没区域的不同寻常之处在于，它并没有真正意义上可测量的海沟。为了评估这一区域到底有多么不寻常，我们描绘了多处环太平洋聚合板块边缘的水深和自由空气重力轮廓。

并以下面这段话结尾：

> 尤其是，我们注意到卡斯卡底和哥伦比亚与南智利潜没区域的水深和重力轮廓惊人地相似。这就引发了关于地震活动的问题。

这些句子显然既与开头相呼应，又引出了下一个部分（地震活动）。但是请注意，这些句子也对开场疑问——卡斯卡底潜没区域有多么不规则——做了初步回答，因此也建立了一个"问题-回答"模式，文章后续内容可能会延续这种模式。下一个部分可以像这样开头：

> 卡斯卡底潜没区域第二个不寻常的现象是浅层地震非常少。这对于一个正在以每年三四厘米的速度收敛的板块边界来说，是不可

思议的，这不禁让人要问是否存在其他类似的地区，以及其他地区与这一地区有多大的相似性。

注意不同水平的过渡衔接是如何应用的。首先，我们延续了上一个部分开场提到的"不寻常"现象。其次，我们现在提出了一个可能的对照物——"类似的地区"，暗含在这一部分的最后一句话中，这也是介绍部分的最后一段话提到的内容。最后，我们效仿了前面提到的"问题-回答"模式，但并不是直接照搬照用，而是稍做变化。注意，作为可能的类似区域，没有再次提及哥伦比亚和南智利。一方面，相关的相似性需要以全球比较为依据（这是严谨的科学研究该做的事情）；另一方面，不在此处提及这两个区域，能够给读者留下一点点期待，提升他们继续读下去的兴趣：这些相同的区域会混在一起再次被提及吗？别着急，接着往下看。

（五）示例5：词语选择

选择合适的词语是让文章立刻实现创造性的一种方式。用词讲究的作者会有意识地更新他们的词汇表，减少重复用词。有时候，他们会寻找一个不寻常的或者意料之外的词语来增强读者的阅读兴趣。来看一看前面举过的一个例子及它的修改稿（粗体字是被修改的用词和短语）。

总之，实验中看到的扩展模式能够通过最简单的动力学模型**加上**表面能和偶极能之间的竞争性来解释。总的来说，实证和理论结果表明，空间形状中**极为复杂的能量景观**是由受几何约束的系统中的短距离作用力和长距离偶极相互作用之间的**竞争性**导致的。

总之，实验中看到的扩展模式能够通过简单的动力学模型来解释，这一模型**反映了**表面能和偶极能之间的竞争性。总的来说，实证和理论结果表明，在受几何约束的系统中，**极为复杂的能量景观**

可能是由短距离作用力和长距离偶极相互作用之间的**博弈**导致的。

只有几个词语被修改了,但是让这段话变得更考究了。"反映了"这个词是非常合适的,不像"加上"一词这么模糊,反而更有趣且更具说明性。同时,"博弈"这个词帮助我们避免重复使用"竞争",也增强了短距离作用力和长距离偶极两者的争斗感。

这里还有另外一个例子:

> 生物矿化的核心要义是,无机晶体的成核、生长、形态和聚合都是通过有机大分子有序组装来管理的。生物矿物晶体化学性质的控制是通过特殊的涉及无机-有机界面分子识别的过程来实现的。[①]

这是非常明显的实用型写作。我们可以看到,这里用了"要义"一词,而不是通常会用的"概念"或者"原则"。但是这个句子的余下部分需要做一点儿修改,主要是用词选择和用词组织方面的修改。像这样:

> 生物矿化的核心要义认为,无机晶体的成核和生长,以及它们的形态和聚合,都是受有机大分子结构化装配调控的。对于特定的生物矿物,晶体化学控制依赖于无机-有机界面的分子识别过程。

仔细比对这两段话。修改后的这段话,除了原文试图在第一句话中构建"无机晶体"和"有机大分子"之间的平行结构且没有建成外,并没有遗漏原文的任何内容。我们替换了几处通用意义的普通词汇("是""管理""实现"),换成更加典雅的词汇("认为""调控""依赖于"),并且缩短了短语(将"生物矿物晶体化学性质的控制"缩短为"晶体化学控制")。

最后,在科学写作当中,我们经常感到需要重复使用专业术语,有

---

① S. Mann,D. D. Archibald,J. M. Didymus,T. Douglas,B. R. Heywood,F. C. Meldrum,and N. J. Reeves,"Crystallization at Inorganic-Organic Interfaces: Biominerals and Biomimetic Synthesis," *Science* 251,no.5126(1993):1286.

时候都到了一个夸张的重复程度，因为似乎没有可以替换的用词：

> 断口分析致力于测量单个断口的空间和孔径、断口发生的频率和断口网络的总长度。

这样的写作连实用型的程度都达不到，这等同于术语堆砌。尝试进行修改如下：

> 断口分析尝试测量空间、孔径、断口发生频率和相关结构网络的维度。

通过选词来增强文章的考究性，也包括删除某些非必需的元素。

（六）示例 6：措辞

科学领域的精致措辞指什么？有许多这样的机会和证据。事实上，由于行文需要简洁明了，科学写作领域需要巧妙的措辞。可以注意到，经典格言或警句（古往今来都非常受人青睐的文字模式）将许多复杂的思想高度浓缩在简短的话语当中，能够衍生出高雅的韵味，比如西塞罗（Cicero）所说的"天秤向重的一边倾斜，公正的人向境遇低头"。尽管科学领域的写作不需要追求文字像宝石一样熠熠生辉，但是，我们应当认识到创造性措辞是用词的一种常见选择，有时甚至可以带有一点点诙谐。

这一类写作不存在放之四海而皆准的终极技巧，当然，效仿别人的写作除外。以下是我收集的其中一部分范例：

（1）直接证据的缺乏促使我们追寻缺失的参数。

（2）低层大气在山地气流作用下形成的引力波，在很多年前就已经被观察到且建模了。

（3）只要点阵呈现完美的周期，转换矩阵 t 的作用就仅仅是定量修饰这种平衡。

（4）血管是赋予生命的管道，连接我们的组织和器官。

（5）关于聚合物薄膜的研究被认为是一个重新找到机会的激动人心的事情。

（6）单次测量的多重设计经常出现令人费解的结果。

（7）同步激光泵浦技术在早期发展期间被一些分散的研究团队推动，不断进步。

（8）任何一个物理系统的自由能几乎从来不会释放，必须通过一定的条件才能释放。

注意这些措辞中节奏和韵律的使用（范例1～3）、精炼的美感和用词选择的简洁（范例4～6），以及诙谐的使用（范例7～8）。

这样精彩的语句不时点缀在文章中，让文章富有风味和技巧，提升了文章的水平。但是，这也很容易就做过头了，表现得过于聪明或者高频率地展示自己的才智，使主题变得琐碎。水平很高的作者懂得如何去感染读者，让他们有所期待。就像塞内卡（Seneca）说的，"完全满足就会清除印象"。一篇文章有几处恰到好处的珠玑佳句就足够了。

（七）示例7：比喻

与通常认为的情况相反，在科学写作中使用比喻是非常盛行的方式，也是出现频率极高的写作建议。科学术语本身就富含比喻性的术语有白矮星（white dwarf star）、杀伤性T细胞（killer T-cell）、RNA编辑（RNA editing）、板块构造（plate tectonics）、量子引力（quantum charm）、报告基因（reporter genes）、结构松弛（structural relaxation）、靶向分子（molecular target），等等。事实上，这些术语在初次引入时，就使用了比喻。随着时间的推移，逐渐成为标准化用法，它们褪去了比喻色彩，与它们所表征的现象绑定在一起（即在使用的时候它们不再是一种修辞）。但是，毫无疑问，它们揭示了比喻在科学领域具有多么强大的影响力和多么广泛的接受度，确切地说，是非常有必要的。

如何在写作中运用比喻呢？事实上，这种运用无时无刻不在发生，只不过通常是使用比较微妙的方式。再来看一下下面这个例子的原文：

> 总之，实验中看到的扩展模式能够通过最简单的动力学模型加上表面能和偶极能之间的竞争性来解释。总的来说，实证和理论结果表明，空间形状中极为复杂的能量景观……

还有其他一些例子：

> 突触是神经细胞之间传递信息的**焦点**。

> 化石记录中最引人注目的事件是早期寒武纪海洋无脊椎动物**爆发式的**多样性。

> 很快就认识到，由于风化作用，即流星撞击月球表面的"**园林造林过程**"，单个土壤颗粒曝光史的测定变得复杂。

> 在均匀热障条件下，对流由二维湍流和**曲折的羽状流**组成……平均纬向气流是向西的，对流模式随着气流**飘向**西方。

读完这些例子后，看看你选择的范例，找出哪里有相似的比喻语言的使用，就会发现这种方式并不是经常出现，而仅在论证或文章的特定位点出现。另外，对于任何一段给定的文本来说，如果没有必要条件，可能根本不会出现比喻。

比喻通常会在作者需要使用常用术语之外的描述性词汇时，出现在科学言论当中。有些时候，是为了填补空白；有些时候，它的目的似乎更有创造性，旨在让文章读起来更有趣。作者可以自由选用所在学科的术语，或者可以采用其他学科的术语，甚至可以参考通用语言。所有这些途径都是完全可以接受的，只要所选词汇或短语适用就行。

在上面的例子中，比喻的修辞语言既有名词形式也有修饰语形式。

其中一个例子（第三句）就在尝试创造一个新词——注意引号是如何起到标注这个词的作用，同时让读者知道作者正在有意识地创作的。当然，科学领域一直都在提出新词汇。这既是发现一个新现象时命名和描述的需要，也是个人想要在所在领域留下标记的需求。如果你足够幸运，处在一个创造新词的位置，请谨慎思考，发挥一定程度的聪明才智（举一个反面例子，用连载漫画的人物角色命名行星特征就很俗）。这样的例子表明，更广阔的文化元素正在以一种直接方式进入科学领域，使得科学言论很难保持它一贯坚持的平实和实用性。

（八）示例 8：头韵①

简单来说，头韵是指邻近或相邻词汇起始字母或起始发音的重复。事实上，头韵是一种文体格式，常为诗人（不分年老年少）和散文大家所用，同样也出现在一些谚语当中，比如"房子不是家"（A house is not a home）、"预先警告就是预先准备"（Forewarned is forearmed）、"死人不会告密"（Dead men tell no tales）（此处有两个头韵，一个是"dead"和"men"中的"eh"的音，另一个是"tell"和"tales"中重复出现的t）。有时候甚至出现在一些日常用语当中，例如，"真是浪费水"（What a waste of water）！

对于高水平的写作来说，需要有意识地使用头韵。现在，你应当知道，无须多问科学措辞是否允许修辞手法。我们来看一些例子：

> 自DNA复制研究第一次出现起，古菌基因组序列的分析已经取得了迅速进步（Analysis of archaeal genome sequences has advanced rapidly since associated DNA replication studies first appeared）。

> 在太阳系的起源中幸存下来的变化最小的天体当中，彗星常常

---

① 头韵（alliteration）是英语语音的一种修辞手段，指两个或两个以上单词的首字母及发音相同，通过语音韵律来增强语言的表现力和感染力。中文也有类似的头韵，即声母相同的字组成的词语或短语，如兼葭、琉璃、恍惚，等等。——译者注

被认为携带着能揭示一些问题特殊的信息（Among the least-altered objects surviving from the origin of the solar system, comets are commonly understood to carry especially revealing components）。

注意第一个例子，句子读起来很平顺，可能很多读者都没有发现其中的头韵手法。但是这句话重复出现了短"a"音——不仅出现在第一个字母，也出现在"has"和"rapidly"这两个单词里，这一重复形成了一种微妙的韵律，使整个句子读起来会比下面这种写法顺畅很多。

由于 DNA 复制研究，古菌基因组分析取得了快速进步（Archaeal genome analysis has progressed rapidly due to concomitant DNA replication studies）。

词语选择关系重大，在头脑中时刻保持这种选词思想，能够将你的写作提升到另一个水平。但是，需要注意，巧妙使用头韵的秘诀是要使文章读起来更加自然、舒服。例如，假设我们对上面第二个例子做一些小改动：

自太阳系起源起最没有变化的天体彗星通常被认为携带着关键组分（Among the most unaltered objects from the origin of the solar system, comets are commonly understood to carry key components）。

立刻，这句话的神秘面纱就被揭开了，作者的行文意图直接暴露在读者面前。修改之后给人的感觉是，一个外行努力过头了。正如前面说的，大声诵读文章有助于避免这样的粗陋写法。

最高水平的头韵既有实在的内容，又有风格个性，这样的写作能够让读者反复回味，也能产生一定程度的引人入胜的效果。

本报告特别关注困扰全球海洋的不断加剧的塑料污染（This report pays special attention to the growing mass of plastic pollution that now plagues the world's oceans)。

重复使用"p"增强了紧迫性以及谴责意味，就像有一根手指在敲击桌面。同时，请注意，即使是单个词语的改变，把 growing（加剧）改为 proliferating（激增）或者 propagating（蔓延），又有点儿过头了。对于许多读者来说，这样修改，甚至会让人觉得作者认为表达效果比内容本身更加重要。

（九）示例 9：最后一行

优秀的作者都知道漂亮的结尾对文章的重要性。最理想的状态是让结尾像一场无声的爆炸，牢牢抓住读者的注意力，让人读完之后回味无穷。现代科学史上有很多达到或者非常接近达到这种效果的结尾的例子。其中一个我们已经看过的，是沃森和克里克文章中揶揄又低调的最后一行："不可能没有注意到，我们提出的特异性配对直接揭示了遗传物质可能存在的复制机制。"另外一个更长一点的结尾，就像维多利亚时代的小说的结尾，是达尔文的《物种起源》：

> 这种生命观是壮丽的，它的影响本来就存在于一些或者一种生命形式当中；这颗行星在按照万有引力定律运转的同时，从如此简单的开始，产生无尽的生命形式，如此美丽，如此美妙，并一直处于进化当中。[1]

今天的期刊编辑可能并不倾向于这种宏伟的结尾，但是，他们完全欣赏如下这种考究的结尾：

> 理解这一系统的详细的动力学机制仍然是一个艰巨的挑战，可

---

[1] 这个结尾出现在《物种起源》最初的1859年版本当中。这段话之前的句子有助于我们更好地欣赏这个结尾："因此，从自然战争，从饥饿和死亡，最让人兴奋的是（此处原文漏掉'object'一词：the most exalted object），我们能够思考，这也是指引高等动物前行的动力。"该书6个版本的在线版（以及达尔文所有的其他文章）可以在达尔文在线网站（http://darwin-online.org.uk/）找到。

能还需要新的理论技术的发展（Understanding the detailed dynamics of such a system remains a formidable challenge, which may well demand the development of new theoretical techniques）。

反复出现的 d 和意料之外的用词 formidable（艰巨的）把这句话提升到了一个更高的水平。下面来看看这段：

另外，理解这些受生物启发而设计的结构的作用可以帮助工程学家开发受海马启发的技术，并应用到机器人、防御系统或者生物医学当中（In addition, understanding the role of mechanics in these biologically inspired designs may help engineers to develop seahorse-inspired technologies for a variety of applications in robotics, defense systems, or biomedicine）。

以一种更有趣的方式改写这段话，可能会改变一些事情：

受这些设计的生物机械学原理启发，工程学家可以在海马中找到新技术的基础，应用于机器人、防御和生物医学等各种各样的领域（Inspired by the biomechanics of these designs, engineers might find in the seahorse a basis for novel technologies in areas as varied as robotics, defense, and biomedicine）。

因为这是这篇文章的最后一句话，所以，我们不需要用"另外"（in addition）来过渡。我们还应该拿掉一个"受启发的"（inspired），让工程学家成为主语，因为工程学家被提到要做一些事情。另一个小改动是将"防御系统"（defense system）改为一个词"防御"（defense），从而与另外两个例子的词语数量对等。

以上这些修改看起来细小琐碎、很麻烦吗？但是，只要假以时日和稍加练习，这些用词习惯就会成为你的本能，使得你的所有文章都提升档次，变得更加简明且可读，获得编辑和读者的认可。此外，这种技能能够迁移到你可能遇到的其他类型的写作当中，使你成为一名更好的传播者。这种效果可能不会立竿见影，但是不努力，就永远不会有改变。

另一个例子如下：

> 在偏远的山区栖息地——在很大程度上远离了栖息地破坏、毒素和致病菌——进化正在帮助野生蜜蜂适应气候变化。

这是一个相当得体的结尾。但是，如果做一点点改动，它就会变得更好。注意，两个破折号之间的这句关键的话似乎并没有很有用。事实上，从修辞学上讲，这句话分散了读者对最后那部分的注意，而最后那部分是整段话真正的重点，但却显得很平淡。做一点修改可以改善这种情况，我提供了两个新的版本：

> 版本一：在远离毒素、致病菌和栖息地破坏的偏远山区，进化赋予了野生蜜蜂应对气候变化影响的适应能力。

> 版本二：偏远山区的野生蜜蜂，可以免受毒素、致病菌和栖息地破坏的影响，经历了进化改变，能够应对全球变暖不断加剧的影响。

以上两种修改各有优势。第一种修改相对谨慎一些，但仍然比原文表达效果强。第二种修改进行了多处改动，进一步增强了表达效果，同时保留了原文的本意。把蜜蜂移到句首作为主语有助于增强印象，同样的，在"致病菌"（pathogens）后面添加"和"（and）、"免受"（free）和"不断加剧"（growing），也有同样的效果。

这两个版本有助于说清楚一些事情。在前面提到的所有例子中，没有一个是值得我们以之为目标的终极理想版本，总是能找到另一些表达方式，有的较其他的更好，有的仅仅是还可以。就算只有一小部分能够改动，写作的文字也是高度灵活的，在娴熟的匠人手里更是如此。想想福楼拜，他花了几周甚至几个月的时间来雕琢一个句子。他是写作风格的宗师，但他在时间和自我折磨上付出的代价似乎是很难复制的，没有一位科学作者会选择这么做！

三、最后：文学技巧体现在知道什么时候该停止

最后一个简短的注意事项：几乎在所有案例中，科学领域的真正写作技巧都微妙地、有所克制地暗含在文本当中，而不是外放、张扬的。无论是打造一个建设性的短语，还是创造一个巧妙的术语，我们都是有空间可以发挥的。但总的来说，这种发挥机会还是相当少的。科学存在于自己的语言中，正如前面第二章中说过的，这是做科学的历史背景，但同时也是一种受人尊重的标志。

在前面的内容中，我多次谈到有选择地套用其他考究的写作作品的模式是非常重要的。此处我要再次强调这件事情。如果你对上面提到的一些技巧感兴趣，并且打算在你正在写的文章中尝试使用这些技巧，那就全力以赴吧，但是要留意这么做产生的效果、使用这些技巧的频率，以及文章中这些技巧运用得有多么明显。同时也要记住，你写的所有东西最终都需要通过编辑的审核，那可能会非常严格。如果有任何疑问，把你的文章给两个或更多的同事阅读，注意他们的反馈（需要结合你所了解的他们的文字偏好和局限性来权衡他们给出的反馈）。编辑和审稿人通常不太喜欢文章"风格"盖过"科学"内容本身。对于老练的作者来说，写作面临的一个挑战就是，让文章既有文体风格，同时又不能太暴露写作技巧，最多短暂地或含蓄地直接显露技巧。典雅和克制是一种博弈，写文章就像是在做实验。

第六章　审稿过程：评判优劣

你的文章既优秀又具原创性。但是很遗憾，优秀的部分不是原创的，原创的部分并不优秀。

——塞缪尔·约翰逊

一、编辑和他们的工作

在科学的所有领域，审稿编辑是最难做、最吃力不讨好但又最重要的工种之一。尤其是期刊的审稿编辑，他们本身就是科学家，也是志愿者。当他们扮演这种额外的文字管理者、质量把控专家和领域守护者的角色时，还必须继续他们自己的研究、教学，履行单位职责，尝试发表文章。这是专业角度的编辑职业现状。从人文角度来说，编辑的工作就是减少作者作品中不妥当的言辞，从而以做好科学的名义，区分是失败还是成功，决定让作者伤心还是开心。科学领域的编辑职业就像是一种气体，既重要又不稳定。

另一个需要注意的是，一个科学领域的影响力和发展方向在很大程度上会随着该领域编辑水平的高低而涨落。直接说就是，编辑具有很强的能量和影响力。他们的具体角色不仅仅是把关者，更像是建筑师，决定着可以接受的主题范围有多宽或多窄；哪些文章值得送审，谁来审稿；文章评审意见需要包括哪些内容，这些评审意见是否合理；最终决定稿件是接收、大修还是拒稿。这些都是决定文章能否发表的关键步骤。对作者和编辑来说，主题让人很感兴趣且写得很好是成功的一个标志；反之亦然。

大多数情况下，编辑的工作会受到特定条款的指导。例如，期刊通常有一个编辑库,有各自负责的研究方向。总编辑会负责对收到的所有稿件进行分类,然后编辑负责为本方向的来稿选择审稿人,或者有些时候他们自己也做审稿人。之后他们会给审稿人一段时间,按照标准格式来填写关于文章质量的评议,这将作为最终决议是接收还是直接拒稿的依据。但是总编辑有最终话语权——审稿结论最终取决于总编辑。这个过程不是民主评议过程;最好的情况是,这个过程不会被垄断——不完美,精英制,还常常是低效率的,但是很管用。

有权力决定哪篇文章能够发表,意味着编辑能决定期刊的视野和方向。因此,好的编辑是非常重要的,也值得拥有比他们实际获得的更崇高的认可和更丰厚的酬劳。但是,这样也存在风险,削弱或者过度独裁的"编辑体制"都会导致恶劣影响:即使是在近代科学史上,有些时候"质量控制"(quality control)其实是在委婉地说"智力独裁"。为了控制这种情况的发生,也为了避免工作倦怠,大多数编辑只任职一小段时间,通常是3～5年。事实上,有许多编辑会被续聘,因为没有人想要承担这种责任(和骂名)。这也是为什么好的编辑价值千金。

二、审稿过程:逐步评议

事实上,科学领域的审稿过程起着指导可接受的书面研究进行修改的作用。这就意味着,对编辑和审稿人来说,所有文章都是第一稿。作为作者,你必须准备好接受评议、批评和修改要求。

当你的文章提交成功,首先需要接受编辑助理的审查,这时你可能会被要求完善一些材料。如果缺失了一些重要材料,例如,需要提交2～3份打印稿,而你却只提交了一份——有可能还没送到编辑手里就被退回了。如果是编辑做的退回处理,你在期刊那里将留下一个不良记录。如果你提交的稿件基本要求都符合,那你的文章将进入已提交队列,等待初审。

这时,编辑将简要浏览文章内容(通常包括标题、摘要、小标题和插图），判断该文章是否符合期刊关注和出版的范畴。如果符合，编辑会选择适合的审稿人来评审这篇文章，或者让相关方向的编辑来选择审稿人。之后，他们会通过邮件或电话联系备选审稿人，待审文章也会发给审稿人。与文章一起，审稿人还将收到一封信，包含返回审稿意见的截止时间、写评议的指南和名为"匿名审稿报告"之类的评价表。

这份审稿报告列出一些必须回答的问题（是/否，或者好/一般/不好）。典型的问题包括：这篇文章的内容是原创吗？文章内容是否公开发表过？证据、逻辑或论证有明显错误吗？标题是否准确且恰当？插图是否合适？参考文献清单是否完整？文章是否存在可以简略或删除的内容？审稿报告最后会有4个选项，需要审稿人选择其中一个：直接出版、小修后出版、大修后出版、拒稿。第一个选项在现实中几乎是不存在的，因为几乎不可能有不需要修改就可以直接出版的文章。一般情况下，如果你的文章非常有价值且符合期刊关注的主题范畴，同时你又完全按照期刊的投稿要求来写作，那么你得到的审稿结果可能是中间两个的其中一个，即"小修后出版"或"大修后出版"。

这一阶段，审稿人会给编辑反馈审稿意见，编辑将依此做出最终决定。之后，编辑、总编辑或者期刊主管，会给文章的第一作者发一个正式回复，回复内容包括期刊的最终决定及其原因、一系列修改建议、提交修改稿的截止时间（如果没有被直接拒稿的话），以及审稿人的原始评审意见。

这时候球又踢给你了。你需要决定接下来要做的一系列事情。坐下来，仔细阅读编辑和审稿人的回复。如果你的文章审稿决议是"小修后出版"，那么务必按要求修改后提交。如果你收到的是"大修后出版"，那么你有几个选择：你可以按照评审意见修改大部分或全部修改，然后提交修改稿；你也可以修改其中一部分，并在附信中逐条说明为什么你认为其他修改意见中指出的没有必要修改或者不需要修改，然后提交修改稿；或者你可以声明撤回稿件，然后另投他刊。如果你的文章被拒了，你可以选择将其投到其他期刊，或者可以按照编辑和审稿人反馈的意见修改之后再投往其他期刊。

一旦你的修改稿被接收了,就将进入文字编辑阶段,按照期刊出版体例进行编排,然后文本将被固定下来,进行排版,并给你返回最终校对稿。到了这一阶段,你应当只做最必要的修改,即就现有内容进行更正,此时不能更新数据,不能插入新的内容,不能修改文章结构,也不能重写整个段落。对于插图来说,也是这样(无论是图文一体还是图文分离的)。尽管数字出版时代已经到来,但这时候对文章进行大改仍然会引起许多新的错误,改动太多可能会影响文章或报告出版。

三、要点和指示

编辑和审稿人是你的第一批重要读者。如果你的文章能让他们满意,那么,这很可能可以确保你的文章能够适合并找到更大群体的第二批读者——你的同行。

由于这个原因,你所做的让编辑工作更轻松的任何事情都可能会让他们对你产生好感,从而增加(但并不是绝对)你的文章被接收的机会。编辑非常在意某些重要的迹象,包括提交的文章符合期刊或出版物关注的范畴,以及体例和格式符合投稿说明的要求。对于这两点,任何作者都是没有选择的。如果不符合这两点中的任何一点,你的文章注定会被拒,你也会被认为是在浪费编辑时间(也浪费了你自己的时间)。

幸运的是,这些必要条件是不冲突的。在坐下来开始写作之前,或者至少在写作的早期,你就需要考虑打算往哪儿投稿。如果可能的话,你可以有首选和备选。选择一个特定的期刊(或者其他专业发表途径),是你的文章能够满足上文中提到的第二点要求的唯一途径,因为基本上不同期刊都有不同的投稿要求。对于任何相关人士,尤其是对于作者来说,如果投稿要求没有太大的差异,如果不同领域的标准没有差异,将是一个更理想的状态。或许未来某一天会是这样(虽然理想状态罕见)。但就现在而言,你需要花时间找到目标期刊或出版物的投稿说明，并按说明写作。这样的投稿说明通常在每一期期刊中都会有，其他出版物（如研讨会文集、年刊、会议文集等）会由编辑或编写人员直接告知。最好将投稿要求复印或者打印出来，放在手边，以便写作时随时查阅。

强烈建议你不要在文体细节上去论战，也不要涉足那方面的争议。编辑和审稿人跟我们一样，都是凡人，有可能对某个特定的点无法接受。例如，有些人总喜欢把"由于"（since）改为"因为"（because），或者把"可是"（while）改成"然而"（whereas）；有些人喜欢删掉所有的"事实上"（the fact that）或者"考虑到"（in consideration of）。文字编辑也可能会被要求按照这些习惯来修改文章，这些修改通常是琐碎且不重要的。这种习惯源自美国文字所谓的"女教师"（门肯，Mencken）传统，是基于七零八落的民间关于"恰当运用"（proper usage）的说法生成的。除非这种修改真的改变了你原本的意思，或者使得你的文章变得平淡无味，否则，你都应当直接接受（即忽视）修改，然后关注更加重要的事情。这方面的论战可能会让编辑部受到影响，但你的牺牲是不值当的。几乎每一个成功的作者都违背过文字规则，举一个典型的例子，看看约瑟夫·威廉姆斯（Joseph Williams）的《风格：清晰、优雅地写作》（*Style: Toward Clarity and Grace*）的最后一章。你最好不要关注也不要担心这样的修改。

在实际投稿前，查看各期刊的要求是非常重要的。追溯到17世纪，在整个期刊史上，不存在一套固定的准备和提交稿件的标准，在未来很长一段时间内也不会出现这样一套标准。当然，有一些共同的模式，以及一些相同和相似之处。但是如果你认为格式、字体和参考文献等不重要，或者认为不同出版商对这些方面的要求都是一样的，那注定会是一场悲剧。同样的，如果简单地把文章投出去，希望编辑不在意文章的形式并帮你做需要的调整，那么你的希望注定会落空。就像很久以前一位编辑对我说的："做一个成熟的人，遵循投稿说明的要求。"

对于科学家来说，一个糟心的现实是，文章一次只能投给一家期刊，同时投给多家期刊是不允许的。从作者的角度来看，这是一个非常不合适的要求——想象一下，花了几个月甚至更长时间写了一篇文章，文章主题有时效性，审稿再花上几个月，审稿结果是"大修后出版"，然后，一年时间过去了，文章最终被拒了。你的文章现在内容过时了，必须重写投给另一家期刊，这家期刊可能本来对你原来的文章很感兴趣，但现在必须婉拒，因为在你投稿给上一家期刊期间，一个同行提交了一篇相似主题的文章……这种情况时有发生，会给作者留下很大遗憾。幸好，这种情况仍然是极少数的个例。

另一个不同的是，如果陷入应对一篇篇来稿的公然竞争，科学领域的期刊系统有可能一夜之间崩塌。从一定程度上讲，这是因为需要捍卫研究的专利权。一稿多投的情况少了，能够保护作者的研究工作不被太多学术研究上的竞争对手知晓和讨论。显然，这不是小事。事实上，作为作者，科学家在现有体系里既是优势群体也是弱势群体。一旦互联网成为科学领域发表新研究的重要的或者主要的媒介，这一现状可能会有所改善。某些领域已经有所改变了，我在后面会讨论（见第十五章）。但是，也有很多沉重的枷锁和官僚主义做法需要去除。无论是印刷版还是网络版，期刊都是具有权威性的，并且在未来很长一段时间仍将盛行下去。

四、得体的回复：要有重视批评的态度

毫无疑问，回应评审意见的过程在情感上和实践上都是富有挑战性的，尤其是在情感上。逐条阅读他人指出的你的文章中不恰当的地方，是一件令人沮丧的事情。对于新手或没有经验的作者来说是相当困难的，因为他们的自尊心可能更承受不了，而且很有可能得到的评审结果是"大修后出版"或"拒稿"。但是，从某种程度上来说，几乎所有作者都会遇到这种情况。科学家在评议别人的工作时，通常是有原则的，并不会那么通融。你看到审稿意见，很可能会有种被审判的感觉，感到

很狼狈，甚至感到很屈辱，然后很生气。除此之外，你需要付出时间和努力来修改你的文章或报告，或者因为挫折而激发斗志。

这些都是很自然的反应，我们几乎每个人都会有这样的感受。这是每一位科学家都要经历的事情，有时候可能会难以承受。但是有一些方法可以应对这些事情，有助于从整体上降低批评意见带来的消极影响，增加有益影响。

首先，要明白，审稿人和编辑的评议不是针对作者这个人，而是关于一个没有生命的、无机的物体——文章。这个物体是完全独立的实体：它，不是作者，通过邮件出现在一系列书桌上等候评审。当然，文章是出自作者之手，但现在它已经是一个独立的存在，所有的批评都是针对这个存在的（这也是为什么最好的批评家总是用第三人称）。从某种程度上讲，想清楚了这一点，把自己从文字中摘出来，就能站在一个理性的位置来看待所收到的评审意见。这是对作者来说极其重要的技能。

其次，理解文章是一个独立的实体有助于你想清楚一件事，即审稿人和编辑的评议是为了让文章变得更好，更能为读者所接受。批评不是为了毁灭文章，而是为了使科学进步。就算批评意见不是这样表达的——通常，我们必须面对"审判"的声音："根据上述原因，你文章中的以下这些方面被认为不恰当。"但是，这样做并不是为了惩罚，而是为了把你的文章提升到一个更高的层次。记住，编辑的主要工作是确保期刊的质量，而期刊的质量取决于它所刊发的文章的质量。因此，编辑是真心希望你的文章尽可能地切题，写得很好且完善（当然，是在一定的约束范围内），从而既为期刊质量加分，也为作者本人加分。

你不一定要接受每一条修改意见。相反，如果某些修改意见是不合理的，务必告知编辑。在你接受了其他自认为合理的修改意见并完成了修改提交修改稿的时候，你需要单独写一封信逐条解释对评审意见的回应。在极少数的情况下（确实极少数），审稿人可能逾越了专业界限，在批评意见中添加了个人偏见（不同政见、宿怨、个人好恶、不良用心，等等），编辑将有权把文章发送给另外一位审稿人，将来也可能会把先前那位审稿人从审稿人名单中剔除。原因显而易见——要维持期刊质量，需要监管审稿过程中的所有方面。

如果文章被拒了，不要沮丧，行动起来，寻找另一家期刊。当然，这件事说起来容易做起来难，因为你需要以某种方式重新打造文章。但这对于作者和作者所在的领域，都是很重要的响应。编辑频繁地退回文章，并说明文章被拒的主要原因，有时候还会说明可以做什么使文章变得可接收。把这些意见当作有用建议，修改后另投他刊。换言之，考虑把你已经写好的部分作为另一篇文章的核心，将它修改得适合另一家期刊刊登。拆分我们已经写好的东西是完全合法且实用的方式，能够扩展我们的选择范围。

作为一名成功的科学家，你可能是一名专业作者——写作是你的专业职责中非常重要的一部分——因此，你应当让自己在任何情况下都能保持专业状态。在你与编辑和其他任何与评审和出版过程相关的人员的所有沟通当中（你绝不能直接与审稿人联系），能够保持冷静、客气且说到点子上，是非常重要的。这不仅有助于你妥善处理对外事务，也能让你得到一个合适的回旋余地。专业冷静的声音是一种极其有用的掩饰。无论情况变得多么复杂，这样做都有助于你保持冷静并帮助你保持克制。使用这种声音是你捍卫自己文章的最好做法，也是保持有控制力、有修养的形象的最好做法。"这位审稿人的意见是有偏见的、混乱的、不相关的"，这种回应不是编辑能够接受的表达方式。在语气上保持理性，将使编辑感觉到自己被认为是明智的、理性的第三方，比如，"我们认为这位审稿人的意见虽然周到但却是无效的，原因如下……"

要当行家，最重要的是要像行家那样交流沟通。想发火别忍着，如果生气，那就找一个没人的地方闷头发火，但在面对他人的时候务必保持平稳和冷静的状态。此外，从务实的角度来说，留下文字记录，即把你和出版商之间的所有往来沟通都记录下来，如果局面变得极度糟糕，你至少还留有证据。

最后，也是最实用的建议，事关期盼的心态。如果你投出稿件，清楚会招致批评，并且不得不修改，那么，你在这个"游戏"里已经玩得很好了。这可能并不容易做到。在某种程度上，我们所有人私底下都希望成为幸运儿（但并不存在）——文章或报告能够直接被接收，并且是原封不动地被接收。但是，现实是几乎所有提交的文章对于审稿过程来说都是第一稿。因此，在情感上和时间上都做好改稿的准备吧！

　　你需要了解这样一个情况：大部分期刊的稿件接收率都在8%～60%。像《科学》和《自然》这样的期刊，大家都能预料到，接收率比这个比例更低。但是，专门针对某个领域，尤其是某个方向的专业期刊可能会达到很高的接收率（>40%）。声望越高的期刊，接收率越低，但是，这意味着不同领域的差别会很大。总体趋势显示，阅读量大的国际期刊，接收率在下降，但同时，每个年代的期刊数量都在增长，因为各个领域在进一步专业化发展，跨学科方向也在发展，同时，顶级期刊也分出了聚焦特定方向的子刊。简单来说，期刊界或许比其他任何时候都更加动态化，部分原因是互联网的发展。同时，非正式调查（不仅是我自己的调查）表明，80%的投稿最终都找到了出版的平台，以某种方式公开发表了。稿件被退回或被要求修改时，一时灰心丧气可以理解，但长期消极就不可取了。

第七章　穿过黑暗的瓶颈：
剽窃、欺诈和作者的道德规范

一、为什么会发生这种事？

这是简明且相当直率的一章，也是必须要谈的。出现在科学作者圈里的不道德行为，尤其是欺诈和剽窃，呈现持续增长和不断扩张的趋势。虽然总体上看，这种情况只是科学传播中的一小部分，在一定程度上和历史现实相关联，但这也是不争的恶劣行为，在任何情况下都不能容忍，因为这是反科学的。

让我们回归本质的东西上，仔细思考一下欺诈和剽窃的相关事宜。尽管科学拥有大批的研究团体和复杂的社会结构，雇用了数千万人，花费上千亿美元，形成了巨大的学术、政治、经济和文化网络，但是，它的内核仍然具有一个基本的道德规范——信任。[①] 科学家之间彼此信任，他们相信自己所做的事情（包括各自研究的交流）都是为了增加人类对某方面的认知。对于任何一个领域来说，知识不仅仅是一种产出，也是各层面上至关重要的滋养品。因此，信任既关乎个人又关乎团体，既是个体行为又是制度要求。此外，今天的信任已经进入全球化时代。

---

① 这一点在很多场合下被很多人提到过。有一份高度相关的出版物就是以强调信任的作用作为开头的，这份出版物就是美国国家科学院（US National Academy of Sciences）的报告《怎样当一名科学家——科学研究中的负责行为》（*On Being a Scientist: A Guide to Responsible Conduct in Research*）（第3版，2009年）。这份报告可以从网上（http://www.nap.edu/catalog/12192/on-being-a-scientist-a-guide-to-responsible-conduct-in）下载。

公众也参与其中，同时，基金资助机构、职称评审委员会、学生、教师和许多其他人群也都参与其中。偷盗科学知识，还装作在为科学做贡献，会让人成为文字寄生虫。

每一次写好一篇文章，都是用汗水（常常还混合着血和泪）签下一份智力协议。这份协议表明作者完成了这项工作并做了准确的报告，作者私下是否真诚，以及作者的年龄和体重都无关紧要，但是，向出版机构提交一篇文章或者其他形式的交流文稿就构成了公众行为，是作者在向本学科的其他研究者展示自己的工作。如果文章被接收并最终出版了，就需要签订第二份协议了，这一次是与更大的世界签订的。破坏这些协议就是宣告失败，也是在公告世人这个作者不是一位科学家，而是一名"演员"。

那么，为什么还会存在欺骗行为呢？这个问题似乎非常简单。当然，也并没有那么简单：有的人欺骗是为了超越别人；有的人以偷盗的方式欺骗；有的人想走捷径，不愿意投入那么多努力和汗水；有的人渴望表现得比实际的自己更好，或者比他们自认为的自己更好；有的人希望编造出一个现有数据得不出的结果或发现；有的人可能就是享受破坏禁忌的感觉；有的人感觉违法是无关紧要的小事，或者他们的成长背景里并不存在这些规则。但是，所有这些情况中，欺骗都被他们认为是获得成功最好的方式而无视这种行为带来的风险。

以上这些适用于科学家吗？绝对适用。为什么聪明、受过良好训练、志在有成的研究者，会冒着永久损害甚至毁灭职业生涯的风险剽窃或欺诈？对于那些在西方文化的教育体系中长大并接受相关培训的人来说，这种把剽窃或欺诈视作职业发展一部分的想法，是非常严重的扭曲。说它扭曲，原因有很多，其中之一就是它破坏了科学。破坏科学表现为两个方面。

从完全务实的角度来说，一旦欺诈或者剽窃的文章公开发表，就会使得其他基于这篇文章的观点和结果开展的工作被削弱或变得无效。例如，一些窜改或剽窃数据的文章，可能很多年以后才会被发现并收回，这段时间内，可能已经有几十篇其他文章或者报告引用了它的结果（不是所有研究都能很容易地重复测试数据的真实性；信任是其中一个因素）。还有一个更大的背景，在一个科学知识被质疑甚至被公众广泛攻击的时代——诸如气候变化、达尔文进化论、基因修饰、动物研究等都属于这样的情况——剽窃和欺诈正好为反对派提供了锐利的武器。在工作中，科学家被认为秉持绝对的正直。这是学术不端案例经常占据着头条的原因；这种失败的影响远比个人的失败要大，就像在曝光一个声称捍卫真理却不尊重事实的体系一样。科学工作在一些人眼里，变成了仅仅是一个更专业的兴趣的产物。

把剽窃或欺诈视作职业发展一部分的想法非常扭曲，还有另外一个原因。且不说和老话（"自欺欺人"）一个道理，剽窃或欺诈行为伤害的是自己的学科。这种行为挫伤了编辑和其他科学家的斗志，浪费了他们的时间，进而浪费了各种资源，也会削弱公众的支持，甚至会给敌视科学的人提供"弹药"，让他们炮轰科学是堕落且不可信的。此外，这种行为也会给作者所在的部门、大学和机构招来质疑和坏名声，有时候甚至会给祖国抹黑。对于有些国家，现代科学工作和出版是较新的事物，这种影响可能还会危害整个学术圈。这些领域还处在试着建立公信力和站稳脚跟的过程当中。公平或者不公平、剽窃或者欺诈的案例都是退步，损害了整个国家科研体系的诚信。

最后，现在剽窃和欺诈被发现的概率已经远高于过去。因为数字时代可以复制、剪切和粘贴，编造和组装也比过去容易得多，但是，也产生了剽窃检测和做对照的工具与服务，开发这类工具和服务的公司以盈利为目的，因此他们的产品非常好用且在不断更新。这些软件面世时，首先在某些特定的刊物上对2005~2008年的文章进行了检测，结果查出了许多剽窃文章。其后的几年间，所有科学资料的主流出版商都开始与他们合作，现在这些出版商旗下的期刊都会例行公事地使用这些查重软件等对文章进行检测。

二、历史因素

关于为什么会出现剽窃和欺诈的讨论，把我们带到了历史事实这一话题。这些事实有两个部分需要提出来说。第一个部分是关于科学的竞争性，这种竞争性在过去几十年间变得更加激烈。从时代背景来讲，也有很多迹象表明竞争性在加剧：尤其是基金申请成功率的降低、博士毕业时新增工作岗位数量的下降，以及美国政府对科研经费的支持达到了稳定状态且不再增长。[1] 我们都知道，科学工作是一项要求苛刻且压力非常大的职业，尤其是对于青年研究者来说，他们还处于起步阶段，需要获得扶持。找到一个好的博士后职位、一个教职或者一个单位，得到终身职位和科研经费，招收到好的研究生，在高影响因子期刊上发表文章——这些都是青年研究者要面对的挑战。此外，他们还希望得到一些重要的东西，做出实际贡献，从而得到认可，这样才能在所研究领域有一席之地。

某些领域会格外引人关注，包括媒体的赞誉（在美国，医学领域广受关注）。每周看到引人注目的故事让人既感到振奋又感到沮丧，谁的研究又得到了大量支持，并在《科学》、《自然》或《新科学家》（*New Scientist*）上发表文章，出现在主流报纸、书籍、电视、TED大会以及电影上。这样杰出的人才既是榜样，又会给他人带来压力。对于他们的单位来说，他们是成功人士，但是也成了同事嫉妒（和其他情绪）的对象。对那些有心上进的人来说，他们就是烦人、招事的样板。科学领域存在名人文化，就像当代社会的许多其他领域一样，会招致各种各样的不满。或许，最不好的影响就是使得更多普通研究者感到没有存在感。

第二个部分的历史事实是关于科学和科学出版物的全球化。事实

---

[1] J. Weissmann, "The Ph. D Bust: America's Awful Market for Young Scientists—in 7 Charts," *Atlantic*, February 20, 2013, http://www.theatlantic.com/business/archive/2013/02/the-phd-bust-americas-awful-market-for-young-scientists-in-7-charts/273339/; S. Rockey, "Comparing Success Rates, Award Rates, and Funding Rates," *Rock Talk*（blog）, *NIH Extramural Nexus*, March 5, 2014, http://nexus.od.nih.gov/all/2014/03/05/ comparing-success-award-funding-rates/.

上，自20世纪90年代末起，我们就进入了一个科学工作和思想变革的新时期。我们可能很容易就意识到科学的全球化发展。实际上，这也对科学传播产生了巨大、前所未有的直接影响。想一想：在过去3个世纪，即从17世纪到20世纪90年代末，现代科学在少数西方国家和西化国家中盛行，主要包括欧洲和北美洲国家以及后来的俄罗斯和日本。当代科学遍及世界的许多地方，从土耳其到巴西，从中国到乌干达，并且还在持续扩展当中。

你可能已经明白我要说什么了。是的，仍然有很多国家尚未完全建立起或者还没有严格执行作者的道德规范标准，这种道德规范是科学写作和出版不可缺少的部分。此外，研究的全球化在很大程度上依赖英语的使用，英语也是国际公认的语言。很多国家的英语教学做得还不够，这种情况尽管有所改善，但不同科学家的英语水平还是存在很大差异的。

简单来说，历史因素造就了学术不端的环境，使得剽窃变得相对容易，也让剽窃的动机变得合理。但这不能成为学术不端的理由，也不可能因此接受学术不端或者不用承担责任。相反，学术不端行为一旦被抓到，对个人或单位乃至国家名誉的损害都是全球化的。今天的剽窃和欺诈造成的影响比以往任何时候都要恶劣。

三、什么是剽窃？

篡改和伪造数据涉及的内容是相当清楚的：有目的地更改或编造数据，无论是修改照片还是添加没有做过的测量值。

剽窃是不一样的。在科学领域，要用准确的语言来界定剽窃是很有挑战的。为什么？因为它包括盗用他人的文字、图片、表格、数据、实验设计、研究过程、方法和想法。简单来说，直接复制已有资料，不注明来源，就是剽窃。如果仅仅是删掉或替换掉原文的几个词语，也属于剽窃。更改原文的短语或句子顺序，同样也无法掩盖剽窃的事实。任何其他方式的重新组合或微小调整，也都属于剽窃。总之一句话：复制他人的原话就是抄袭，是非法抢夺他人的成果。

但是剽窃的情况是比较复杂的。由于作者操作或文字编辑软件的问题，偶然清除或者遗漏了一处引文标注，就会出现由于疏忽大意导致的剽窃问题。尽管发生率不会太高，但这种情况是有的。避免这种情况的唯一办法就是在提交之前仔细读一遍稿子。想要以粗心大意为理由来洗脱剽窃嫌疑，是没有说服力的。另一个现实中可能会出现的问题是，作为作者，我们很多人有时候引用了一些名句甚至整个段落（比如本书中的范例和练习中的例子），但是忘记了原始出处，如果我们意识到语句是回忆起来的，不是自己创造出来的，我们可以对它进行充分的修改，以避免被指控剽窃。

这种潜在的困难引发了一个问题：文字重复率达到什么程度算是剽窃呢？如果只是少数短语被复制并且散布在新文章的各个地方算剽窃吗？多少字相同才能坐实剽窃行为？自我抄袭会怎样呢？这件事有多严重呢？

这些问题都没有普适的答案，对同一个领域来说都没有固定的标准。推荐的指南当然是存在的，但是它们通常都非常概述化，甚至有时候是模糊的。例如，科学编辑理事会（Council of Science Editors）在《出版道德规范白皮书》（*White Paper on Publication Ethics*）中，把剽窃界定为"非法复制包括未经允许或未加明示……擅自使用或非常相似地模仿他人的语言……和思想……"[①]。很明显，这对我们来说并没有太大帮助；反而，增加了另一件不确定的事情，即什么是"非常相似地模仿"（close imitation）？同时，从更严格的角度来讲，我看到过一些指南把剽窃界定为一句话中有6个及以上的词语是相同的。这个界定似乎有一点儿极端，一句话中有6个及以上的词语相同是非常普遍且很容易

---

① Council of Science Editors，CSE's White Paper on Promoting Integrity in Scientific Journal Publications，2012 Update，3rd rev. ed.（Wheat Ridge，CO：Council of Science Editors，2012），section 3.1.3. http://www.councilscienceeditors.org/resource-library/editorial-policies/white-paper-on-publication-ethics/.

发生的。例如,"提升数据质量的定量处理过程"或者"公元前6000年的骨骼中的古老DNA",甚至是"剽窃涉及逐字复制没有使用双引号或没有注明出处"。但是,无论这种说法是否极端,六词标准都在告诉我们:文章现在正在被(相关软件)非常细致地检测着,编辑也在审查着哪怕最微小的复制痕迹。

所以,我们有必要来看一些例子,看看现在的编辑都是如何看待并处理这些情况的。下面这两句话出自一篇已发表的关于全球化的可持续发展的文章。

> 人类与自然系统之间以复杂的方式相互影响。量化生态系统为社会需求提供的保障(如干净的水、物质循环和再生)有助于明确自然环境对人类生存的价值。[①]

> 人类与自然系统之间以许多方式相互影响。明确生态系统保障社会需求的价值(例如,干净的水、物质的循环和再生活动)是统计人类系统中自然组分所占比重的一种方式。

第二个例子属于对第一个例子的剽窃吗?是的,第二个例子属于剽窃。这不难看出,除了一小部分词语被修改了,原句的结构虽然没有完全保留,但保留了大部分。我们来看看另一个版本:

> 自然和人类各个方面之间存在复杂的、相互影响的关系。这种相互作用能够量化吗?如果我们能够确定某个生态系统对人类益处的等级或者价值,就能量化这种相互作用。

在这个版本里,从文字上看,很难下结论说是剽窃。但是,内容却在很大程度上是一样的。所以,这属于非法复制吗?很难界定。没有充

---

① J. Liu, H. Mooney, V. Hull, S. J. Davis, J. Gaskell, T. Hertel, J. Lubchenco, et al. "Systems Integration for Global Sustainability," *Science* 347, no.6225 (2015): 965.

足的证据能够对此下定论,我们需要看文章后面还有什么内容,看看原文是否被用作详细模板,是否用了相同的事实、数据和结论。

为了完成判断是否属于剽窃的练习,我们还需要来看最后一个版本:

> 自然和人类系统在许多水平上都是相互关联的,有些是相互协作的,有些是相互矛盾的。为了了解哪些相互作用可能有助于可持续发展,需要设计一套方案来鉴别生态系统对社会有益的方面,并量化这些独一无二的贡献。

比较这个版本和第一个例子,我们可以看到,风格、遣词造句和内容都是不同的,出现了一些新的细节("相互协作""相互矛盾")和新的术语("可持续发展"),整体内容的相似性也较小,这就完全洗脱了剽窃的嫌疑。作者做了足够的工作,用新信息创作了一段新的文字。作者可以把第一个例子的原文作为参考文献标注在此处,但也可以不这么做。

这个简短的练习是为了说明一些事情。第一,它提供了一个适当的例子,回答了对每个作者来说都很重要的问题:我们如何判断什么是原创,什么是剽窃?或者换句话说,哪些算是真正的改编,哪些算是保留了原文?第二,上述例子清楚地说明了不一定只有一字不落地照抄才是剽窃,大量重要词汇的重复也属于剽窃。第三,当同一主题的几个句子存在相似性时,也不一定就是剽窃。相似并不总是意味着窃取。科学作者有时会把其他同行的文章作为灵感来源。这是可以的——能够帮助一个人克服作者的心理阻滞——如果这种相似性出现在介绍或高度概括的材料中,是该领域任何一个人都会说的话;如果这种相似性只涉及一小段文字,并且不是文章的某一部分的核心要点,那么,甚至可以不需要参考文献。否则的话,就是占用了太多别人的成果。

但是,如果写作涉及他人文章中的解释、观点或结论,那就必须注明来源,写明在你之前就有作者提到相关内容,提供了可靠的证据,并且你从中受益等。

四、剽窃有多频繁以及谁会剽窃？

科学领域的欺诈和剽窃行为一直在发生。确切的数据相当新且很有说服力，同时没有统计在内的证据也是非常多且令人沮丧的。编辑和出版商谈到过这是一个"撤稿盛行"的时代，尤其是从20世纪90年代末开始，他们是最清楚撤稿情况的群体。对于我们这些编辑圈以外的人来说，可以清楚地（有时候抱着看热闹的心态）在"撤稿观察"（Retraction Watch）博客上看到近期的撤稿清单。我个人最喜欢的是一篇关于从动物粪便中收集天然气的研究，发表在期刊《清洁》（Clean）上，第一作者不得不重新创建数据，因为他的实验记录本"被吹进粪坑里了"。但是，如果我们质疑这些故事，我们就必须面对剽窃案例的数量。

早期由爱思唯尔（Elsevier）、泰勒–弗朗西斯（Taylor & Francis Group）和自然出版集团（Nature Publishing Group）等出版商组织的用查重软件进行的测试表明，编辑的感受是对的，甚至比他们以为的还要严重。在这些测试中，不同文章的重复比例各不相同，从低至2%～5%到高达15%，甚至还有一些案例高达20%以上。[1] 这些数字来自不同国家的科学家提交给高影响因子期刊的文章（数据没有分单位或者国家统计）。

需要指出的是，运用软件进行剽窃判断是会出现误判的，人工判断具有不可取代的位置。编辑在实际操作中都是先用软件找出存在重复片段的文章，然后通过肉眼来做最终判断。[2] 人工判断更加准确，也是非常必要的。但是，这也增加了编辑等人员的工作量，会消耗很多时间和精力，也依赖于这些关键的把关者具备良好的专业素养。

还有其他一些关于撤销科学文章的重要研究。其中一项发表于

---

[1] D. Butler, "Journals Step Up Plagiarism Policing," *Nature* 466, 7303（2010）: 167.
[2] Y. Li, "Text-Based Plagiarism in Scientific Publishing: Issues, Developments and Education," *Science and Engineering Ethics* 19, no.3（2013）: 1241-1254.

2012年，检索了PubMed数据库（主要是生物医学）中的2500万篇文章，找到了2047篇撤稿。此外，细看确实揭示了一些有趣的、令人不安的结果：超过67%的撤稿文章的撤回原因是欺诈或疑似欺诈（43%）、一稿多投（14%）和剽窃（10%）。这些是蓄意学术不端的主要形式，2001～2011年这个数量猛增，集中在高影响因子的顶级期刊，如《科学》、《自然》和《新英格兰医学杂志》（*New England Journal of Medicine*），但是在许多其他期刊中也分布一些。第一作者来自56个国家和地区，其中，涉及欺诈或者疑似欺诈的，美国作者几乎占到了一半（其次是德国和日本作者）。来自发展中国家的科学家并不是主要的学术不端者。在发达国家，学术不端也是一项"高度发达的技能"。①

现在，你可能会认为2500万篇文章中有2047篇撤稿对于要证实一个问题来说，是微不足道的证据。从定量的角度来说，这是对的；但从事实的角度来说，这是不对的。这些撤稿仅仅代表了被发现的那些。毫无疑问，使用不太成熟的相关检测网，许多学术不端的文章都能侥幸通过检测。此外，还有一些案例，过了好几年甚至十年才发现有问题，因此许多引用了欺诈文章的研究都深受影响。这个数据的意义不仅仅是发现了学术不端的"冰山一角"，还涉及许多发现的和没被发现的质量很差的文章造成的连环影响，就好像撞击一片玻璃，它的裂纹会持续向外扩展。这种影响还包括浪费那些必须追踪文献的人员大量的时间、精力、金钱和信任。

此处有一个积极的建议：任何人在提交稿件之前，都使用在线查重检测软件进行自查，这就意味着科学家和学生可以带头通过自查发现问题，避免误用他人数据。同样，也建议大学各院系对所有教职人员的投稿进行例行查重检测，当然，并不是所有人都会对这种政策感到高兴。但是，在不久的将来，一旦检测剽窃的软件更加发达且更加普及，期刊

---

① F. C. Fang, R. G. Steen, and A. Casadevall, "Misconduct Accounts for the Majority of Retracted Scientific Publications," *Proceedings of the National Academy of Sciences* 110, no.3（2012）: 17028-17033.

很有可能会开始要求投稿人进行这样的自查。很显然，这也并不是万无一失的。而到了那时候，又会出现其他的欺骗手段，这一事实又会带来新的想法，无论如何都会给学术不端者带来双重罪恶感。

五、一个必要的结论

上述内容仅仅是欺诈和剽窃及其可能的原因相关议题的其中一部分。但是，这些内容足够把你指向一个非常明确且客观理智的原则：今天的科学作者必须摒弃所有形式的剽窃，无论剽窃的内容多么微不足道或者看起来多么像是偶然发生的，也不论有多大的诱惑。科学家不常使用引号，所以必须要重写一些内容，并且标注参考文献。借用也是偷窃。我这么说，是因为前面提到的所有道德原因都需要能够理解，同时也是因为一个非常真实和实际的理由，即称职的科学家的剽窃行为会给一个原本有价值的职业带来不可忽视的伤害。

我说这些，尤其要提醒那些非英语国家的科学家如果被发现剽窃产生的影响，远不是会影响你个人的职业生涯这么简单，还会影响到你所在国家其他科学家的形象。检测数据库现在已经收录了来自数千种期刊的数千万篇文章，以供对照查重。被发现有剽窃行为的作者会被正式记录在册，他们的名字会出现在一份与其他科学出版商共享的名单上。未来这些人提交的所有文章都会被放在怀疑和质疑的镜头下去审查，甚至（因为我们仍然在和人打交道）会带着一点负面的偏见，这相当于为几支笔或者键盘付出了极其高昂的代价。一旦被抓，恶名将伴随终生。

认为只有贪赃枉法的人才会对欺诈和盗窃感兴趣，是非常愚蠢的。许多优秀的科学家，包括我认识的一些人，都会有微调数据或者采用他人文章中的好文字的冲动。在数字时代，要抵制这样的诱惑，尤其是剽窃的诱惑，不仅是对科学的忠诚和信任的美德，也是一种自我保护的方式。以他人的文章作为范例是一回事，挪用则是完全不同的另外一回事。

第二部分

专业传播:何处、何事、以何种方式

第八章　专业科学传播：事件在哪里发生？

一、传播的情境

每个科学家都应该对自身工作和从事科学传播的大环境有所了解。这里的环境指的是科研机构所处的社会环境，它处于动态变化之中，随着时间的推移会发生显著的变化。有人认为大部分研究都存在于研究院的厅堂高塔之中，即使在今天，持有这种想法也情有可原。然而，事实上这种观点是以偏概全。

在经济发达国家，科学研究主要在以下几种环境中开展：产业、学院、政府和私人非营利组织及其四者间的各种联盟。请注意我指的是科研工作真正开展的地方，而不仅仅是研究经费的来源——无论是在发达国家还是发展中国家，多数研究经费都来自政府（至少在美国有60%的研究经费来自政府）。对于一个人应然的通信形式而言，其研究环境是较强的决定因素。

下面我们将上述几种环境按规模排序。首先是产业。虽然在相当长的一段时间内，私营企业对科研的资助（提供科研经费、赞助研究员、提供设备以及其他资助形式）整体上有所削减，但是产业凭借其对科研的总体推动效果，仍居各环境资助之首。产业科研环境包括形形色色的公司，可以是正在攻克数十种新药研发的大型制药公司，也可以是关注某种新型生物燃料催化剂处于起步期的企业。一个显著的变化正随着时间推移悄然发生：曾经的研发工作多来自大公司，现在则越来越多地来自小型的、专业的公司。国际商业机器公司（IBM）、默克（Merk）、埃克森（Exxon）一度雇用大批博士，在他们的大规模研发中心开拓科学知识的前沿疆土，然而这种模式已不再一成不变。这些大公司并非放弃了科学探究，完全不是，但是他们再不像曾经那样大手笔，他们现在依靠或者收购小公司，而小公司能够更集中且高效地攻克核心科研难题。总而言之，产业科研的生态环境复杂、动态且不断演变。

在发达国家，学院是开展科研工作的第二大环境。学院同样包括多种多样的院校，大到公立和私立的研究型大学，小到人文学院和社区大学。大部分的科研工作在研究型大学中持续推进，尤其是那些有重要的研究生项目的大学。科学探究发生在大学实验室里，教授和博士后在那里做实验、建模型、检验假设并培养学生。科学探究也发生在校际研究机构、大学附属医院、合作实验室。对于某些领域，如生态学和地质学，科学探究发生在地球上相距遥远的不同地区。如今，科学家有很多机会把自己的部分甚至全部研究工作，在提供联合项目的其他大学或是其研究领域的专门单位完成，比如瑞士的大型强子对撞机、南极的多个考察站等。科学家也可以成立私人公司，在产业与学院环境中同时开展工作。有些大学确确实实提倡这种做法（但是涉及知识产权问题的时候，事情就往往变得纠缠不清）。学院的科研经费大多来自政府的资助金和项目资助，这一点至今千真万确。但是某些领域的产业、私人基金会和财富捐助者也会提供强有力的支持。

接下来说到政府实验室和研究中心。相比于产业和学院，这部分在国家科研的总体份额中所占比例要小得多，但绝不意味着这一部分不如它们重要。政府科研一直都有不凡的创新与发现：率先发明互联网、激光、卫星、全球定位系统（GPS），发现核能、93号到118号元素、月球与火星表面的真相（还有成千上万太阳系里其他部分的奥秘）。发达国家政府有很多理由来支持科研：社会效益、国防需要和国际地位。社会效益是个宏伟目标。农业、航空航天、能源、医药、环境、海洋和地质勘探、材料科学，还有很多领域靠各自的独立部门推进。这类研究能否开展、规模如何，主要取决于政府相关部门的优先级如何，也就是所谓的政府决策。以美国为例，长期以来，政府一直强调生物医学研究，美国国立卫生研究院（NIH）享有的预算是其他任何部门的3倍以上，美国国防部的预算也只能屈居第二（以前就有人指出过这么讽刺的事）[①]。而另一方面，日本把物理学和工程学研究置于首位，中国同样关注物理学、工程学和数学研究。[②]

最后我们说到第四个类别，即私人非营利性组织，主要包括三类研究机构：独立研究所、大型基金会和非政府营利组织。这些机构往往比较活跃，致力于开展某些特定领域的科研，而不像大学那样涉足几乎全部学科。坦率地说，他们的目标是改善世界上某个特定领域的状况，例如，减少恶疾，寻求增加特定生态系统中生物多样性的方法或者改善南加州海岸地区的管理工作。

研究所有时被称为"没有学生的大学"。他们经常雇用博士后和一线研究者，通常采用任期制。他们往往设施精良，有的研究所借用大学的场所，并为其代培学生。他们接受大笔金额的捐助，也会为了强化自身实力而角逐政府拨款和其他奖金。

基金会则是另外一回事。有两种基本类型的基金会：法人性质的和非法人性质的。这两种基金会都为项目和研究所提供资助，但很少会向个人或科学家等提供。两种类型的基金会更倾向于提供经费，而不是寻求经费，但他们也会雇用研究人员，帮助他们设计和运作向不同的聚焦领域拨款，并评估拨款使用情况。法人性质的基金会倾向于将经费或其他支持给予与自身商务相关的领域，但他们也可能支持艺术、教育或社区发展。由科学或工程学相关的总公司成立的基金会可能会把资助领域扩展到几个不同方向——例如，埃克森美孚（ExxonMobil）基金会的

[①] R. F. Celeste, A. Griswold, and M. L. Starf, eds., *Furthering America's Research Enterprise* (Washington, DC: National Research Council, National Academies Press, 2014), 2-3.

[②] UNESCO, *UNESCO Science Report: The Current Status of Science around the World* (Paris: UNESCO Publishing, 2010), 9.

聚焦领域包括疟疾的防治、数学和科学教育以及妇女的经济机会。又如通用汽车（General Motors）基金会专注于教育、公共卫生事业、环境与能源和社区开发。非法人性质的私人基金会从20世纪90年代开始蓬勃发展，很多时候，这些基金会把自身目标设定在本土以外，拓展到跨国乃至全球范围。这些基金会并非严格的研究导向，他们对社会改良感兴趣，因此对政治议题感兴趣，这促成了科学家为解决实际问题而齐聚一堂。这类基金会当中有相当一部分关注健康与教育相关研究，特别是在美国更是如此。

非政府组织是真正由问题导向的积极组织。它们的数量在近几十年急剧增长，其中包括开展科学工作的非政府组织。有些年轻而处于职业生涯中期的研究者不想走把论文发表在顶级期刊上的科研之路，他们不难从非政府组织中找到一种不同的开展科研的方式。非政府组织开展的研究关注那些对人类未来起重大作用的议题：食物与农业、水供给、生物多样性、野生土地保护、疾病预防以及降低母婴死亡率。年轻而富有强烈社会道德感的研究者往往会专注这样的研究课题。

非政府组织在所有上述领域都雇用科学家作为员工。如果组织足够庞大且资金充足，比如世界野生动物基金会[①]、大自然保护协会和救助儿童会，那么他们就凭借上亿到数十亿美元的资金和预算在全球多个国家和地区范围内运作。这使得大量科学家为他们工作，这些科学家与学术界、政府研究人员、各地专家等展开合作。由于其专注的特性，非政府组织主要通过会员与募捐得以生存，有些还发展得很成功。他们受惠于这些共同分享改善世界愿景的人。政策倡导的大环境确实为研究者带来了挑战，他们必须遵从两条约束规则，即他们所在组织的事业和防止研究变得政治化的要求。

---

① 1986年，世界野生动物基金会改名为世界自然基金会，但美国和加拿大仍然保留了原来的名字。

二、科学全球化：发展中国家的重要性

首先重申，前文内容主要关系到经济发达国家。然而从21世纪初开始，新兴国家在上述内容中所占的比例逐渐增加，这已经是千真万确的。这些新兴国家已经实现工业化，并在发展现代经济方面卓有成效，他们的研究机构也会部分效仿西方国家研究机构的做法。这些国家包括印度、巴西、墨西哥、土耳其和印度尼西亚等。在这些国家，研究者在产业、学院、政府和研究机构开展研究是很平常的，然而上述各种情形的相对重要性则差异很大。比如，在某些国家，在大学里开展的研究不如在产业和政府开展的研究那样享有盛誉。造成这种情况的一个原因是国家对科研工作方向的监管，在很多上述提到的新兴国家中都是如此，这也使之有别于经济发达国家。有别于美国、日本和韩国，以及欧洲这些科研机构自主的国家和地区，新兴国家一般通过一系列措施（直接拨款、税费、监管、委派等）来支持他们认为高优先级的领域和项目。相较于纯研究，这种高优先级往往更青睐实用创新。

与此同时，新兴国家对研究者国际参与的要求也在日益增加。这种国际参与指在国际期刊上发表论文，参与重要的世界级会议并做报告，开展跨国合作和参与重大国际研究项目。这些国家的研究者如今频繁地与美国和欧洲各国的同人合作，他们也参与大规模的前沿工作，比如国际热核聚变实验反应堆（International Thermonuclear Experimental Reactor，ITER）、欧洲南方天文台和大型强子对撞机等。这样一来，新兴国家的研究者对于交流的需求也同步剧增。我们确实能发现发展中国家整体的文献发表量有所提升，2014年，科学与工程学领域的总文献发表量约达45%，相比2000年提升了约17%。[①]

对于经济欠发达国家，情况则有所不同，这些国家的产业部门尚不足以支持或是表明正在支持科学研究整体事业。像柬埔寨、塔吉克斯坦

---

① 例如，见：National Science Board, "Academic Research and Development," chap 5. in *Science and Engineering Indicators 2016*（Arlington, VA：National Science Board, US National Science Foundation, January 2016), http://www.nsf.gov/statistics/2016/nsb20161/#/.

和玻利维亚这样的国家，对于科学和技术的总投入非常少，不足总体国内生产总值（GDP）的0.4%。[①] 相比之下，新兴国家在这方面的投资比例的平均值则是这个数值的两倍。研究也多为政府所控制开展，且仅关注少数与国家发展需求直接相关的领域，如农业。经济欠发达国家与新兴国家及经济发达国家的科学家之间的合作正在增加。

科学的全球化使得今日的科学家无论是从美国、巴西还是坦桑尼亚开始职业生涯，都有可能在其后的发展中经历多种科研环境。因此，科学家可能需要适应以新的、之前不熟悉的方式开展交流，包括同行间或面向公众的。我将在下文重新提到其中的一些方式。

三、传播到底意味着什么？

（一）产业

很多产业科学家都需要大量写作，与学术研究者的写作量相当，甚至更多。然而他们的作品并不经常刊发在期刊上，当然也有例外。产业科学家会经常选择在《制药技术和药物研究》（*Journal of Pharmaceutical Technology and Drug Research*）和《矿物与冶金工艺》（*Minerals and Metallurgical Processing*）这样的期刊上发表论文，他们十分了解发表科学论文的这种特定需求（正如本书讨论的那样），也提升了他们的长期地位和职业可能。然而大多数产业研究者的交流是用来满足公司内部需求。此类交流以多种形式展开：备忘录（简要的或详细的）、给管理人员的报告和展示、内部通信、研究摘要、新闻稿、专利申请书、药物批文申请、股东大会文件、网站材料（多种多样，附有精美图片），凡此种种，不胜枚举。根据某个特定产业或公司的状况或市场占有率，科学交流也可能面向公众，甚至是政府决策者，以对他们产生一定的影响。举个例子，在网站上发布有关世界能源趋势和预报

[①] 例如，见：National Science Board，"Research and Development: National Trends and International Comparisons," chap.4 in *Science and Engineering Indicators 2016*。

的复杂分析，并提供免费下载的几家主要能源公司。英国石油公司从1965年就一直发布年度《BP世界能源统计年鉴》。如今这些报告不仅成为全球分析师和政府官员的重要前瞻性参考文献，英国石油公司还为它增加了一系列其他信息手册、能源制表工具、某些国家或地区的能源现状表格，以及公司杰出人物开展相关演讲的文稿、音频和视频，这些资源统统免费。

简而言之，现在的公司通过互联网以各种各样的方式与世界广为接触，公司网站上主要充斥商业广告的日子已经一去不返。当下的各行各业都在通过提供知识和建议，努力做个好的"信息公民"。正如其他的科学交流一样，产业领域的科学交流也将继续变得更加复杂多样，也需要高水平的写作和展示技巧。

（二）学院

尽管在企业部门开展的研究更多，但是在学院工作的科学家产出了大多数的期刊、出版物、会议论文、书籍、网站、博客，等等，这些聚集在一起形成了科学的公共之音。虽然他们在科学交流领域占据着支配地位，但是大学研究者并不认为自己秉持着文学写作的火炬。尽管如此，事实上这火炬主要就在他们手里。

学院研究者在这方面并非完全有什么选择。他们本身就生活和工作在一个奖励与认可机制之中，该机制以统计文献发表量为职业生涯的首要资本。这种"发表或死亡"的制度为人熟知，从经费申请一直贯穿到期刊论文发表全过程中。每个领域都有期刊层级，一篇发表在顶级期刊上的论文抵得上几篇发表在知名度稍差期刊上的。但是期刊层级机制也并非一锤定音。一篇论文的价值与声誉有赖于它在所在领域有多么显著的影响，并非所有重要研究成果都发布在顶级期刊上，尽管引用率在说是这样的。如我之前所说，今天的学院研究是全球化的，并将逐年加剧全球化。几十家（即使上百家）期刊也明显不可能概括所有显著科学工作的精髓和范围。所以研究者需要开阔视野、开拓思路，关注所在学科更大范围的出版物,关注它们将来发展的走向。

　　交流的作用也有所扩展,远远不止发表研究成果本身。学院科学家所负有的责任超越了单纯写作的范围:他们必须训练一代代新的研究者,而且他们是明日科学的孕育者。因此他们需要在课堂面对面的交流方面做到良好或是优秀。如果他们在这方面做得平平,甚至拙劣,就会给科学研究带来损害,无论这种损害多么短暂。如果他们做得优秀,则会给科学研究带来裨益。他们激发人们进一步了解物质与生命世界,并增强人类对其所知的强烈意愿。

　　学院科学家的责任尚不止于此。要在21世纪做真正成功的科学家,他们还要更加努力,必须在会议、讲座、谈话中展示自身工作,并作为明智之举(现在是越来越常态化了)与非科学研究工作的听众进行交流,包括公众、媒体、中小学、博物馆、投资者、捐赠者等。

　　与几十年前相比,研究者用更多的方式完成上述交流。直接向公众报告演说这一行之有效的传统方法也比以往更加重要。图像是人们所期待的,也是必需的,用以补充"告知与激发兴趣"这一块,特别是像幻灯片、音频、视频和小动画。科学交流大师更要在他们的谈话或演讲中抖一些"包袱",即便是在最节制的场合。TED演讲时代同样需要。

　　然而在数字时代接触大量受众的秘诀另有原因,那就是社交网络。科学博客可以相当成功地接触到更广泛的公众群体,但并不适用于所有研究者,因为科学博客需要时间及思考,其至能当作第二职业了。科学博客能带来诸多好处,但更适用于那些已经擅长和精通(并不是说有效)交流的人,因此也只是总知识体系中的一个有限子集。推特(Twitter)在这方面要求不高,甚至可以接触到更广泛的受众,其信息量限制在140个字符之内,因此只能发一则简要通知、观察结果、评论或是其他信息。对这一部分我将在第十五章做更多介绍。

　　以往大学里的科学家通常在办公室、实验室或是直接面对同事(那些跟自己一样说着神秘科学语言的人),偶尔需要应付一下上述以外的世界……可以说那种日子现在已经结束了。很多原因导致科学现在比以往更多地出现在公众视野中，其中一些原因不那么值得庆贺，公众也可能带着审视与怀疑的眼光看待科学。造成这种状况的原因超出了本书的讨论范围，这些原因制造了一个环境，环境中与公众交流常常使得研究者被当成代表科学整体的角色（无论研究者乐意与否）。

凡此种种意味着相比他们的先辈，学院里的科学家同时作为交流者在一个崭新的世界生活与工作，而这也确实伴随着机遇、风险和责任。虽然研究者仍能像过去那样，在局限的社会空间之内造就其职业生涯，但是这种新的方式迅速成为契机。如今真正成功的学院科学家可以拥有更加广阔的传播天地，只要能说能写，用各种语言技巧——专业的、半专业的、非正式的或非科学术语的——向现实世界和虚拟世界里的受众进行传播。

（三）政府

如果你是一位为政府工作的研究者，你很有可能要按要求展现你能说会写的才能。你的作品有个特殊的因素必须考虑：它是面向公众的，也就是说无论是谁，在何时何地，只要觉得合适都可以随便引用。因此，政府出版物与企业商业部门的专有工作恰恰相反。政府出版物的任务是使科学信息遍布各处。但这也不是说一切政府出版物都得按照世界上谁都能看懂的方式来写。恰恰相反，大多数研究还是以专业的方式来撰写和论述，也是面向专业科学家的。

为政府工作的研究者撰写的出版物可能包括报告（长篇和短篇）及其章节、政府期刊发表的文章、专论、会议论文、专著章节，等等，依领域差别而定。简而言之，政府研究者写作方式的多样性不比成功的学院研究者少。他们都是各自领域的活跃分子。政府研究者写作的另一个特点是，写政府公文材料往往就是他们本职工作的一部分，也可以说他们一定有机会发表文章。当然具体到什么程度还是有很大差异的。为政府工作的研究者跳槽去学院工作的情况也不罕见。

为政府工作的研究者如今也需要面向广大受众写东西。其实从21

世纪初这项任务就成了研究者的大部分工作。至少在经济发达国家，有这种政府部门网络参与的要求，通常以网站的形式展示各种层次的信息。如果你的研究领域引发了公众的关注（无论是积极的还是消极的），你可能就得收集准备好说明指南释义导言、事实表格、进度安排、教学材料或者是其他外延资料。美国地质勘测团队在其"地震灾害计划"网站上放出的信息就是个很好的例子。该网站上放出了世界范围内最近发生的地震信息，以及地震活动图、灾害图、过往地震档案、教育专题、面向儿童篇、教育幻灯片及案例，还有大量其他内容。对于给人们带来巨大灾害的大地震，该团队会专门准备好海报（以 PDF 文档格式），概括关键数据，提供地图，并且以尽可能通俗易懂的方式讨论该事件。下面是其中具体一例。

> 2016 年 1 月 3 日，印度英帕尔附近发生 6.7 级地震，这是由印度与东南亚地区欧亚大陆板块之间的复合板块边缘区域发生平移断层导致的。震源机制显示，平移发生可能是因为右侧断层面向东北部微微下沉，或者是左侧断层面向西南部微微下沉。在地震区域，印度板块正朝向北部至东北部之间欧亚大陆板块以大约每年 48 毫米的速度移动。[1]

很不幸此处有个问题。尽管这种展示带着种种良好动机，也提供了实用信息，但是对广大公众而言却无济于事。此处行文的目标受众似乎落在了一个神秘的中间地带，介于训练有素的地球科学家和有着丰富科学背景、受过良好教育的外行人之间。问题就在于其实并不存在这么一个中间地带，也只有地球科学家能够明白这段话的意思。对于公众而言，换成下文这种方式更能让他们读懂。

> 2016 年 1 月 3 日，印度英帕尔附近发生了 6.7 级地震。在大部

---

[1] US Geological Survey, "$M_{6.7}$ Earthquake of 03 January 2016," accessed April 25, 2016, http://earthquake.usgs.gov/earthquakes/eqarchives/poster/2016/20160103.pdf.

分建筑都未曾抗震加固的情况下，这场地震足以对受影响最大的区域造成重大灾害。该地震由沿着印度板块和欧亚大陆板块之间的复杂边界发生的活跃断层所引发。边界标记出印度板块与欧亚大陆板块间不断发生的碰撞，并每年持续向北移动大约48毫米（相当于每1000年移动4.8米，或者是每1000万年移动480千米）。

是的，我在原文基础上增删了部分材料。行文前部分为广大读者提供了一些关键信息，用常人的表述方式告诉读者为什么这场地震是一次重大事件。把每年48毫米转换为更大的单位表述，就能使读者有代入感，从而构建了一个有意义的地质学情境，并展现出在这一尺度上发生的巨大变化。对于那些删掉的断层细节，可以加到后面的讨论中去。像这样的文章，既然是公共信息，就应该面向公众来写。

更重要的一点是，在政府机构工作的研究者大多未接受过为大众读者写作的专门训练，而做这件事并不像汽车换挡或是加稀释剂来调整实验那么简单。我不会在这一章中来讲需要做些什么（我会在第十九章中说），在这一章我要强调政府科研部门相比以往越来越多地与公众传播打交道，在这些部门工作的科学家也应该从个人职业的角度意识到这一点。如今，告知公众这件事已经做得相当不错了，这是因为这份责任成了直接悬在政府研究者头上的利剑。

正因如此，在政府机构工作的科学家就需要经常学习如何为专业人士和广大受众写作。从这个意义上说，在政府机构工作的科学家与他们在学院里工作的同行境遇相似，差别就在于（再次强调）这是他们的分内事。对于在上述两种环境中工作的科学家来说，挑战都在于他们不太可能接受过多少科学写作和讲演的专门训练，也就是说，把他们的专业知识用平常人能接受的方式阐述出来。正如我将在第十九章中讨论到的，这需要综合使用一系列不同的技巧。

（四）研究所、基金会和非政府组织

在研究所工作的科学家主要关注寻求资金支持和在专业期刊上发表文章，为基金会工作的科学家则往往在资金的另一端——他们要检查资金使用情况而不是寻求资金。为基金会工作的科学家当然不仅要做这些，他们还要做各种外延的交流工作，特别是面向媒体、政府官员、公众以及基金受让人和其他基金会。基金会也需要花很大力气做自我宣传。虽然他们是资金授予者，也激励了科研竞赛，但是某种程度上彼此也是竞争对手。施予比授予更好，但是从这个意义上来讲，给予和收获影响要更好。大致说，非政府组织也如此。在非政府组织工作的科学家的外延交流工作一点不少，有时更多，因为他们的主要目标是引起对某个具体问题领域、议题或不公平的关注（并不只是资金方面）。

四、地点，地点……

时至今日，无论你想在哪里开拓科研疆土，都很可能需要面对形形色色的科学传播需求，包括书面形式和口头形式。这当然颇具挑战，但也带来了比几十年前更多的新机会，那时参与公众传播的科学家平均数如同深海动物群一样少。这一章列举了现存的主要科学传播义务，但是在具体学科中其范围有所不同。

后续的章节将关注与学术领域最直接相关的形式。这么做是因为期刊论文一直是研究者最根本的贡献，包括我们前面讨论过的所有领域的研究者。知道一篇期刊论文写些什么，并且能写出一篇来，也就意味着具备了构思、组织、规划和撰写任何高水平技术文件的传播技能，多数高水平技术文件都是在论文这一基础形式上进行改编和拓展。其他章节则介绍报告、网络写作、科学翻译和公众传播，适用于所有研究和研究性工作开展的领域。

基本要点在于，成功的科学家要在传播领域比过去下更多功夫，而

他们也会从中真正获益。数字时代让我们得以接触成百上千乃至更多具有潜在兴趣的读者和听众,他们来自世界各地而非局限在本土。无论是以19世纪70年代还是20世纪70年代的视角来看,这都是令人窒息的巨变。虽然我已经说得很清楚了,但仍要重申,几乎所有地方的研究工作都提供这种机会。刚刚起步或已经起步的科学家要牢记:世界可能是正在变小,但是现在科学传播受众多了,与之建立的联系也多了,这让世界因此变得更大。

第九章 科学论文：现状和实用建议

一、过去和现在

严格来说,科学文章最初是以演讲和信件形式出现的,如今现代科学文章仍是技术传播的核心。始于17世纪60年代的法国的《学者杂志》和英国皇家学会的《哲学汇刊》都刊载有法国科学院和英国皇家学会所做的报告。以现代的眼光来看,这些早期文章的多样性令人叹为观止。从选题到研究方法,从实验室研究到思辨思维实验,从显微镜观察结果到远距离野外报告,其异质性蔚为大观。三百多年前的科学就需要如此多样化的表述,正是它们日后最终孕育出世间所见最为丰饶的知识。

虽然具有如此多样性,但科学论文最本质的特性是求真。没有哪个单独定义能完全阐述科学论文的真实性。"描述原创且可重复研究的书面报告"这种描述已经恰如其分,但是也仅限于此。其中两个关键词——"原创"和"研究"——在不同学科领域也会改换定义内涵。想想现在有上万种学术期刊出版,这个数量还在以每年8%~9%的速度增长[①],因此不妨对多样性抱一点期待。我所在的地球科学领域,从数学模拟到

[①] 见:J. G. Paradis and M. L. Zimmerman, *The MIT Guide to Science and Engineering Communication* (Cambridge, MA: MIT Press, 1997), 187; and L. Bornmann and R. Mutz, "Growth Rates of Modern Science: A Bibliometric Analysis Based on the Number of Publications and Cited References," *Journal of the Association for Information Science and Technology* 66, no.11 (November 2015): 2215-2222.

修订前人野外工作的种种，都算作研究，且占有文献的一席之地。其他学科则不把这些工作当成可接受或实质性的研究，而是关注实验室工作。科学不像艺术一样以单一方式揭示真理。

因此，对每位科学家而言，了解其所在领域的文献是必要的。这是了解评判研究可发表与否的唯一有效方式。这意味着要明白哪些是一次文献和二次文献。科学出版界既保守又可塑，且现在又处在显著的变化过程之中，因此研究文献也是研究工作中的重要一步。

二、论文类别

如今的科学出版物如同广袤而演变中的宇宙，这符合自身技术工作的深度和广度。当然，它也应该是这个样子的。在科学出版物的世界里有很多不同类型的"论文"，其中有些是结果导向的，有些则不是。如此多样性也反映出很多期刊（其实是期刊编辑）更乐意灵活决定给读者看些什么。但是看得实际一点，这意味着科学家要在一大堆各式各样的文章里讨论工作进展或是评论他人工作。下面列出的仅仅是更为流行的部分文章类型。

以结果为导向的论文类型如下。

（1）研究论文。它们是学术出版物的中流砥柱，是实实在在介绍某一具体领域新知识的研究工作报告。它们篇幅各异，可能从几页到20页甚至更多，视学科和关注点而定。篇幅较长的在期刊中可能被称作"报告""论文""原著论文"或其他。

（2）通信/研究通讯。它们是简要报告新工作的研究论文（最多五六页），需要的版面更少。相较于期刊的主打内容，这类论文虽然也通常刊载一些次要内容，却能激发读者兴趣。这类论文被称为"研究纪要""简明通信""短篇报告"。

（3）评论/论坛。这一类别可以包罗不同类型的论文，通常以科学争论引发的评论或讨论为主。它们可能要回溯已发表的论文，力求澄清或完善其中某些具体观点，抑或是依据作者新的研究工作批评原论文。有些期刊会留出版面开设常规专栏，以"一篇批评一篇回应"的方式展开有限度且正式的科学辩论。对这类科学写作的常见称谓还有"议论/回应""观点""视点""辩论"。

结果导向不强的期刊论文类型如下。

（1）读者来信/通信。多数一流期刊会开辟这一版块，登载针对往期内容的学术回应。此类通信的目的往往是科学争辩和批评，有些则回应社论、书评或是其他非研究结果介绍的文章，通常较少，但在某些方面有增多的趋势。

（2）综述。这类报告对某一特定领域最近一段时间的研究和见解展开思辨式调查或概述。其目的特别指向帮助科学家更新自身及相关研究领域的学术进展。此类论文通常比研究报告长，且附着一长串参考文献。但是现在也有些期刊针对高关注度的热点话题刊登"迷你"综述。综述论文往往以期刊编辑委托的方式获稿。

（3）书评。很多一流期刊开辟有书评版块，附上收录图书的名单。此类书评一般篇幅短小，而且按照期刊编辑特别指定的风格与格式来撰写。

（4）社论。一小部分期刊会发表社论，这样做的期刊数量正在增加，社论是一些表达意见的短文，其范围可能从最新发现或伦理问题到国家预算削减及有争议的公众话题，往往一页就够了。在过去，撰写社论是编辑的专属工作，但目前鼓励科学家加入社论撰稿行列的潮流正在兴起。

如我所说，这些是科学期刊中最为普遍的文章类型，但它们不能代表整个领域。在上述列举的种类之外，还有其他种类。况且期刊自身在刊登内容方面也是高度多样化的：有些期刊常规刊载上文所述的每一类论文，有些期刊只刊载研究论文。大多数期刊的情况处在这二者之间。

综上所述，了解你所在研究领域的期刊，看看你发表论文的具体选择范围，无论如何都是至关重要的。上面的所有例子都是以某种检视的方式列举的。它们被罗列在研究论文的参考文献和每份个人简历中。总之，它们通常算作一次文献的一部分，我将在下文中讲讲。

三、一次文献、二次文献和其他文献

从传统意义上说，一次文献指的是初次发表的研究结果，通常发表在公开出版的期刊上。二次文献指的是这些研究结果随后在综述论文、会议论文、专著章节等场合被引用再次出现。一次文献的发表经过了同行评议且计入终身教职或研究岗位评定，在学术圈内外都是如此。二次文献在过去则无须评议，影响力短暂，也远得不到什么声誉，人们认为它对于一个人职业生涯的发展无足轻重。

在过去的几十年，一次文献和二次文献之间的境遇差别有所减小。这是由科学出版圈整体扩展这一变化直接引发的。一次文献不再仅仅发表在一流期刊上，也以研讨会论文、专题特辑、专著、政府工作报告、图书中的章节等方式发表。新的期刊也在持续涌现。它们创办伊始的几年里通常地位不稳定，但是一旦它们率先覆盖某个新兴的研究领域，地位就会高起来。

与此同时，二次文献也迎来了海量的发表机会。不过要重申，不同领域之间的具体情况是很不同的。摘要、学报、会议论文、地方公报、海报、时事通讯、网站和其他类似渠道都算在这一类。然而正如第八章中所述，随着科学传播迅速转向互联网，大量其他发表方式也问世了。近年来，这些渠道变得越发重要，因为政府、产业、非营利组织和其他非学院系统研究中心都各自找到了专业受众与大众受众。

四、论文结构：各组成部分及其目的

先要啰唆一句，没有适用于任何期刊和所有领域的标准科学论文模板（也不应该有）。如果不信，到距离你最近的大学图书馆看看不同学科的期刊，你会发现有的期刊要求工工整整的论文结构，但很多其他期刊则对此不做特别要求。

然而，大多数期刊都以某种形式要求论文具备下列组成部分：标题、摘要、引言、研究背景、研究方法/材料、结果与讨论、总结/结论、参考文献、致谢、附录与支撑材料。接下来，我将简要介绍一下每种组成部分。在阅读下文和精读文献的时候，切记论文中每一个重要部分都聚焦于一类特定内容，而且都需要使用明显不同的风格来撰写。

（一）标题

标题是所有语句中最重要的短语或句子。它是任何论文中被阅读最多的部分，能揭示论文内容，告诉其他科学家是否有必要读这篇论文。尽量让标题精短，合理使用关键词以便让论文收录在合适的索引下，否则它可能就失去了潜在读者。标题通常是短语，一些出版物［比如一流期刊《细胞》(*Cell*)］也接受以句子和问题作为标题。如果有必要的话，通读几期你想投稿的出版物刊载的文章标题以作为模仿的范例。如果实在是选择困难，在写论文时先随手写下几个备选标题，最后再修改。

下面是几个比较好的标题的例子。

> 磁流体的复杂模式形成（短小且具吸引力）
> 最高温度下大量碳排入的源头与命运（戏剧化，而且切题）
> 蛋白质磷酸酶在海马区长期萎缩过程中所起的作用（措辞好）
> 地幔对流的实验室建模：地幔热异构有多重要？（陈述了研究课题和研究问题）

比较差的标题则可能是下面这样。

> 创建蛋白质基础的遗传元素（谁或什么来创造？）
> 外毛细胞质膜中的电压依赖性脂流动因子（名词短语太长，试试改写为"外毛细胞的质膜之中脂质的电压依赖流动性"）

一种非天然生物聚合物（信息太少）

一种利用二氧化碳制作具备低堆积密度和纳米级别孔洞特性的无支撑凝胶的微孔材料可持续制备技术路线（信息太多，试着把"一种"和"微孔材料"之间的定语都移到摘要中去说）

（二）摘要

摘要是一篇论文被阅读第二多的部分——日益成为科学界一种当然的至关重要的出版文献。摘要毫无疑问是今日世界专业科学写作交流最为广泛的文字形式。大会报告、展示和研究进展更新往往只发表摘要。它们被参考书频繁收录、引用。在很多网络在线期刊上，当把光标移动到论文标题上时，就会弹出文本框显示摘要。网络在线文献数据库是时下重要的新兴研究辅助手段，它们中的大部分收录论文摘要。摘要也像是知识"资本"，科学家之间可以互相交易，就像他们寒暄或互致批评、建议那么方便。以上内容都强调了摘要这种独特且浓缩的科学传播写作形式的重要性。

等到你把论文其他部分都写完之后，再写摘要。如果说简洁是智慧的灵魂，那么摘要就需要慧眼雕琢。好的摘要不仅仅是一份总结或者一组概论，它更近乎一篇不带图表的小论文，或者说是论文或演讲微缩版（这在某种意义上说明了摘要独立发表的可能性）。因此，千万不要把摘要看成是论文的附加部分，而要把它看作独立存在，即便把它从论文中剥离出来它也能表达整体内容。毕竟很多时候读者在线阅读时只能看到论文摘要。

写摘要听起来令人生畏，其实大可不必担心。摘要写得好靠的不是天赋，而是遵循下面这样的观察（范例）和实践。试着按照论文中所述观点的顺序来写。论文每部分用1~3个主旨句就足够了。确保课题范围和价值、基本研究方法、部分具体数据和最重要的结论都包括在内。尽可能少使用缩略语，别放太多不好理解的数据进去（会使读者卡壳）——只选择能够说明问题或支撑主要结论的数据，足够激发读者的兴趣并吸引他们读下去或者去搜索你的论文全文就可以了。

可能写摘要最常见的困难就是克服那种想把所有内容都塞进去的冲动（毫无疑问，人人如此）——这种冲动一旦得逞，就会导致语句烦冗，令人百读不得其意。比如下文。

> 对圣胡安盆地东部和西北部边缘地区从古至今现存二维反射地震数据的分析表明，拉腊米时代基岩相关断层作用与数个近来作为盆地石油发现相关的结构学研究重要基础的几处断裂曼柯斯页岩储油层附近的裂隙方向之间有紧密联系。

从短句上手写摘要较为合理——陈述简洁清楚，高度概括，点明研究课题或关注点的重要性：

> 地震数据表明了基岩断层作用与圣胡安盆地部分地区石油开采相关的裂隙方向之间有紧密联系。

或者这么说：

> 地震数据研究结果证实圣胡安盆地拉腊米时代基岩断层作用与裂缝储层的石油开采有紧密联系。

摘要得像一篇写得好的论文一样有可读性。以读者的角度换位思考，想想哪些信息是不可或缺的，哪些不是：

> 生物学家现在认为真核生物的第一块殖民地是由光合作用有机体（光能利用菌）与真菌共生开拓的。

这是一个漂亮的开场白，但是"光能利用菌"在摘要其他部分一次都没有再出现，那它就是不必要的，还会引起读者疑惑，因为它会使读者寻找再次提及这个术语的地方。把它删掉，这句话就很出色了。

再举另一个例子：

为了解高温铜氧化物超导体正常相态作用的大量实验和理论研究工作开展了相当一段时间。

再点个赞，这又是一个合情合理的开场白。但是摘要可不是闲聊天的地方。试试看这样写：

大量实验和理论研究工作开展起来以了解……

非常重要的一点是，任何时候都要翻阅你想投稿的期刊上面的文章，了解哪些内容会容易被接收。仔细阅读征稿说明或投稿指南，因为其中可能有撰写摘要的具体要求（如篇幅和格式）。

最后，要切记一些编辑会遵循的一项不成文的规矩：摘要里不能照搬论文正文里任何一句现成的话。我深深怀疑一般编辑有没有这个工夫或者愿不愿意逐篇论文核查这一点，但是有些情况可能会使他们想起来这件事，比如，你的论文摘要里的第一句话就是正文引言里的第一句话，两句话几乎紧挨着。写摘要时把一些短语调换位置就能有效照顾到这条要求。

（三）引言

引言就像是不可或缺的门厅，引导读者进入你的论文，而不只是简单的欢迎辞。它应该令读者感受到热情、友好而真切的招待。也就是说，把你要论述的研究问题或课题说清楚：它为什么重要，你怎么想到要研究它的（大概说说），以及你的研究工作中有哪些创新。好的引言能指出该论文可以填补现有知识体系中的哪一块空白。很多时候摘要能在一定程度上介绍必要背景，比如，某个课题现有相关知识的概况、术语定义或对以往文献的简要回顾。

好的引言在第一句就要切中主题，接着直接给出相关细节。

为治疗 1 型 HIV 感染的药物开发工作主要聚焦于两类病毒酶：

反转录酶和蛋白酶。包含与上述每种生化对象对应药物的疗法有效降低了病毒载量和发病率以及相应致死率。然而感染的长久性和病毒的遗传可塑性使新的需求显而易见，那就是开发新型抗逆转录病毒药物以解决抗药性的出现和扩散。为达到这一目的，考虑病毒的基因整合是很重要的，也就是病毒DNA注入宿主细胞基因组的实现过程，它由1型HIV整合酶催化完成。[1]

胡安德富卡板块与戈尔达板块的潜没让地球科学家陷入了一个两难的困境。尽管已经有了确凿的活跃板块运动的证据，但卡斯卡底古陆上的地壳下沉常常被认为是相对温和的板块构造运动。沿海没有深海海沟，也没有大片的贝尼奥夫-达清夫地震带，最让人困惑的是，历史上在大陆板块和潜没板块之间就没有出现过缓角断层地震。[2]

在引言的结尾通常描述你做了什么，再加上一两句你的工作得出的主要结论。例如：

本文提出了一种新方法来鉴定有效阻碍1型HIV整合酶催化作用的抑制剂……特别是发现二酮酸抑制剂通过对基因整合的影响展现了显著的抗病毒活性。

在本报告中，我们拓展了前人的研究，在全球俯冲带样本范围内比较海沟水深和浅层地震。比较结果支持了太平洋西北沿岸附近有过大型俯冲地震的可能性。

---

[1] D. J. Hazuda, P. Felock, M. Witmer, A. Wolfe, K. Stillmock, J. A. Grobler, A. Espeseth, et al., "Inhibitors of Strand Transfer That Prevent Integration and Inhibit HIV-1 Replication in Cells," *Science* 287, no.5453（2000）：646. 我对这篇文章的开头做了些微修改。在原文中，上述引文的第二句和第三句被合成了一句话："尽管包含（……对应）药物的疗法……但感染的长久性……"

[2] T. H. Heaton and S. H. Hartzell, "Source Characteristics of Hypothetical Subduction Earthquakes in the Northwestern United States," *Bulletin of the Seismological Society of America* 76, no.3（1986）：675.

（四）研究背景

通常要求研究背景部分能够迅速引领读者行进到后续内容。论文里是否需要写研究背景主要看你投稿的期刊如何要求。研究背景可以用很多种不同的形式来写。有时候这部分会写一写"已有研究综述"或是"前人研究"；有时候也可以写别的，比如说如果你做的是野外工作，那就可以在研究背景里描述一下你的工作环境。很多学科也要求写一段理论介绍内容，概述领域内的主要设想、前人观点、近期假设、数学基础，等等，因具体学科而异，只需要照着出版物的具体要求来写就行了。如果没有这方面的具体要求，那由你来决定是否需要单独写这么一段内容，或者是把这部分相关信息揉到引言中。

（五）研究方法/材料

当研究中涉及某种实验室工作，无论是实验还是测量，又或者二者兼有，那论文中就要有研究方法这部分。不同领域对这部分内容使用的标题也不一样，如材料与方法、实验方法、研究过程、仪器与过程，等等。在论文或报告中，这些标题对应的内容是你解决引言当中提出的问题时所使用的工具和技术。有几个原因决定了研究方法/材料是多数论文和报告中的必要组成部分。首先，读者可以通过这部分内容了解你的研究是怎么做的，如果他们愿意也可以重复研究工作——这样他们才能对研究结果进行质疑或提出不同意见，这也是所有科学研究遵循的基本原则之一。其次，读者可以通过这部分内容评价研究工作的设计与执行的技术性，也可能作为其他研究者的参考范例。最后，这部分内容也把研究工作放在了具体的历史背景下——说清楚在这个领域的这个时间点，研究中使用了这样的工具与技术——这样一来，当新的研究方法出现（新方法早晚会出现的）时，就可以开展更丰富的再研究了。

正因如此，撰写这部分内容必须直截了当，甚至有时候需要像菜谱一样简单明了。这部分内容需要用一种具体的方式来叙述，而论文其他部分则不会用到，这也正说明科学论文的文本内容有多么复杂。一如往常，以优质论文作为范本，评价一下这些具体学科论文是如何操作的，评估一下你能否重复这些论文中提到的实验。

（六）结果与讨论

在结果与讨论这部分，介绍一下你发现了什么以及这个发现意味着什么。读到论文的这个部分时，读者都等着看到你的具体贡献，他们已经大概了解了你的选题要做什么，填补了哪些知识空白。他们也随你去实验室或野外来了一场短途旅行，知道你这样开展研究的理由。现在是时候回到讲台，展示数据并解释它们的显著意义了。

对于实验室研究，这部分通常被分为两块，即结果与讨论，有时其他类型的研究也适用于这种方式。这种情况下，应该在第一块展示并简要讨论数据，把你主要的解释内容放在第二块。

对非实验室研究工作，有时也以分成两块的方式来写，但是按照研究课题分成几条分别对应写的方式也很常见（在有些领域更是普遍）。这时在每一条内容里，研究发现和解释常常融为一体。比如，独立的数据组或课题子内容（如地震信息、地心引力数据、地磁数据、地质结构）可能会各自成为一条并细分子条目，其内容包括相关信息的展示和解释。

如果你所在的研究领域使用这种方式，仔细检查你是否做到了像其他论文作者那样有效地撰写研究结果。注意使用插图，体会它在集结和概述信息方面的作用。多数时候你会想用到表格、数据图、曲线图、地图等。但是浏览一下参考范文或一般文献，可能会帮助你注意到一些你之前忽略掉的和很切合研究课题的呈现形式。换言之，这可能会告诉你如何发动创意，按你自己的论文需求去改造原有的呈现形式。如果你要使用"结果与讨论"结构，谨防把信息一股脑儿摊在纸面上的冲动。绝大多数情况下，缺乏经验的写作者总是想尽快写到解释部分（这部分比较令人兴奋），就潦草带过数据部分的内容。但是数据永远不单单是

"数据"——数字、测量结果、数量,无论是否显而易见,它们都十分有意义。任何信息展示都会包含或暗示解释。这些一阶解释也是你的部分研究结果。下面有几个例子:

> 最初实验中的这三组测试结果显示出 Y 因子的均方根差和观测趋势 Z 之间的改进关联。

> 发现 6 个 RNA 官能团对信号识别复合粒子的形成起到显著积极作用。

> 从图 3 可以清楚看出,由于盆岭省地下的深层滑脱断层作用,下地壳中的压力上旋到 45°。

这些例子在"结果"这部分都写得很好了。那么在"讨论"部分写什么呢?可以像下面这样更概括地写一写:

> 上述各实验产生的结果说明(以前对 Y 因子的相关性研究低估了……的重要性)或者是[下列结论:(1)……(2)……(3)……]

> 这些对大肠杆菌中信号识别粒子结构的研究提出了对保守核糖核蛋白要素的新认识(接着陈述具体观点)。

> 正如所示,对盆岭省扩张的分析模型与有限元模型都支持这样一种结论,即地壳上部与下部的流变性差别决定了深处断层几何结构。

写下主要结论之后,检查一下。确认你使用了恰当的图表,并且让它们指向你的目的,也就是你的最终解释所在。切记写作的过程具有实验性本质，在你把数据制图和呈现之后，仍有可能发现对它们的新解释，所以给自己留点时间，再回过头去看看这些表格。

最后，恰当得体地讨论你的研究成果来表达自信。谈谈你的研究工作在理论方面、方法方面或是分析方面的广阔应用前景。别害怕声称这项研究工作很重要——毕竟你辛勤努力过且值得大家关注。但也别做得过火，爱因斯坦从不自我标榜"爱因斯坦"（读他的论文就知道了）。沃森和克里克也仅仅称他们的DNA相关论文"有重要的生物学意义"。所以，参照你所在的学科领域和其他人的说法评估你自身研究工作的重要性。自我否定和自我夸大这两种极端正是科学写作者的两难境地。

（七）总结/结论

在总结/结论部分就可以收尾了。无论讲了什么故事，一篇论文都要有个结尾。在科学论文里，这个结尾通常是几段话，简要总结做了什么、发现了什么，以及研究工作对现在或未来的研究可能有怎样的显著意义。在论文的这部分，不要重复数据，也不要重述前面讲过的详细解释。要做的反而是把工作与更宏观的科学观点和议题联系起来。

好的结语能够呼应引言，又在内容上有一点改变。这体现在两方面。第一，在最后的段落中你应该回归论文开头几行所说的研究课题，并陈述你在这个课题方面有了什么新发现或想法。换句话说，课题虽然没变，也依然重要（或许变得更重要了），但是你用某种方式把它凸显、扩展或是重新聚焦了。第二，回顾一下引言是如何以概述开场并逐渐展开细节的——结论部分也应该用正好相反的方式来做，以最宏观的陈述作结。

举个例子展示上述两点，这个例子是一篇已发表论文的前几行和最后几行：

> 行星表面的成分是其早期演化和之后化学变化的重要指示物。例如木卫二的表面成分已经随着时间以各种方式被更改数次，其中

包括木星磁层粒子的猛烈撞击……可能通过辐射分解引起改变。人们还不够重视木卫二表面这种化学变化的过程。

大量的过氧化氢（又称双氧水），以及被认为由高能粒子轰击表面形成的含钠及氧气的大气层，显示出木卫二表面的化学变化由辐射分解所控制……因此对木卫二表面的化学种类进行预测、描述和鉴定时，应该比过去更多地考虑到辐射分解效应。[1]

有效的结尾会告诉读者有些事情已经变化，而科学也以某种方式向前发展了。

（八）参考文献、致谢、附录

致谢和参考文献是任何论文的必备要素。它们是最直接展示研究工作的社会现实之处——你展示出自己作为学术群体中的一员以及获得了好心的陌生人（或者有时候是朋友）的资助。

撰写致谢内容和参考文献列表时，直接询问你投稿的期刊用什么风格来写。这部分内容没有统一标准，不同的期刊有不同的风格与要求。所以，确认自己写的方式正确的唯一途径就是参考期刊要求。致谢内容可以向资助机构和各类人表达谢意。如果不确定该感谢谁，参考一下已发表论文，以决定你的致谢名单中应该包括谁。

参考文献列表是一项需要正确完成的要素。大部分投稿指南上会具体说明编辑要求如何撰写论文的这一部分。严格按照投稿指南来写，直到最后一个标点符号——这是专业和细心的标志（粗心的作者会使负责他论文的文字编辑耗费大量时间、金钱和情绪）。如果没有固定格式要求，把投稿期刊上已发表的论文当作范例——任何时候这么做都是明智的选择，能从中了解参考文献列表应该多长以及大概需要用到哪类资源。有些期刊会要求把注释也包含进参考文献中，但这样做的期刊不太

---

[1] R. W. Carlson, M. S. Anderson, R. E. Johnson, W. D. Smythe, A. R. Hendrix, C. A. Barch, L. A. Soderbolm, et al., "Hydrogen Peroxide on the Surface of Europa," *Science* 283, no.5410（1999）: 2062-2063. 该处引用稍微进行了一定调整。

多。再次强调，参考其他论文，看看它们是怎么做的。

偶尔有论文会带附录。附录通常用来展示具体的数据（特别是以表格形式）、数学推导、新方法探讨或者其他内容。这些内容对被发表的工作来说很重要，但是放在论文正文中的话又会占太多篇幅，导致读者分神。因此附录就成了为特殊内容展示更多信息预留的机会，有别于论文在短短的正文篇幅里展现的一般情形。有些期刊允许附录之内再分段，其他期刊则要求把这些内容分开来，作为独立的附录或者尽可能把附录内容压缩。如果对要不要加附录有任何疑问，那就找一些有经验的同事或是期刊编辑聊一聊。

（九）支撑材料

有些期刊允许或要求作者提交其他材料，通常称之为支撑材料。目前来看，多数期刊会让作者自行选择要不要提供这类材料，而不是强制要求。但是随着越来越多的人提交支撑材料并因此成了常态，很可能会导致同行评议对其做出要求，从而使之成为标配。这是我从一些编辑那里听说的，但是我尽量不对将来的情形妄加揣测。

很多种支撑材料都是期刊可接受的。有时候支撑材料包含所有数据组和解释。有些期刊会要求作者提供更多的内容，比如对研究方法的具体描述、透彻解释某条结论的附加文本、更完整的图表题名，等等。视研究领域而定，还有些期刊把支撑材料的范围放开到从视频到额外个人信息的多种强化内容，虽然这样做可能会限制文档大小。读一读投稿指南还是一如既往地有必要。

给科学论文这样一个附加选项，不是为了让作者撰写论文的担子更重或是更耗时间，而是扩展文章的科学价值。从某种意义上说，对于一些你不得不从论文中省去的优秀工作，它给了你一个把它们补充回来的方式。还有一个好处：在一个人们越来越担心各种学术不端行为的时代，支撑材料可谓是对更加看重依据的一种呼应。

五、提纲能辅助

科学论文通常结构严密，所以提纲可以辅助实际的撰写过程。撰写提纲的方法很多——我在前面已经说过其中一些（见第四章）——但是最简单、最直接的方法就是先暂时写下论文各部分的标题，比如引言、方法、用到数据的部分或者小标题、结论。如果你连暂时决定这些都做不到，那就用论文的主要结构列提纲：引言、背景、讨论结果、结论。列出你在每一部分想要介绍的话题或主要观点，按照你的想法出现的顺序随意罗列就好。接着看看能不能给这些列出的内容进行逻辑排序。有时——其实还挺经常的——这就足够帮助你启动撰写工作了。还是那句话，如果你的写作停滞不前，那就参考范例，浏览你投稿期刊刊登的其他论文。论文和报告的组织风格就像是别的文章"杂交"出来的，这也是常有的事。别不好意思模仿，甚至有选择地照搬别人成功的写法也无妨：毕竟别人也不可避免地做过这事。总而言之，提纲可以随时改换，它引导思路，而不只是一个模板。

还有一点需要提醒。很多科学家（且几乎所有科学写作指南）都有一个错误认识，认为任何报告的真正精髓在于结果和讨论。这就好像说躯干是一个人最重要的部分一样，但是如果没有其他部分，躯干也不过是具死尸。一篇好论文的所有章节都是不可或缺的，需要得到同等的关注，它们之中并没有什么特别的高下之分。一篇引言潦草或结论失之偏颇的论文，与一篇实验流程拙劣或数据不实的论文半斤八两。当然，作为科学家，我们的主要任务是获得数据并做出解释，但是当我们向他人展示自己的工作时，我们就是写作者和演讲者，科学传播有它自己的一套要求。

六、科学论文中的引文：它们的意义和用法

在论文中引用他人文献有几层意义。首先，它使论文有据可依。它

让读者明白你熟知自己所在研究领域最新且最优秀的文献，而且这些文献辅助了你的工作。其次，如果你愿意，可以利用引文的方式盘点学术圈——研究兴趣都在这个领域的研究者群体。再次，引文是你表达态度的工具，你可以对学术圈里其他人的工作表达各种程度的赞同或否定：可以是推崇式（"巴恩斯等在1987年的杰出工作"）、否决式[德尔皮（1994）的失败设想]；中立式（"……一直是大量研究关注的课题，例如巴茨在1978年的研究、勒森等人在1983年的研究、佛斯比在1985和1992年的研究"）；也可以有所保留地引用["詹森等人（1998）的工作尚需进一步的支持"]。多数论文里都使用上述多种方式——这就是你如何给自己的学术盟友和对手排序并将自己定位其中的方式。最后，引言也是你声明某些观点或论文原创性的方式，或者可能弄巧成拙，引文反而无意暴露了你的研究原创性不足。

有一些在撰写各类科学论文时我们都会遇到的复杂情况，通常比较直观。我这里明示它们，以再次展现科学文章确实具有多面性，但也会说清楚科学家如此写作的一些原因。这样一来，你就能理解自己在写什么，从而更好地把握写作过程。我们来看几个案例。

案例1。假设为了像一位优秀的科学家写作的论文那样既彻底又精确，你在论文中大量引文，为每条归纳都引用了文献作支持，一股脑把过去5~10年的相关文献资源都囊括了进来，甚至包括那些很不起眼的文献。或许你刚拿到博士学位，要把研究工作写成文章发表，你可能会想：手头有这么多辛辛苦苦整理出来的富有价值的文献，为什么不用起来呢？这不正是让论文完整、严谨而专业的一环吗？恐怕我的答案是别这样做。把你的文献想成是一种数据：专业（或不专业）意味着只需要把读者重建你的工作所必需的文献提供出来就行了，无须旁枝末节或分散注意。堆砌引文会显得你犹豫、中庸，甚至不具有原创性。在实际操作层面，它也使你的论文看起来臃肿，文字扎堆，难以阅读。

案例2。再假如，你写论文时决定只包含有限的一部分引文，只引用最著名的文献。那又如何呢？我说这又是适得其反。这种引文方式

（或者说由此造成的引文不足）会招致学术剽窃嫌疑。这种昭示自身尖端而新颖的欲望会显得你有欺诈之嫌，优秀的科学家不会冒这个险。如果你的研究工作确实具有开创性和探索性，那就通过呈现研究成果和研判他人的工作表现出来。假装你没有多少，甚至没有同行是最不专业的事。

案例3。最后我们说说作者过多或高频引用自己和其他同事研究工作的情况。这种情况有何利弊？其实自引是科学写作中无论如何都难以避免的灰色地带之一。太频繁地引用自己的文献（比如说20%以上），或者在参考文献列表里堆积自己已发表的文章（比如说30~40篇的总量中有5篇以上），就会给人留下你不够专业的印象，理由同上一段所述。但如果你是某个特殊领域仅有的研究者之一，你可能在引文时不得不高度关注自己已有的研究成果。即使这样，一定的谦卑是勇气的更好体现：任何时候都试着在自己的贡献与对他人的借鉴之间保持平衡。

七、共同作者：如何组织和管理他人的贡献

如今的科研是合作性的，科学文章大多有不止一位作者。现在的科学论文往往有至少3位共同作者，有些论文的作者人数甚至高达12人之多（实际上最高纪录已经破百）。这值得我们停一下想想"署名作者"到底意味着什么——因为它与其他脑力劳动方面的合作明显不同（想象一下7位作者合著了一篇散文……）。在非科学领域，在文章中署名说明你做了大部分研究，尤其是当由你来实际执笔撰写时。"作者"的定义还直接指向语言操作，即把文字落在纸面上。科学领域则未必如此。科学领域的作者身份定义更为宽松和多变，包括所有为所呈现工作做出了重要贡献的人，无论是实验的设计与执行、工作概述与指导还是实际撰写工作。因此，任何一篇科学论文的刊头署名都像是全剧角色或者是参与人列表。

这要做一系列的决定，决心总是不好下。朋友之谊、同事之情、实验室或部门政治、制度传统这些都影响着把谁列为作者，以及作为第几作者。一般来说，如今把第一作者视为高级作者，之后按照贡献大小依

次排列其他作者。这样做很合理，但也可能不够真实。在列出前几位作者之后，如果还有10位作者要列出，怎么决定谁排在第几位？协调商量——或者干脆采用名字首字母排序或者按姓氏笔画排序——常常是必需的。就像研究一样，作者署名并非民主制，但也不该变成独裁制。

现实点说，在这件事上没有什么决定性规则——但是有些指南可以提供帮助。从公平性出发是个不错的选择（或者最终归结到公平性）：只囊括积极参与了论文所述学术工作的人。这里指的是那些有实质产出，真正算得上构思和开展了某部分研究工作并执笔撰写，也因此能够为论文辩护的那些人。这可能有助于更准确地定义"作者署名"对论文而言有何意义——贡献范围如何、参与研究的程度如何、实际撰写工作的参与水平如何。关键是，合作伙伴之间也不例外：如果一个（有声望的）同事在小型研讨会或者是走廊聊天时提供了一两个想法，其贡献足以把他列为作者，并与那些在实验室或野外辛苦工作数月的作者比肩吗？可能并不是，即便那个想法确实在研究指导和聚焦方面提供了关键性辅助。你可以在致谢部分体现这类贡献。

然而在职业生涯的某个阶段，你可能不得不应付"搭便车"作者的事情。这是可悲可叹的现实，是视学术出版物为首要的科学领域奖励制度造成了这一结果。不过实验室主管、系主任、研究生导师或其他大人物理所应当列为其权利管辖范围内任何论文的作者，无论他们是否对研究有实际投入，这种情况时有发生。另一个例子是某个实验室可能会按照惯例在所有论文的作者中列入技术员的名字。若遇到这种情形，为了个人职业发展，你有必要认真权衡。每篇论文都是在其社会情境中诞生的（这也是科学本身很重要的部分），通情达理地接受一个"搭便车"作者也算是合理。

八、选择期刊

如何决定把研究成果发表到哪里？《国际鸟类学通报》(*International*

Bulletin of Ornithology）还是《密苏里州鸟类观察者通讯》（Ozark Birdwatcher's Newsletter）？往往需要考虑到声望和影响范围。你会希望自己的研究产生影响，尽可能被广泛地阅读。但有时也得实际一点。

无论在学术还是非学术部门工作的资深科学家，都很清楚地了解相关文献，并在选择时脑中会立刻浮现出一两家首选期刊。但如果你还是"菜鸟"作者，可能需要花更多时间把这个问题考虑清楚。在动笔开始写之前就考虑好，因为不同的期刊有不同的风格和要求。其实如果你对所在学科领域的文献相当熟悉，那就等于帮你做好一部分决策了：你所从事的研究工作，诸如选题、方法、范围等因素会把你的选择范围缩小到一些可能接收你的论文的出版物上。此外，在你所做研究的特质与内容和这些出版物的文章之间找到最接近的匹配情况。哪些期刊可能最欢迎你的研究（当然是在文章撰写合格的情况下）？在同领域做类似研究项目的同行在哪里发表研究结果？你拿来用作范本或参照的文章发表在哪里？新期刊怎么样——包括电子（网络在线）期刊——可能是合适之选？对此类问题的回答有助于你选择到合适的期刊。

实际上，每次只能选择一家且仅一家期刊发表科学论文。此处重申每家出版物都有自身的原稿格式和准备工作要求。不允许同时一稿多投，也就是说，不允许把你的论文同时投给多家期刊。如果被一家期刊拒稿并考虑投给另一家——当然是适当修改论文之后——确保你的论文已经按照这家期刊的具体要求修改过了。也可以把拒稿看成一次新的机会：考虑把原始论文分成几小块并分别发表，例如作为研究纪要或通信对先前已发表的文章做评论。这也能降低在别处重投原始论文（重申，修改版论文）的门槛。

九、提交原稿

如今对于相当多的期刊来说，网络在线版是首要的，比纸质版还重要（如果它还有纸质版的话）。这意味着投稿发表论文也以电子版形式完成。其实，并非一贯如此，也并非完全如此。

很多期刊仍然要求提交一份或几份（通常是两三份）论文打印版。这是为评议人准备的，有些评议人更喜欢读纸质版。别以为这种人未来不会存在了，再怎么说他们也不都是70多岁的人。与此同时，有些期刊会要求提交高分辨率打印的最终版数据表、照片和图表，这样有利于他们扫描。但这不是统一规定，请不要假定一定需要这么做。我这里说"请"，是因为对于编辑而言，由于不遵守投稿提交说明而把一篇优秀的论文退回是一件令人不开心的事情。如我之前的讨论，编辑不会只因为论文质量高且选题令人兴奋就接收它。他们可能想这么做，但是他们也清楚这么做是在开危险的先例，自己的饭碗将来可能不保。

就目前情况来看，向你（或你的实验室主管）选择的期刊提交研究工作成果这件事没有普适的标准可循。研究团队中的一位或几位成员应该负责仔细研读投稿要求，并用以对照审阅论文的最终版本。再宽泛一点说，每位作者的责任之一都是至少要知晓此类投稿要求。投稿要求可能会随着时间推移而更改，所以这份责任也包括同步了解这些变化。在互联网时代，科学传播的许多因素不断变化，我们当然希望将来会变得更简单且有效率。但是并不能保证一定会如此。

我们无法保证如此，是因为随着互联网和科学本身的演变，期刊文章也在持续演变。以已有演变来说，随着文章整体篇幅缩减，它获得了新的补充材料，正如前文对于"支撑材料"内容的简要讨论一样。之前也提到现在有些论文以网络在线版形式出现，附有读者评论，从而能增加多种不同要素（无论是争论、新的数据还是参考文献）。总而言之，从历史变化角度来说，科学论文从未停滞不前。既然它有了新媒介，就可能会找到新的方式去良性发展并变得更有用。

第十章　其他写作类型：综述、书评、辩论/评论

比一篇糟糕或优秀的综述更糟糕或优秀的，是它的作者。

——沃尔特·马托（Walter Matthau）

一、建议与赞同

研究论文当然是科学出版物的核，但是科学出版物这颗果子可远比果核大多了。大多数科学家的所知来自他们每周所读。今日的顶级期刊常常刊载多种作品：除了研究报告外，还有综述文章、读者来信、社论、书评、会议纪要、辩论、讣告、业界新闻，等等。大型国际期刊，如《自然》和《科学》当然也是如此。实际上，越来越多的期刊已经在其范围内拓展作品阵容，或者对一些以往偶尔刊登的文章类型（如综述）给予更多重视。这种多样性得以存在的部分原因在于保障期刊吸引力和实用性的压力正在逐渐增加，不妨称之为高尚生存之道。编辑们自觉地使出版物对应于日益演变的传播现状和科学需求——实质上是把期刊本身变得更像创意的集市，维系着专业化的表达、传递与交换。当然，并非所有期刊都有此决策，有些期刊仍只发表某一两类文章。对于一家期刊应该是什么样的，做什么事，科学界对不同的愿景兼容并蓄。

但关键在于，每类发表的科学作品都对其领域有独特贡献。当然你可以专心于发表自己的研究而不顾及其他类作品，这司空见惯也完全可以接受。然而非研究结果类的作品提供了在你的学科发挥重大作用的另一途径，有时还更加轻松。它也是另一个机会，为学科增加有价值的内容并且让同行、公众，包括工作审查委员会看到你的名字（让我们不会忽视你)。

还有影响力的问题。熟练的科学写作者除了发表研究论文,也发表综述、书评等,更有可能展现学术风采。他们会获得更多读者,并获得比一般科学家更高的知名度和权威性。大量期刊对于不同类型的作品日渐开放这件事本身也为熟练的科学写作者开辟了新空间,使他们能够占据舞台中央、拓展贡献、增加声望、提升科研工作地位。今日的纸质版和在线版期刊为写作者博取丰厚的个人好处提供了更多机会。确实如此,即便对于宁愿专注于研究本身的人,一些非研究类的写作——特别是综述文章和通讯——也可以用来进一步揭示已完成的工作或是为其全文发表铺平道路。这就难怪那些掌握工作决策权的人,无论是在学院、产业还是在政府机构里,都会非常积极地看待这些出版作品,也难怪科学家热切地把它们列在发表作品中。

下文是有关这些"其他写作"的基本类型,特别是其中最常见的代表:综述、书评和辩论/评论(对另一个人的工作)。毫无疑问,所有这些写作类型在不同领域和期刊之间有非常大的差别。对于研究论文没有万灵标准——除了建议你弄清楚所选择的期刊让你提交什么这一条。任何情况下,这条建议都会对从文献中鉴别和使用范例有很大帮助。

二、综述文章:功能和角色

了解所在研究领域的最新进展,并尽可能了解相关研究领域的进展,这是每个科学家的基本工作之一。但这不是件容易事,尤其是在当下。同时,这恰恰是综述文章提供助力之处——概述并评价某个重要议题最近发表的研究工作。综述里的议题通常比研究论文里的议题更宽泛,例如,"演化:人类影响起到的作用"(是人类整体而不是某个具体例子),或者"芳香族金属簇:又黏又稳"(是一系列化合物而不是分析某一种化合物),又或者"嗜热蛋白何以耐高温?"科学家想写综述文章,很多时候是因为在日常研究过程中做了一定的文献调查并形成了一些独到见解。其实很多科学家都在脑海里构思综述文章，就像小说一样，等待文章喷薄而出的那一天。当然一个很重要的区别在于，综述文章要好写多了，读起来也更加有趣和有价值。

一篇好综述有数种功能：第一，论及某一知识领域的研究现状，可能也会提及该领域的研究发展史；第二，讨论新近的研究发展方向；第三，指出所述研究工作的空白或局限性；第四，为将来的研究提出建议。当然，不是每篇综述都要这样面面俱到——有些只专注于做好第一条或第二条，但是某些视角必须包含其中。正因如此，综述类文章实际上也是最接近科学论文的文体，是一种学术评价形式。综述之于自然科学，某种程度上正像文学艺术评论之于人文科学。

过去几十年间，综述对很多学科都变得越发重要，特别是在生命科学领域更是如此。跟进发展前沿不再是件容易的事情，原因有以下几个：第一，期刊数量在增加，论文发表量随之增加；第二，新的研究领域层出不穷；第三，研究领域的深度分化；第四，跨学科研究趋势日益盛行。这些现状由当代科学自身的进步带来，然而这也使得紧跟新想法和新发现变得更加必要且富有挑战性。我这么说的本意并不是令读者感觉陷入无望（我的本意恰恰相反），而是强调综述类文章确确实实的重要性。虽然相比物质科学领域，生物学和医学领域的综述类文章更常见，但是基于上文所述理由，这种情况似乎也在改变。

正如研究论文一样，综述类文章也有不同的格式和篇幅要求，取决于出版物的要求。有些期刊刊载的综述最多20页，意在对某个议题进行梳理，并讨论其研究可能或者应该向何处发展；也有些期刊发表5页以内的"迷你"综述，用来呈现某个迅速发展领域的动态；还有些期刊二者兼有。有些期刊只刊载综述，也可以将综述结集成书，比如广为人知的《……（医学、生态学、地质学和地球物理学等）年度回顾》和各种年鉴。用尽一切办法探索你的研究领域吧，就像你因兴趣提笔撰写的其他文体一样。

（一）委托综述

综述类文章通常是邀约委托撰写的。这并不是说只有编辑和其直属团队才能供稿，而是说有意供稿的作者应该先提交一份文章提议备选。行之有效的提议通常包括议题简介、提纲（多数时候有注释），以及对所有图表的数字与内容的文字描述。如果编辑接受了提议，就会要求作者提交文章——用专业说法，是"委托"或"指定"撰写。这样一个过程并非为了设置障碍，而是为了既能保护总是处理大量文献的编辑，又能保护写作者，以免花费数月辛苦创作了一篇文章，结果却发现发表机会渺茫。就像发表研究论文一样，还是那些琐碎的事，先提交一篇行文和组织良好的原稿，再经过同行评议和按要求修改这个基本过程。

在动笔写提议之前，你应该先联系编辑，看看编辑对这个选题是否感兴趣。与此同时，你可以询问有关提交文章提议的任何指导建议（格式、具体内容）。切记：编辑永远乐意接受这种动笔之前的咨询。这既是职业礼仪，本身也是良好交际。编辑也清楚一篇综述类文章对于作者职业发展有双重意义：一方面，它能树立（或稳固）作者在同行中的专业威信——这在任何领域都是不小的成就；另一方面，它也会使作者成为争论的源头——因为多数情况下你在解释学科知识发展现状，甚至直接或间接地进行评判。这也就意味着综述类文章通常要经过精心编辑。最终目标则一如既往地是要打造更优质的文章以飨读者。

（二）综述撰写要点

综述在结构和风格上都比研究论文更加灵活。也正因如此，它至少需要在逻辑性和流畅性上不逊于研究论文。多数综述在正文部分只由两个标配构成，分别是介绍部分和结论部分。而在这两端之间，作者有相当大的自主权决定如何行文，分成多少个部分，为每个部分起什么标题，每个章节写些什么，每个章节写多长，等等。

撰写综述的基本方法有多种，这里列出最常见的几种。

方法1：以时间为线索。按照这种方法，针对选定议题列出其知识发展脉络。这可能涉及图示某个学科分支的出现。为了做到这一点，你应该按时间先后顺序讨论那些里程碑式的研究，并且指出较为重要的发现、方法上的进步和研究工作中凸显的科学原理。这通常需要回溯几十年范围内的工作。但是如果你选了一个较宽泛的议题，涉及观念创新或成熟带来的理论进步，你就可能想追溯、回顾更久远的一些观念。例如，对于进化生物学的一个新观点，你可能会发现从达尔文说起会更好："根据达尔文最初提出的理论……"或是"自然选择的关键影响之一是……"

方法2：以实验为线索。当你使用这种方法时，聚焦在实验方法和材料，以及实验研究工作的最新趋势上。这可能会涉及回答以下问题：议题的哪些方面比较热门？为了研究现象使用或开发了哪些方法，各自的优势、劣势有哪些？这些方法已经解决了哪些问题？使用了哪种数据分析方式，是否有其局限性（实验方法和结果分析之间是否有重要关联）？在这一领域可能会做些什么以改进研究？

方法3：以观点与假设为线索。这种方法关注作为学术内容的知识发展的现状。在议题方面的主流假说是什么，由谁提出？这些观点与其所属领域的整体理论框架的关联性如何？当前知识在解释、预测或描述方面达到何种程度？当前的学术辩论情况如何？以什么样的数据为基础？占据了怎样的地位？是否当下还有不确定因素？哪些重要问题还有待回答或尚待提出？

方法4：以推论预测为线索。这一方法意在讨论最新进展并概述其可能的结果。此处要回答的问题包括：在实践应用方面的首要潜在优势是什么？新研究可能带来哪些方面的应用？这些优势可能会如何改善已有技术或是以新方式应用技术？它们在新的治疗方法、更新更好的预测能力或是其他应用方面有何潜力？要将这种潜力转化为现实还有哪些空白或是局限需要填补或突破？需要做什么？

方法5：以未来为线索。这种方法用于指出目前研究正向什么方向迈进，且对未来可能有何意义。所谈及的问题可能包括：向何方拓展当前的知识？研究的最新领域或正在兴起的领域是什么？有没有为了发展要克服的重大障碍或局限（除了资金以外）？哪些问题还没有严格研究过？是否需要改进研究方法、考虑新形式的数据、拓展分析、重新解释先前的研究结果？最近的哪些研究更显著地指出了未来发展道路？

显然，这些方法在很多地方有所重叠。其实大多数综述会综合使用多种方法，但通常把其中一种作为介绍主题的主要方向。因此先选择一种方法，再围绕它搭建框架通常是有效的。

搭建框架的好方法之一是写下你想呈现的主题或观点——切题的重要观点或理念——然后在它们之间找到某种逻辑顺序。如同往常一样，尝试，再多尝试几次。多列出一些主题，就算它们可能比实际需要的多，但总比少好。在行文顺序成形之前，你可能不得不修补素材（增加、删除、改写），也可能发现自己刚把想法写下来并用某种方式组织起来，就感觉另一种不同组织方法比先前想到的那个看起来更合适。别灰心，别气馁，这种改动太常见了。好作者总是很灵活，善于使用素材。

（三）如何开头

综述里的介绍部分是要为其他内容打基础。它要为主题下定义，阐明其重要性，概述将如何展开主题，从哪些视角展开。因此，值得详述一下综述如何开头。

开篇格局大一点，至少尽量往大里写。用概括性术语定义文章选题。科技写作中能让你张开双臂广邀读者的机会为数不多，这是其中之一。举几个我遇到过的例子。

> 爆炸分类辐射对研究物种形成来说非常有用。在经过了多重系枝分化事件的演化之后，可见这些系统之间产生了非凡的生物学多样性（关于物种即时分类系统的综述，伴有来自非洲某湖的例子）。

为了生存，生物必须适应其自然环境。地球上没有什么地方比高温水域更适合检验这条简单的进化法则了（关于嗜热蛋白如何应对极热环境这一议题）。

人类对自然界动态的感知从根本上说受限于所用仪器的分辨率。光学仪器发展史展现了近几十年来非凡的进步，并带我们领略新的发展前沿，由激光器实现的超快脉冲发生成为关键（关于超短光脉冲发生领域方法和结果）。

换句话说，完全可以用带有一点哲理甚至是戏剧性的方式开篇。当然不同的编辑会把握不同的度：有些编辑可能让你少一点宏观叙述，更聚焦于具体的课题。

哺乳动物细胞庞大的基因组很容易受到一些DNA损伤药剂的破坏。这种情况需要在DNA修复通路中将损坏的核苷酸残留进行永久删除和替代，以便使潜在的突变和细胞毒素影响最小化。

无论采用哪种方式，最好能引起读者的兴趣。让论文的第一句话简洁点，接着用长一点的句子给真正要写的课题下一个完整定义，或是从这句开始逐步陈述定义。可以考虑用设问的方式开篇——当然，要在后文全力回答这个问题。

我们对煤床瓦斯的起源了解些什么呢？这些知识从哪里来，对于未来的能源开发又有些什么启示呢？

但是，介绍部分的要务应该是引导读者了解你所述课题的重要意义，以及你将展开综述的方向。

由于其特异的电磁性质，空穴掺杂型锰氧化物在近几年引发了人们极大的科学和技术兴趣……这些锰氧化物的不寻常的性质挑战着人们对于过渡金属氧化物的认识,并且定义了一项关于充电、旋转和轨道自由度等因素之间相互作用关系的基本研究问题……直到最近,关于铁磁态何以在这些物质中稳定才达成共识。然而,新的实验结果暗示,还需要更为复杂的观点去解释这些氧化物的某些主要性质。[1]

注意一下这些句子是如何引出主题的。首先,它们激发兴趣(通过使用诸如"特异的""不寻常的"这样的词语);其次,描述当前研究的实质情况(其后是所举例子的原文中有一段话来解释);最后,展示出文章的主打内容。读者看出作者想要对主题增加哪些类型的视角。

一旦完成了上述这样的介绍部分,就依序逐一完成文章的其余部分。重要的一点是,在写作过程中可以随时修改调整。就像我在本书中时时强调的,写作的过程也是一种实验和探索。在撰写不同章节的过程中,你可能会不断涌现出新灵感,甚至是赋予素材新的视角类型,如当前研究工作最关键的局限,未来研究可能向何处发展,等等。因为写综述的主要工作之一是对特定课题的文献梳理并指出其意义,所以接受素材所述之事很必要。

三、书评

科学期刊的辉煌并未动摇图书的重要地位,科学图书仍占据着中坚地位。图书种类确实多样,有专著、研究论文集、学会论文集、会议论文集、参考工具书,更有面向大众的科学读物(这类书种类很多,包括科普图书、人物传记等)。这些书都值得做评论还是只有一部分值得,取决于编辑。但无论是哪种情况,书评如今都能在多数顶级期刊上常规

---

[1] A. Moreo, S. Yunoki, and E. Dagotto, "Phase Separation Scenario for Manganese Oxides and Related Materials," *Science* 283, no.5410 (1999): 2034. 这里的句子是节选并经过些许重写的。

发表。而那些善写书评并且写得好的科学家,他们接下重任,同时做出了至关重要的贡献——他们是价值的评判者。

就像综述类文章一样,书评也是委托制的。编辑通常会选定待评图书,并把它们分配给各领域中他们认为资质充分的人,但是几乎都会有外部提议的空间。如果你想写某本书的书评并投给某个期刊,那就联系编辑毛遂自荐:介绍书名,说说为什么你觉得有必要做它的书评,陈述你评论该书的资质。如果投稿的首选期刊不感兴趣,那就换一家。牢记:期刊永远在找好书评——这类文章受众广泛,也很得读者赏识。

所以说,请让我提个不情之请,而且我必须得说。写书评的时候,请务必写关于这本书的事情——它写了什么,内容是怎样组织的,写得好不好,书中的信息是否准确而完整,它的用处大不大,对谁有用。这些是不是挺显而易见的?但是偏偏有很多书评禁不住诱惑,明显跑题写到别处去了,例如,议题(该书引发的)、观点(书评人的)、辩论、轶事、个人经历、引述、抱怨等。这些东拉西扯的文字有些还好,也确实有用,但是仅限于穿插在手边工作讨论中的时候——否则它们也不过是些自以为是的东西。所评图书才是真正的主题,而且自始至终都是。

书评看似自由随意,没有什么技术含量,但事实上一篇好的书评需要精心组织,甚至结构严密。在最多一页里,书评要提供大量信息和辩证评价,甚至可能以一种有趣的方式来写。开场先简要描述图书主题。

> 南非干旱台地高原是占据了南非1/3面积的干旱半干旱地区,并向西北绵延至纳米比亚。它包括无树地区、沙漠、干旱和潮湿草原、草原以及位于最有利之处成块的森林。(这是对一本介绍南非干旱台地高原生态演变过程与形态的书的书评)

> 在过去20年间,有关生命起源的观点发生了很大变化,因为越来越多的学科开始攻关这一难题。这一课题不再是生物学专属,而是由天文学、古生物学和分子遗传学这些看似不相关的学科的研

究者联手介入，并得出了各式各样却又令人兴奋的研究结果。（关于一本生命分子起源的书的评论）

1620年夏末，科尼柳斯·德雷贝尔（Cornelius Drebbel）通过将整个房间充满冬季般的凉气震惊了英国皇宫。他做到了，正如我们由弗朗西斯·培根的笔下得知。但是怎么做到的？从汤姆·沙克特曼（Tom Schachtman）的《绝对零度和征服寒冷》（*Absolute Zero and the Conquest of Cold*）一书的开篇中或许可以找到答案。

可以写得幽默一点。

如果说现有的进化生物学教材是一个生态系统，那其中的生态景观不但拥挤，而且面临灭绝的教材比比皆是。要想生存下来，一本教材要么独占某个生态位，要么内容就需要广泛得足以覆盖全部。令人注目的是，J. R. 哈里森（J. R. Harrison）的《地球上的演变》（*Evolution on Earth*）能做到上述两点，因此也能够满足该学科教师长期以来的需求。

这些书评开篇都提到了所评图书。接下来就是对图书内容的描述，随后是对其准确性、内容组织、实用性等方面的评价（也可能夹杂在内容描述之中）。这是写书评的一个模板——主题、内容、评价——简单但奏效，也好套用。

就像其他科学写作一样，参考范例同样很重要。把你喜欢的书评收集归类，在自己动笔之前先通读它们。在研究他人的写作风格和内容时，可能需要注意以下几点。

（1）书评有别于读书报告，比读书报告有趣多了——读书报告既枯燥又无味（"该书是'土壤科学系列'丛书的第二本……第一章讨论了……第二章写的是……第三章和第四章开始讲……我不太喜欢这本书，因为……"）。

（2）对一本书持强烈批评的态度时，最好从原文中举一两处例子作为证据来辅佐你的判断。

（3）要引言就精心挑选，以体现你评鉴图书的卓越品位（另一种形式的证据）。

（4）在科学图书的书评中，代词"我"有时不宜出现——应该提供专业评价，以研究领域权威之姿态发声，而非阐述己见。同理，所谓的"我们"这种说法只有在你非常确信自己能代表多数同行或期刊时使用。

（5）对于作品中的可视化素材也应做些讨论，也就是书中包括的图表、照片、地图，等等。它们的质量如何？与内容的相关性如何？对内容的辅助作用如何？素材挑选如何？

（6）如果一本书缺点太多，你对它只有（或几乎只有）负面评价，那可能不值得为它写书评。但也有例外，就是当这样一本书正好在某个科学争论热点领域占据重要地位的时候，那你可能就得针对这本书本身的问题讨论一下了，或者甚至讨论更多该书之外的问题。或者说，如果一个特别知名的人写了这么一本糟糕的书，也值得写书评。在动笔写这类书评之前先跟期刊编辑确认好。

（7）记住，书无完书。最好的书评要追求平衡性。如果以不可能实现的标准去评判，那对谁都没用。值得写书评的每本书都有其值得肯定的方面——别忘了提及这些优点。

最后，作为一名书评人，要意识到自身的潜在影响力。这种影响力实实在在，且不可轻视。在提供专业评判（希望如此）的过程中，你也是在有效地提出专业建议。负面或正面的书评都会强烈影响图书的销量和读者群，一方面，高度负面的书评相当于"别买它""别读它"的建议，而且带有惹怒作者和出版商的风险，至少有一段时间会是这样；另一方面，关于某个重要研究课题的一本品质太差的书，可能会浪费该领域每个人的时间，应该把这一点指出来。

换句话说，正因为这一切，对于那些你觉得合情合理，并且可以在书评中证实的那些强烈批评，可以有所收敛。确实，一旦书评发表，就得用理由或证据（或二者兼有）证明你说的每句话，证明你所列事实真正准确。还有重要的一点，证明你的书评是经过深思熟虑而写的，而非油腔滑调之作（为了展现聪明，或者是通过伤害他人以显示自身优越性而批评）。说到底，书评其实是复杂的外交文件。掂量文字的斤两，让它们当得起所承载的威严。

四、辩论/评论

辩论对于科学而言不可或缺。辩论的过程通常是研究结果被证实或被推翻的过程，新的问题也会在这个过程中浮现。辩论也是学术圈管控其科研工作质量的方式。因此，很多期刊专门开辟栏目对先前发表的文章开展批判式讨论。典型的辩论包括一篇或多篇关于新近发表论文的评论以及论文作者的回应。

作为科学文献的忠实读者，大部分科学家深知这种"你来我往"有多么必要，又有多么情绪化。有些情况下，辩论者意气相投，甚至很友好；有些情况下，辩论也能实事求是或者冷静地开展；但大多数辩论都是唇枪舌剑，当谈及某人毕生的工作时，到处都是"谬误""误导""无效""徒有其表"这类说法。确实，有一整套词汇表（多数是形容词）用于科学评论，研究者需要审慎且明智地使用它们。对于这个词汇表本身的讨论都足够写一本书了。

但凡做评论时，先想好你组织语言的目的与效果。想想受评人如何看待这篇评论。评论的目的是帮助改善将来的科学研究，而不是怀疑他人的资质或能力（当然学术欺骗的情况例外，这种情况需要以完全不同的方式来处理）。注意下列二选一方案：

  在莱布尼茨（Leibnitz）等最近发表的关于早期原始人迁徙的论文中，他们得出了不实结论，且没有任何有效数据支持结论。他们将该迁徙解释为一种缓慢而间歇性的过程，这与目前该领域所有的研究结果都背道而驰。

莱布尼茨等将其研究结论表述为早期原始人迁徙是个缓慢而间歇的过程，并不像其他研究者一直所说的那样突发而迅速。我们认为这种解释有缺陷，理由如下。

再看一个例子：

洛厄尔（Lowell）为了说明火星表面存在化合物而提供的数据是错误且具误导性的。

洛厄尔提出了火星表面存在化合物这样一个有趣的假设。我们质疑这一结论和其支撑数据。

最后一个例子：

在克林斯曼（Klinsmann）等对消灭鸡沙门氏菌的研究中，他们使用了巴恩斯（Barnes）的研究方法（1985），现在众所周知这种方法既过时又容易出错[见约翰逊（Johannson）和沃尔特斯（Walters）1996年的研究]。这样的研究方法一定会被视为导致研究结果无效并使之蒙受严重质疑。

克林斯曼等人在其最近的研究中使用了巴恩斯的研究方法（1985），该研究系关于消灭鸡沙门氏菌这一流行病学的重要课题。我想评论其研究方法及其可能的影响，特别是从约翰逊和沃尔特斯的研究（1996）提供的批判性视角来谈谈。

在上述例子里，两个备选都能实现同样的基本目标，即陈述要质疑的内容并厘清辩论的范围和条件。当然，不同之处在于每个例子的第二种写法避免了暗讽莱布尼茨等就是"穴居人"且不该允许他们再做这种幼儿园水准的科学研究了（你这么想是一回事，但是用文字落在纸面上让它产生影响则是另一回事）。

在这种情境下，专业主义意味着保持头脑冷静且语言克制。这是你能为所在研究领域、将来的研究以及（不只是）自己做出贡献的最好方式。无论你乐意与否，你的语言都会不可避免地塑造你作为科学专家的形象：保持冷静，你就显得更加权威而值得一听。因此，仔细考虑你使用的每个评论词语，考虑其效果，并用坚实的证据支持它。切记：太多的负面评论会令人怀疑你的动机。一旦看起来像人身攻击，你说的大部分话就白说了。所以不要在你处于愤怒或类似强烈情绪（厌恶、嫉妒、蔑视、热爱等）中时撰写稿件中的任何内容。永远记住，无论写什么，一旦发表，就永远尘埃落定，人人得见。搭建评论，让它关注主题，而不是它的作者给出的"错误决定"。

怎么做？很简单。第一，依次把你想到的反对意见或关注点写下来；第二，回顾这些观点，想想哪些是最重要的——因为编辑要求必须简洁；第三，用某种顺序排列要点，给每个观点用一句话引出要义（"莱布尼茨等进一步认为……然而最近……的研究工作反驳了这一观点……"），并用证据丰富它。可以按照原论文组织观点的顺序逐条批驳，也可以自己建立一条逻辑线索进行质疑。无论采用哪种方式，都应该简明扼要。

同理，如果处在另一方，亦应以同样的姿态回应类似上文的批评，就是说也要用专业口吻。

安德森（Anderson）和韦斯（Weiss）在评论我们关于早期原始人迁徙形态的论文时提出了一些重要观点。然而，他们的批评忽视了几个重要因素。

阿尔道（Ardau）等在对我最近关于火星化合物的论文提出数

据和结论方面的质疑时，做了如下几个有问题的设想。

尽管近几年巴恩斯（Barnes，1985）的研究方法确实被质疑，但是很多研究者仍在沿用这些方法，实际上可以说他们已证实这些方法的有效性了。

按照原评论中呈现观点的顺序逐一答复每一条，简洁作答并保持语气平和克制。无论如何，反击言论（"安德森和韦斯似乎理解不了我们论文里的重点"）都有损你的公信力，你的文章可能会被编辑驳回或者修改（毕竟也涉及编辑的公信力）。在这种冲突环境中，口才体现在学术礼节和贡献上。

其实现实情况一直是这样。让我们追溯一段早期的辩论，它无疑是科学史上最尖酸刻薄且旷日持久的辩论之一，甚至于这场辩论至今还未停止。

"赫胥黎先生，你声称血统来自猴子，这是从你祖父或者祖母那传下来的吗？"在1860年由英国科学促进会组织的演化研讨会上，对于赫胥黎在其科学通信中的报告，威廉·威尔伯福斯（Bishop William Wilberforce）主教当着一大群人（其中有科学家也有外行人）的面这样说道。你可以想象赫胥黎是怎样回答的吗？特援引如下。

> 如果我有个一想起来就感到羞愧的祖宗，那他也不是一只猿，而是一个人——拥有活跃且多面的智力，不满足于在自己的领域中获得成功，一头扎进他并不真正熟悉的科学问题中，结果是用漫天的花言巧语搅乱了问题，用口才把听众的注意力从真正的焦点上偏离转移，并娴熟地诉诸偏见。[①]

相当一部分历史学家怀疑赫胥黎当场的原话是否就是如此，这个话

[①] 引自：L. Huxley, ed., *Life and Letters of Thomas Huxley* (London: Macmillan and Co., 1903), 1: 272.

题本身也常被辩论。但这都不要紧。从本书的视角来看，他们留下了一个有价值的案例。因为赫胥黎亲身展示出，即使在如此公开的讨论会上，即使可能全盘皆赢或皆输，称赞对手仍然是一种精彩的方式，哪怕在用机智和沉着摧毁对手的时候也是如此。

第十一章　项目申请书

做出预言很难,尤其是预言未来。

——约吉·贝拉(Yogi Berra)

一、申请书的重要性

现代研究者至少在一个方面与普通人无异：他们知道求婚未必就能成婚。现代的科学研究常常在财政方面是"一夫多妻制"。在这种环境下，研究者寻求多个工作机会就确实必要，这些机会有的只是暂时的，有的则是长期的，而它们都需要有表述得体的提议作为敲门砖。

申请书是如今科学家和工程师撰写的较为重要的技术性文本，有若干理由撰写它们。其一，当然是财务方面，申请书是成功通过（也可能未通过）资金申请评估的基础，从而使大量科学研究得以开展；其二，写申请书会驱使你或你的研究团队退一步为研究工作制订一份系统的计划——构想和组织活动、分配责任、考虑财务需求和限制、考虑时间节点；其三，申请书经常起到文献储备的作用：如果申请书写得好，就能为将来发表文章、同行交流、做海报或口头报告、发布新闻等提供大量素材。很多情况下，申请书成了一项具体研究中诞生的第一篇正式发表的文章。

二、提出理由

那么，申请书到底是什么？作为一种写作形式，我们应该怎样看待它？有些作者把它称作一种推销文案，很多研究者可能也有同感。其实这种说法并不太准确。那种推销文案的写法并不是真正合同意义上的约定，其目的是完成"一锤子"买卖，通过华丽的辞藻来躲避人们的仔细推敲——等待粗心的人愿者上钩。如果将申请书与婚姻的概念在某种程度上联系在一起，那么推销文案就真成了"第二古老职业"的残遗。

说得实际一些，一份申请书通常更加有趣且复杂。它"身兼数职"：请求（引发兴趣和获得资金）、论证（某些想法的意义）、蓝图（规划即将开展的工作），以及承诺（工作会在具体范围之内完成）。我们依次逐项展开。

作为请求，申请书通常会被同领域内两位或更多的研究者评估。这意味着读者是其他科学家，而不是某个匿名资助机构。你在文档中应收录充足的技术信息并以适当的方式呈现。科学家的时间通常很宝贵，他们往往无偿或是以极低的报酬来完成这份"守门人"的工作，他们也十分严肃地对待这份工作，所以你应该尽可能将申请书写得直接、简洁并切中要害。你所述的任何废话都可能导致申请书被否定掉。简而言之，申请书应该体面——它必须体现出评估人的专业性，也对其开展评估工作所面临的压力做出答谢。

与此同时，作为论证，申请书概括指明某个具体问题。多数时候，问题指向已有知识之间（迫切地）需要被填补的空白。这个问题本身的重要性，即其他有赖通过这个问题解决的事情，对你的讨论至关重要。你必须说服审阅者，指明你的研究工作不仅是有价值的，而且是有意义的——它将以某种具体方式为其研究领域添砖加瓦（审阅者正是该领域的专业人员）。因而申请书文本呈现的几乎所有细节都应该支持对该重要性的论述。

作为蓝图，申请书对你为了解决所提出的问题将要开展的工作做出解释。简单来说，你需要有能力创造和展示一份合理且实在的研究计划，也就是制定合理的时间线、预算分析、设备需求，等等。当然这常常意味着你在创造美好的"小说"（甚至是幻想），因为提前控制未来的研究工作是永远不可能的。牢记：审阅者知道这一点，很多时候他们自己也需要撰写申请书，并就此扎进"创造性写作"这摊事之中。

最后，作为承诺，申请书对你或你的团队态度端正、具备资质、尽职尽责做出保证，对你已经深思熟虑和具有开展所有工作的能力做出保证。这听起来是自证，但事实是很多申请书都没有做到这一点，因为它们是被仓促赶出来或是七拼八凑出来的，并没有按照资助机构提供的方向去写（如对申请书的要求），或者写得实在很差，给人一种这个研究者或团队不愿意花时间和心思好好写一份材料的印象。这类失败本身就有希望（我们姑且不说它的名字），也带有一点无礼。是的，千真万确，很多申请书这种仓促的本性反映出它们的成果将在什么样的条件下如何制造出来——为了赶得上截止日期而赶工，虚构细节，拼凑不同团队的碎片，像制造"科学怪人"弗兰肯斯坦（Frankenstein）那样把这些碎片缝在一起，如此一来其结果就如同"科学怪人"一般能走会说，会露出太多接缝，也对它的创造者无害。你在申请书中必须真正"藏好"这些事实。这么做，是因为申请书的任务能保证你参与到契约关系之中并遵从所有相关的职责。

总而言之，好的申请书将会为你和你的工作提出充分理由。如同詹姆斯·帕拉迪斯（James Paradis）和缪里尔·齐默尔曼（Muriel Zimmerman）所说，它将揭示"你的想法有价值，你的工作计划够高端和有品位，你的准备工作充分有力，你具备适当的资质，以及你的预算够节约"。[①] 还有一点常常被忽视：申请书展示了你或你的团队具备写作能力。它揭示出如果时机出现，你能写出高质量的文章或报告，造福其他科学家，从而推动你所在研究领域的发展。一份选了好题目却写得糟糕的申请书就像一张美丽的脸庞上却只有一只眼睛。

---

① J. G. Paradis and M. L. Zimmerman，*The MIT Guide to Science and Engineering Communication* (Cambridge，MA：MIT Press，1997)，116.

三、定义与现实

申请书分两种基本类型，分别是回应要求式和自主申请式。当你看到通知说某个来源提供经费使用，比如政府机关、企业赞助商或者基金，这笔经费也用作某个特定领域或者课题研究，你就会写一份回应要求式的申请书。此类通知就是大家熟知的建议邀请书（request for proposal，RFP）或者工程合同中的投标邀标书（invitation for bid，IFB）。建议邀请书与投标邀标书基本都会提供参考内容，有时候还特别详细，告诉人们应该如何准备申请书。撰写自主申请式的申请书时，你是写给那些并没有做出上述的正式通知但是正好有资助项目的潜在赞助商。这种情况下，赞助商可能提供或者不提供如何写申请书的参考。总的来说，回应要求式的申请书直接将你置于与其他科学家的角逐之中，自主申请式的申请书则仅以一种迂回的方式实现这种效果。

研究者应该了解补助金与合同之间的根本区别。基本来说，补助金是对已经获批的研究工作提供的财政援助形式，合同则是资助人获取（购买）某种服务及其成果的法律文件。理论上来说，补助金就像奖学金，合同则更接近于购买合约。二者的区别表面上看起来一目了然，但其实它们总是有点容易让人混淆不清，其中部分问题出在所有权归属（如对研究所得专利权归谁）的争议，以及此类所有权扩展范围的界定。此外，近年来很多领域中的基础科学与应用科学之间的边界几乎已瓦解，这些区别变得更加麻烦。如今有某些交叉形式的资助。其中之一是合作协议，定义为对研究工作的补助金，赞助人（通常是政府）将重点而有计划地参与其中。另外也有一些费用分担协议，参与其中的某个资助人仅仅承担总预算中一定比例的费用，剩余部分则由研究院所自己承担或者由其他联合资助人分担。

显然，虽然形势复杂，但是对于个体科学家而言，尽可能熟悉你所在研究领域通常的研究支持类型是非常必要的。物理学家、化学学家所走的"康庄大道"很可能与古生物学家或天文学家大不一样。在过去的每个时代，专业科学的制度情况都变得越来越多样化——研究领域也越来越细分和具体化，有足够理由相信这种情况未来仍会持续。

但与此同时，有种横跨多数研究领域的重大发展趋势显现。过去的40年里，回应要求式的申请书在美国乃至全球科学研究中占据绝对地位，这很大程度上取决于政府资金在科学研究中的角色。在这段时间里，企业赞助也有所增长，但是仅仅偏重某些领域，如生物技术、计算机科学、能源相关研究。在一些国家，例如日本，企业资助的份额几乎与政府资金一样多，对于回应要求式和自主申请式均有资助。但是总体来说，回应要求式的科学研究目前仍在多数发达国家和地区占据统领地位。这意味着很多国家和地区已经采用或者改进申报要求这套体制。机构、企业和基金发布常规（如每年或每月）公告并概述研究资助情况。如果可能的话，通过实体复印件和网络订阅的方式获取这些公告是有必要的。

回应要求式的科研项目增加引发了某些效应。

第一，对于明面资助的竞争更加激烈了。这意味着审阅人现在通常陷于大量的申请书处理工作中，重压之下他们变得多疑、急躁而武断。而这对你的启示在于，你的申请书应该尽可能便于阅读——清楚、切题，旨在通过最少的文字把最大量的内容传递给读者。

第二，政府资金的重要性使得对政策趋势（通常委婉地表述成"国家层面轻重缓急"）的依赖日渐加强。例如美国在20世纪70年代对抗癌症的发展、20世纪80年代所谓的"星球大战"研究，以及离我们更近的人类基因组计划、能源相关研究，还有所谓的"大脑计划"。能够灵活利用大众、政府或商业的优先级（包括热点话题，如某种疾病），规避其他过时的话题，是寻求研究资助过程中确实有用的一项能力。水平较高的申请书撰写人能时刻跟进他所在领域的这类趋势，因为可以把它们引申到自己的研究上来——但不是明显的牵强附会。正如任何一位气象学家都会告诉你，他知道风往哪吹，这毫无疑问是一种生存之道。

第三，政府也会考虑到诸如社会群体差异性等社会状况决定优先级。例如在过去20年里，很多资助机构尝试为专门研究少数群体的研究者和相关院所设立了项目补助。现在也有些补助金支持那些为公众理解科学或教学与培训方面带来积极影响的研究项目。

互联网极大地改变了项目资助的大格局。所有提供资助的机构都建立了网站，在网站上发布重大信息，多数情况下也为潜在的资助对象提供申请表。有些具有核心参考价值的网站汇集了大量资助信息和链接，如美国联邦资金的综合性网站（Grants.gov）。多数发达国家现在都设立了类似的网站。多数大学设立了科研资助办公室，为支持项目资助申请提供在线数据库。几乎所有的项目资助实体、政府或其他机构都要求在线提交申请书。

四、价值判断标准

审阅申请书的科学家就像是编辑。他们必须在竞争者中进行选择，而且承受着很大的压力做这项工作。他们深知自己为项目质量把关的重任，因而极其认真地对待这一点，包括基于通用的标准去评判申请书的价值。资助人通常会向审阅人提供评价标准，而作为负责任的专业人士，审阅人当然也会使用这些标准——但会结合其他方面的考量。

如果你打算坐下来（正像我当时为筹备写作本书时坐下来一样），并且提出一大堆问题询问来自不同领域的审阅人是如何评估个人申请书的，询问他们看到哪些内容会给出高分，那么你将会找到与下面几条非常相似的答案。

（1）科学内涵。涉及的科学有多好？提出的研究项目打算回答或解决怎样的问题？申请人对其表现出的了解程度如何？（申请人必须展现出对于相关材料有充分的掌控能力）

（2）意义/重要性。为什么有必要开展这项研究？它会推进所在领域的知识如何发展？它的原创程度如何，或者它填补了某个具体空白吗？它未来的发展方向如何？（研究问题必须有趣，因而在研究意义方

面站得住脚）

（3）可行性。提出的研究是否可操作？在给定的时间内提出的具体研究问题是否能被解决？（很多科学家能提出有趣的研究问题，但是有些问题不可避免地要等很多年才能找到答案）

（4）清晰性。申请书读起来怎么样？它写得简洁和直白吗？读申请书的过程中是不是需要不断停下来，以便弄清楚其中内容的意思？（申请书必须能够充分把观点和信息传递给读者）

（5）流畅性。申请书组织得有多好？各部分内容在组合过程中的逻辑性如何？是否有啰唆重复的内容？是否有遗漏的内容导致审阅人不得不额外费工夫理解研究工作或者是申请人的思路？（申请书应当便于审阅人顺利完成工作，越省力越好）

前两条标准位列每个资助人评价准则的榜首。研究的科学内涵和意义/重要性是基础——这是行规。与此同时，有经验的审阅人也总是把可行性看作决定条件，无论资助人是否把这一条具体列在评价标准里（通常不会）。如果研究项目不切实际，也许就不该资助它——这一条也是行规。所以，审阅人首要关心的是技术性问题。但是他们很大程度上会被申请书的阅读体验所影响——这也是后两条标准承载的内容。

近些年，有些资助机构在资助项目中加入了其他评价标准。例如美国国家科学基金会与欧洲的某些公共支持机构，现在要求按照下面几类标准中的一部分进行评价。

（1）项目对于整合科研与教学（教学、培训和学习）有什么帮助？

（2）研究结果是否可以对公众公开，以促进公众对科学与技术的理解？

（3）研究是否能够在某个方面加强少数群体的参与？

（4）提出的研究是否对社会整体有任何明确的好处？

（5）研究的跨学科性如何，它是否对跨学科类型的研究有促进作用？

（6）对于发展中国家科学家的资助，其研究项目能在多大程度上促进或提升本土基础科学的发展，即通过激励从而减少优秀科研人员向发达国家的流失？

这些标准中的一条或多条可能适用于任意一份申请书。你作为申请人的责任之一就是一如既往地了解一个具体的组织寻求的是什么。除了上面给出的细节以及任何机构的申请书，访问这个组织的网站也可能会给你带来灵感。

任何情况下，写好一份好的申请书都不是为了"把事情落在纸上"，而是真正引起人们的兴趣。不仅如此，它还应该让人意犹未尽，有所期待。如果说一篇科学论文是在讲述一个故事，那么一份申请书也是，只不过没有故事结局而已。它会使读者想要看着工作完成（并且是圆满完成），看看它是怎么完成的。而写作本身的质量也就从这里来。

审阅人把申请书看作你或你的团队研究水平的象征。如果你的陈述有说服力和逻辑性，如果没有无关的细枝末节和混乱的措辞浪费读者的时间，就显得研究课题尽在掌握之中。此外，对申报要求中具体规范的应对情况也会让审阅人或资助人了解很重要的一点：你能否遵循指示，然后开展所提出的研究工作。

所以，任何可能让你的文本更清晰、更切题、更有条理、更精确的方法都值得考虑。正如其他所有类型的科学写作一样，修改的过程正是把矿石打磨发亮的过程。在每个阶段每一步都进行自我反思，每个点或细节是否真的有必要，它对整体有何贡献，它是否为论证过程或者展现此工作的重要性、周密性、预算合理性做出了贡献，以及用得是否恰当。

申请书是对资金的请求，它应该展现出自信、现实可操作性，以及有可靠的计划安排，让审阅人感觉资金就像是直接投给了有效完成的项目及其相关出版物。

五、使用范例

让我们再次回到本书的主题。对于申请书而言，优秀范例也很重要，其重要性不逊于任何其他科学写作的领域（从紧迫性的角度考虑，可能还要更重要一些）。这里说实例，特别重要的理由之一是科学申请书的体例篇幅相当庞杂，某种意义上说与科研管理制度本身的多样化一致。包括我个人的研究领域（地质学）在内的许多领域，申请书可能从简单的10页材料到几卷和几千页的科研标书不等。精通你所在研究领域的申请书格式堪称一项必备素养。

要选择不仅成功得到资助而且得到审阅人高度评价的例子来学习和模仿。经验丰富的同事是你最好的范例来源。向他们寻求一些他们认为很值得参考的样本，然后询问他们何处为价值所在。这些样本可以包括同事自己撰写且奏效的申请书，或者是他们评审过的申请书（很多科学家会留一些自己成功或者给予高度评价的申请书副本）。凭借常识挑选实例，确认它们具有时效性，是最近的——因为申请书要求总在随着时间变化——确认它们申请资助的对象也是你可能选择的。

也可以考虑找一两个写得很糟糕的申请书实例——其中的问题被审阅人清晰地指出来并给出了相关评论。学习哪些雷区能避开，或者至少能提防。这一点与学会模仿什么同样重要，或者更直白地说，没有什么比避免别人犯过的错误更有助于取得成功了。

在研究正面的实例时，总体要点和细节都应关注。总体要点包括：关于某个具体课题已经提出了多少知识？主要目标是如何规划的？如何激发读者认可这是个确实有意义且原创的项目？更多需要考虑的细节要点可能是：每部分有多长篇幅？是如何组织起来的？用了哪种风格？比如说作者是否使用了设问、小标题、列举或者其他方法来引导读者？申请书中哪个具体部分看起来特别有力，写得好且简明？

你不但可以研究正反面的例子，而且可以通过与有经验的同事交谈来学到很多。如前面提到的那些有经验的申请书撰写人和审阅人是极好的资源，坐下来让他们谈谈自己的观点。问问他们申请书的哪部分会给他们留下深刻的印象，他们所见的通病是什么，哪些令他们感到欣慰或者失望，如果做一场这方面的报告他们会强调哪些要点。彻底聊聊这件事可以得出实战技巧，而这些技巧仅靠那些文本实例是不会凸显的。最重要的是，让你的同事做第一轮审阅人——让他们通读你的申请书后再提些建议。

最后，打开视野，摆正心态。无论你选择从哪个实例开始，之后如果遇见看上去更好或更合适的实例，那就把它们收集起来。就像我在本书里说过很多次的，写作是个试验的过程，提升和精炼这些技能的需求会自然变化。好的作者总有兴趣往他们的工作台上不断添加新工具。

六、实例

本章最后这部分会展现一份优秀申请书的一部分，它得到了审阅人的高度评价，也因此获得了美国国立卫生研究院的资助。它申请的是免疫学研究方面的资助，申请书写得很有技巧。细心的（或者甚至不怎么细心的）读者会注意到我保留了大量的原文用语，这么做有些具体原因：第一，大多数科研申请书是高度技术性的，它们也确实必须如此，所以任何其他类型的实例就都显得多余了；第二，能够"通读"术语以便了解实际的行文和逻辑规律是很重要的。在此只收录了几个部分的片段（原申请书有30多页那么长）。

首先，我们来看看摘要部分（图11-1）。如今大部分申请书都要求在开篇写类似的摘要，并且可能具体要求需要包括的部分：长期目标、具体目标、基本的研究设计与方法。摘要必须在给定范围之内，也就是要求字数为400～500字，通常还要更短。

请注意范例里的第一句话如何用短句简明陈述了总体目标。读者容易抓住此处重点——简单而直接切入项目。接下来列举了具体目标，概述了申请书中的"做什么"，然后写到"怎么做"，简要讨论了研究路径与方法。最后告诉我们"为什么"——先说了具体意义（"引领对Ⅰ类和Ⅱ类特异性抗原加工参与基因的探索"），再引申到更宏观的意义（"防御病原体微生物""自身免疫疾病的病原"）。这部分随之利落地结束，从研究的"做什么"说到"怎么做"再说到"为什么"，与此同时

```
主要研究人/项目负责人：_____
```

说明。陈述本申请的长期广泛目标和具体目标，指出其与项目的关联性。简述用于实现目标的设计与方法。不要使用第一人称，也不要总结过去已有的成果。本段说明旨在服务于将拟申请的研究工作在申请书中单独进行准确和简明的介绍。一旦该申请获批，本说明内容将对公众开放。因此，申请中请勿包含专利或机密信息。**请将篇幅控制在提供的表格范围之内。**

> 本项目的总体目的是鉴定在抗原加工和呈现中的新基因。具体目标是：①寻找影响人类白细胞抗原（HLA）Ⅱ类特异性抗原加工和呈现的基因；②在主要组织相容性复合体和未被研究的染色体6p侧翼区和染色体组其余部分搜索这些基因；③鉴别出影响Ⅰ类特异性抗原加工和呈现的新基因；④探究与组织相容性复合体关联的热激基因是否在加工与呈现中发挥作用；⑤探究在靶向同种异体反应的T细胞克隆的抗原加工或呈现突变体识别中的改变基础。将采用分离受作用或呈现影响突变体的基本方式来鉴别新基因，用选择性设计方案来区别抗原可加工和非可加工细胞……本项目预期引领对Ⅰ类和Ⅱ类特异性抗原加工参与基因的探索。从更概括的意义上来说，本项目将加深我们对特异性抗原与T细胞作用机制的理解，该机制在防御病原体微生物方面具有关键意义，且可能在自身免疫疾病发病过程中起到作用。

研究场所（机构、城市、州）

主要成员参见第11页说明。按照以下格式提供必要信息，如有需要可加页。

姓名　　　　　　　　机构　　　　　　　　　　　　　承担工作

PHS 398（Rev. 4/98）　　　　　　第2页
在申请书底部连续标注页码，不要使用诸如3a、3b等后缀。

图 11-1　某资金申请书的摘要部分

从宏观层面开篇，越来越细致具体，最后再回到宏观层面。这种沙漏式的途径（粗—细—粗）是最有效的写作技巧之一，既能引导读者透彻了解项目，也能让读者感觉他们抓住了事物的重点。

预算部分（图11-2）展示了一种拆分直接成本的常见方式。请注意：所需工资量基本上是具体计算出来的，以人头和月份数为基础，这对美国和其他地方的很多申请书而言是很典型的。几乎所有申请书都需要申请人给出具体的设备和供给成本，以及外部咨询或服务（如计算机处理）费用。研究者也需要把参加会议报告受资助研究项目成果的差旅费算进来——确实会有这种要求，还包括出版工作成果的出版费。

主要研究人/项目负责人：艾萨克·牛顿							
首笔预算具体项目 （仅列直接开销）			起始时间 2002年9月1日		终止时间 2003年8月31日		
成员（仅申请机构）				基本工资/ 美元	总计数额/美元		
姓名	项目任职	雇用时 间/月	参与 程度/%		工资	资金	总额
艾萨克·牛顿	首席研究员	12	24	125 500	31 375	7 450	38 825
罗伯特·胡克	共同研究员	12	50	96 500	48 250	8 200	56 450
约翰·开尔	高级研究员	12	75	65 500	49 125	5 100	54 225
塞缪尔·克拉克	高级研究员	12	50	60 000	30 000	3 750	33 750
莱布尼茨	研究技术员	12	100	30 500	30 500	1 250	31 750
				小计 ⟶	189 250	25 750	215 000
咨询费							
设备（详细列举） 离心机……11 000 分光仪……8 000							19 000
材料（分类列举） 血清……9 500　　　　合成寡聚核苷酸……1 500 组织培养基……2 100　　同位素、标记化合物……5 600 化学药品、酶……5 800　小型仪器及杂项材料……3 794 X光片、过滤器……1 300 玻璃器皿、塑料器皿……4 100 液氮、煤气……1 800							35 494
差旅 由项目负责人和成员参加两次国家级学术会议							6 500
其他费用（分类列举） 版面费……2 500 图书、期刊、软件……2 000 蛋白质测序……1 000 设备维护……2 500 流式细胞仪使用……2 000 通信……500							10 500
首笔预算总直接开销 ⟶							286 494 美元

图 11-2　某资金申请书的预算部分

现在来考虑研究计划部分（图 11-3）。此处作者要根据研究目标充分展现细节、背景和项目意义。正如描述的那样，在实例中，两处的用词并不完全一致——请注意：此处给了包括术语在内更细节的信息，特别是最后两条。但两处还是按同样的顺序写的，说明作者还记得先前用了什么样的规律和表述。此外，列表内容越写越具体——这里再次用到了从宏观到具体的规律，这也是引导读者触及讨论本质的一种好方式。

续页（文字保持在指定范围内）

主要研究人/项目负责人：________________________

研究计划

A. 具体目标

1. 寻找影响Ⅱ类特异性抗原加工和呈现的基因，特别是在组织相容性复合体和未被研究的染色体 6p 侧翼区中的部分。
2. 在人类基因组除 6 号染色体短臂以外的区域，寻找影响Ⅱ类特异性抗原加工和呈现的基因。
3. 寻找影响Ⅰ类特异性抗原加工和呈现的新基因。
4. 评估组织相容性复合体关联的热激基因和其同源基因在抗原加工与呈现中是否起作用，如果是，那么起到何种作用？
5. 探究同种异体反应 T 细胞克隆对抗原加工或呈现突变体同种识别的改变基础。

B. 背景与意义

尽管研究者在抗原加工与呈现方面有诸多的重要发现，但是对于行使这些功能的基因及其产物仍知之甚少。Ⅱ类特异性抗原尤为如此，它在免疫系统应答中有着重要作用。然而此前的研究已证实该过程非常复杂[文献引用]。该过程至少涉及几个方面：Ⅱ类 α 和 β 恒定链在内质网上的生物合成；这些恒定链形成 9 单元复合体；然后在某恒定链信号的指导下，该复合体转运穿过高尔基体来到反式高尔基网，随后进入内吞作用途径，其恒定链被降解。

尽管这个过程大体上可能正确，但是很多细节仍不明确。例如，从溶酶体加工分离出来的多肽是在何处与Ⅱ类分子联合起来的，又是怎么实现的？Ⅱ类分子的循环是否通过内涵体间隔并获得新生多肽用以呈现？如果是的话，在何种细胞中发生？而这些与Ⅱ类分子联合起来的多肽又是在哪些间隔由内质网蛋白降解而来？

包括我们在内的多个实验室[文献引用]的工作表明，上述问题的答案关联极密切，且对于我们理解免疫系统应答有重要意义。尤其是源自内质网蛋白的多肽组成了占据细胞表面Ⅱ类分子的结合槽的一类，并且看起来在积极选择和胸腺中自我耐受性诱导中发挥着作用。

PHS 398（Rev. 4/98）　　Page______

在申请书底部连续标注页码，不要使用诸如 3a、3b 等后缀。

图 11-3　某资金申请书的研究计划部分

在研究计划的后面部分介绍背景和意义时再次出现了同样的规律。这是所有申请书最重要的部分之一，因为它论证了项目原理、相关信息与终极价值。如果这里写得成功，读者就会成为你的盟友。有一点需要注意，在最开头，作者概述了他们要填补的知识空白。此外，在陈述哪些已知、哪些未知的过程中又做了这件事，先是笼统地说（开头几句话），然后具体地说（第二段）。设问的方式很出彩：不仅在情绪方面和智性方面吸引了读者，还用特定的顺序呈现，这些问题呈现了一连串的逻辑,暗示了未来研究工作开展的合理路径。最后在第三段,这些问题的意义又回到大的领域层面。作者展示了他们对正在进行中的科研情况的思考——他们承认受到其他研究的影响,同时也包括他们自己作为研究者的一员在相关课题方面的研究——并声称他们真正追求的是能够促进"理解免疫系统应答"的新知识,特别是胸腺的免疫系统应答。

这些内容共同作用是开了个好头。审阅人清楚看到申请人能做好几件重要的事:能想清楚自己的理念,并为之创造可靠而合理的计划,也具有足够的写作技巧从相关工作中整理出高质量的论文。他们的主张不会过于浮夸,也不会过于保守。他们的计划展现出自信、竞争力和现实性。申请书余下部分的多处——包括研究设计和方法的一部分——都有效展示出相关研究切实可行,且能在所述预算范围内完成。审阅人能够留下这么一个印象(哪怕它其实只是假想的),就是任何资金都会直接投给这个有效完成的项目及其相关出版物。

七、结语

最后,写申请书永远都有一个虚构的方面。否则会怎么样?科学涉及许多"联姻",与院所的、与社会趋势的、与政策现状的……科研申请书讲述着关于未来看似可信的故事,通过这种方式承认科学的这些依赖关系。这是我们讲给同行,即其他科学家的故事。它们与那些相关的论文、报告和展示都不同;它们有对可信度的自身需求——这种需求与当今世界科研的实际现状紧密相连。从某种程度上说,促进知识发展就意味着说服他人相信我们的工作一直重要、深思熟虑且值得——做这件事本身就是一项值得培养的技能。

第十二章　　图片和它们的位置

只有肤浅的人才不以貌取人。

——奥斯卡·王尔德

一、视觉语言：分离但平等

现代科学深度依赖图解——图片、表格、图纸、照片、地图、模型以及其他形式。如今的技术知识与视觉展示分不开，与其组织和传递信息的特别力量分不开。而且科学家欣赏优秀的图表，能够清楚且优雅地呈现数据的图解是一种特别的成就——富有创造力、有效率，甚至令人愉悦。

科学图解有着丰富而珍贵的历史，可回溯到古埃及、古希腊、中国、古印度等。科学、艺术与制图术在欧洲文艺复兴时期及后续时期融合，在当代制图的很多方面仍然可见——在绘制标本图时，注意构图与平衡、立体效果、用色。科学史上很多最富影响力的作品都图文并茂，如伽利略（Galileo）的《星际信使》（*Sidereus Nuncius*）或是维萨里（Vesalius）的《人体的构造》（*De Humani Corporis Fabrica*）。

也就是说，如果你愿意的话，应该强调视觉维度对科学自成一门语言，是一种形象化的修辞。我这样说是因为图片常常远不只是单纯的写作辅助。它们不仅仅是重述数据或者减少叙述的需要，而且是为阅读和解释提供一种单独的"文本"。为了说明问题，请找任何一篇图文并茂的文章，把里面的图片复制下来，并按照它们出现的顺序整理出来，就会发现它们自成一个故事，与文字表述方式平行，但是在其他方面又有所不同，它们更加丰富，虽然也有明显的缺口。

图解有多种功能。数据图是对数据的总结和比较。曲线图通过展示形态、关系或可能的相关性来提供分析。图像则提供不同类型的证据，解释并探索信息，展示具体要点，展现概念或理论。总而言之，这是一系列令人印象深刻的功能——它自然有助于指出（并证明）为什么科学家常常通过阅读摘要和看图解来浏览文章。

最根本的一点可能是，视觉化的叙述增加了眼睛浏览信息的丰富性，并加强了脑中的印象。这看起来不重要？并不是。人在阅读时的心理活动很复杂。活跃的大脑很青睐以不同形式呈现的信息。

二、特异性与改变

作为一名科学写作者，刚开始尝试发表文章，熟悉你所在领域使用的图表元素是个不错的主意。这个道理可能显而易见，但是有两个因素能让它比通常的认知更具高度。

首先，很多视图是各领域专有的。不同学科领域之间甚至连曲线图、地图或者其他标准图表都会在形式、风格等方面有很大不同。此外，已有的"期刊效应"要求你考虑：即使在你自己的研究领域，不同的期刊对文章看起来是什么样子也会有不同的要求，就像它们对手稿有标准要求一样。

熟悉本领域图表的另一个理由是，由于数码技术的发展，很多类型的图表也在变化，而且将继续随着技术发展而变化。确实，数码时代已经为大量视觉表现形式带来了可能性：卫星图、三维建模、超声成像、X射线断层成像、核磁共振成像、各类电子显微镜成像以及很多其他形式。科学充满新视野的力量，以及将这慧眼作为研究、分析和发现的新方法。颜色也在科学影像中发挥了更大作用，并不断改变着旧形式。那些成长于20世纪90年代之前的科学家可以见证，当时是黑白世界，那时文本和图像都是同一个色调。翻天覆地的变化从那时就开始了，如今每个领域都绚烂多彩，在新的网络世界中能更简单、平常而低价地实现。如今比过去更需要关于图片本身的研究，并对相应研究给予奖励。

所以说，熟悉本领域的图表是必需的，但仅熟悉其本身是远远不够的。新的复杂情况依赖于软件，它们也往往是针对个别领域专门设计的。当然，有些通用软件会帮助科学家制作图表。多数主流软件供应商提供的程序具有基本制图功能，当简单的平面图就能奏效时，这些软件很多情况下都有用。当需求更复杂时，可以使用专门设计给科研应用的程序（SigmaPlot 和 Prism 是两个广泛应用的例子，但也有其他的）。除了这些通用软件之外，软件更趋专门化。像分子遗传学、石油地质学、气候学和机械工程学等形形色色的领域如今都有大量专用制图软件用来处理特定类型的数据，这为科学家带来了新需求，他们往往必须至少学会其中一些软件。

最后，互联网传播为视觉呈现带来新的可能性。虽然还很稚嫩，但互联网科学传播有望带来非书面表达的新形式：实时动画、互动模型、视频与音频等。在某些领域，这些形式已经用起来了。例如，医学和化学的在线期刊已经包括动图、视频和各种类型的互动视觉形式。宽带为科学图解带来新的可能。但重要的一点是，世界各地的宽带速度是高度差异化的：在拉丁美洲、非洲、中亚、南亚和东南亚的很多地方，可用的宽带相当少。如果你或你的研究团队正瞄准全球化的读者群，这一点可能值得考虑。很大的视觉呈现文档可能意味着有限的读者受众，至少目前如此。宽带也将继续在多数地方发展并扩展开来。

再次强调，每位科学家都需要学习外面的世界正在发生什么，不但需要了解正在做什么，而且需要了解它能触及谁。做个有成效的作者意味着精通这些视觉呈现形式——学习如何阅读它们，如何分辨优良与低劣的例子，何时何地模仿最好的例子，以及你的读者可能会是谁。

三、选择范例：这里也用得到

就写作来说，你能通过研究他人的优秀作品在制作好图方面学到很多——或者从反面作品中学习。这不仅会为你提供很多模仿或者可规避的实例，而且有助于强化你的核心能力，知道该在图片中放什么内容，怎样让它有效、易于解释、信息丰富且吸引人。你可以搜集整篇的文章或者只是从论文中收集一两幅图，可以先收集很多再从中筛选出最棒的。练习这样做无疑会让你更加关注质量细节。你可以试着收集某种图片类别下一些完美的例子，一幅幅比较，然后做出选择。任何有助于你详细观察并评价本领域图片的方法都是有价值的。找出有些图片让人觉得失败或恼火的原因（承载了太多字？字号太小？内容太多？标签不清？）。最好的问题永远是："这是我希望做成的样子吗？"或者"我会怎样做以让它更好？"

对于你的每个选择，或者对于任何你觉得特别有价值的图表（或者相反），停下来问问自己，在你看来它尤其出色（或糟糕）之处是什么。你越了解自己的喜好，就越会在写文章时有意使用它们。下面这些标准有助于你判断每个图解并分析你的印象。

（1）整洁度。图片是否简洁清晰？它是否足以令人注意到还是会让人忽略掉？

（2）可读性。在阅读时，你的视线是否能遍及图片全貌并从中提取到有效信息，要么很迅速，要么有重点；或者是否太混乱，太多的数据缺乏整合而给人一种"拥挤"的感觉？

（3）文字使用。字体是否便于阅读，字号是否足够大？文字安放位置是否合适，还是它强行插入正文中分散了读者的注意力？文字是否太多（常见错误）？字号大小是否有合理层次分级——也就是说，是否把最大的字号用于最重要的条目，将最小的字号用于最不重要的条目？

（4）大小。图片是否太小而导致读者看不清？是否需要把页面挪到眼前来看才能看清楚？换句话说，图片是否按常规占满整个图框，还是说它留了太多空白？

（5）美感。图片是平衡的还是看起来向一边倾斜？哪些方面或部分最吸引读者的注意，它们是不是最重要的内容？曲线图中最粗的线条是不是最重要的？柱状图的样式是否强调了你最想展现的差异之处？

（6）用色。用色是否有助于区分内容，并增加可读性？颜色是否合理分布（比如，蓝色用在底部，红色用在顶部）？字号是否最小但可见？图例（如果需要）是否简单而易用？不同图片之间的用色是否保持一致？

（7）一致性。类似的图片（地图、表格、曲线图、照片等）在线条宽度、文本字体字号、标签、标尺等方面是否采用了同样的格式？

（8）改进空间。你是否愿意做什么改动以提升这幅图的质量？

四、试验再试验

之前我就说过写作是一个试验的过程——试错、修正、解决，这对于图表来说同样重要。即使是简单的数据图或曲线图也涉及这个问题。我们通常用软件做出这些图表，用来辅助我们分析，比较，寻找趋势，发现相关性。当着手制作图解的时候，我们就频繁做着类似试错的努力——用新方式重铸信息，看看一些重要且未预见的东西是否凸显出来。

另外，有经验的作者知道，对一组数据用不同的方式制图是很有帮助的。这意味着尝试不同的分析版本以发现哪种形式能呈现最有效、最有意义的展示。如今制图、制表很常见，尤其是用鼠标点几下，便能将直方图改成折线图、饼状图、散点图或其他形式，可以带或不带标签、标准差、方差和平均值。最新的软件可以让你用多种方式处理数据。像处理文字一样，制作任何具体图片的过程都能揭示之前没有显现出来的新方面或关系。

所以这完全是家常便饭——确实它也就该是这样——你常常需要制

作比你实际需要还要多的图解，然后修改留下的那些。有时候如果一张图耗费了你很大的工夫，而它承载的信息用一两句文字就能表达出来，那么删了它，继续下面的写作。

在作图中反复尝试也意味着对配图的外观进行抉择。在好的科学图解里，视觉呈现的所有都算得上是内容。因此，对于这些事情需要做出选择，例如应该配多少文字？什么样的字体和字号最合适？什么样的阴影或颜色比较合适？应该使用哪种标尺？每个数轴应该有多长？图表上的条柱或线条应该有多粗？应该用哪种条纹？是否需要图例？它应该放在哪里？等等。对于更复杂的图，甚至可能要做更多讨论。

科学影像有很多规范，范例有助于指导你的选择。然而没有哪个例子是终极模板，有些要素（让我们希望会有）是为作品个性而进行原创的，需要你根据自己的具体情况将其改变成特别的图解形式。这可能涉及改变标尺，改换模型中使用的颜色，为附加变量绘图。

所以一开始就把每幅图看成是一种视觉效果的甄选，正如起初它就是一张草稿。没有哪些花在聪明的尝试上面的时间会白白浪费。有时候有必要发现哪种图表形式可能最适合表现你的数据，哪种图解你用起来最顺手。无论表现得多么微妙，这也是作者形成风格的一个方面。不要为走进死胡同而苛责自己，要为发现并克服它们而感谢自己。无论是写作还是做图解，试验都是学习如何良好沟通的最重要的过程。

很多文章需要（但是通常却没有）图例说明来帮助引导读者阅读。你的文档会从这样一幅图中获益吗？答案可能为"是、否、也许"，但是通常值得提出并思考这个问题。图例能达到很多与介绍本身同样的目标——它能提供环境条件，如一幅地图、大尺度模型等；它能提供必要的背景，如展现一系列关系的流程图、装置原理图、概括研究中关系的时间图或表。要重申的是，指导性原则是考虑做什么才能把读者引入你的研究领域中来。在口头演讲时你会用什么来做到这一点？

尽量让表格和图片看起来让人很舒服。使用便于阅读的字体，小写字母读起来通常比字母全部都大写更让人舒服。有些期刊更偏爱为图解配上灯芯字体：Arial 和 Helvetica 字体是通常的选择。有些期刊偏爱衬线字体或没有偏爱的字体。在作图之前确认好这一点，这可以为自己或绘图师免去不必要的修改。

就像对待文字一样，不同期刊对他们同意出版的图解有诸多方面不同的要求。通常来说，这可能涉及软件格式（偏爱的软件）、大小、提交方式（网上提交或是打印后提交）等方面。有些期刊对于配图的格式细节要求很细，例如字体和字号、线条粗细、边框和箭头的使用、标签（什么时候用以及在哪里用）、比例尺等。多数期刊会把这些要求全部放在给作者的说明中。有些期刊要求文章之间在格式细节上要一致，有些则没有那么严格。所以花时间设计和制作图片之前，确实需要仔细看看你所选期刊已发表的范例。

五、一些必需指标

首先，确保图片上的文字最少，文字主要用来做标签，而不是用于解释（把解释的任务留给标题和正文）。同时，图片中使用的文字与正文所使用的文字在字体等方面要保持一致。

避免在图片中使用过分花哨或不易分辨的字体，这只会分散读者的注意力（也可能会因为你的品位古怪而使读者注意到你）。

需要时，使用不同的字体、字号以表明不同层次的重要度。图片之间使用的字体、字号要一致。另一种选择是，考虑使用粗体字或斜体字作为强调或者增加一点视觉效果。请记住，太多的变化会令人分神，所以保证你的视觉层次简单、干净、有效。

很多期刊通常会为读者提供下载选项，供读者将论文中多数或所有的图表都以演示文稿的形式下载（教学用）。如果是这种情况，你必须恰当设计插图。这意味着它们需要清楚、鲜明，无论缩小还是放大都必须可读。确保所有的图片，无论是原创的还是扫描的，分辨率都要达到300dpi 或者更高。这是可用于印刷的绝对最小值，通常能达到600dpi 效果会更好。如果期刊有特殊要求，提供每幅图的高质量打印件。

使用简单且清晰的方式为你的数码插图文件命名。通常的命名方式包括第一作者的姓氏+插图编号（例如，蒙哥马利.2）；一两个关键词+插图编号（例如，细胞凋亡.2）；以及关键词缩写+插图编号（例如，CrysRNA.2）。

最后，记得科学中真正的典雅在于朴素与克制。

六、示例

接下来，我试着展现一些从已发表文献中摘录的优秀的和糟糕的图解示例，在每个示例中，我都会给出简要的评论，也可能指出一两个问题，以帮助你评价相关图片，并由此帮助你提高使用图解的能力。

（一）图表

图 12-1～图 12-10 中的图表呈现效果非常好。毫无疑问，这些图表在所有学科中都很常见。我自己对 57 个领域的 150 份期刊（从昆虫生理学到数理学）开展的非正式调查表明，它们出现的频率几乎是其他视觉呈现类型的两倍。确实，在某些期刊中，它们是仅有的图解类型，因此非常重要。

表格用于呈现准确的数值数据，图表则对这些数据进行加工并赋予分析它们的视觉呈现形式。当你需要展示具体或准确数据的时候，就使用表格；当你想要发现并表现这些数字之间有意义的关系时，就使用图表。很少会有需要两种都展示的情况。

注意：多数时候在图表中，横轴代表自变量（我们选择的数据组），纵轴代表因变量（我们测量的）。

1. 条形图

柱状图，尤其是直方图，极其常见。此类图通常用于比较各组数据，因此特别适用于展示差异，而不太适合展示趋势或关系。

以图 12-1 为例。它展示了在一系列采样日的间隔之间某个森林湖对某种含碳化合物的摄入量。第一，坐标轴上的刻度标注字号足够大，省目力，也提供了图例；第二，条柱足够粗（这并非无关紧要），并且显示了适当的误差范围；第三，不同数据组别适当分开了；第四，每组数据的条柱图案都按照相同的顺序呈现。

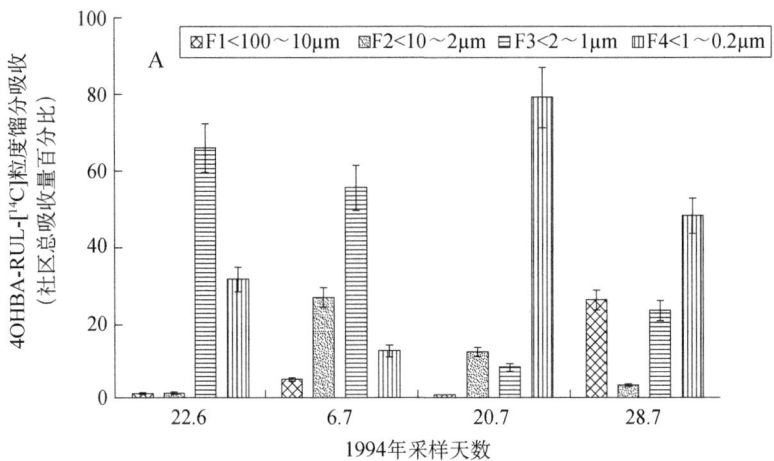

图 12-1　柱状图示例 [from U. Munster，E. Heikkinen，M. Likolammi, M. Jarvinen，K. Salonen，and H. De Haan，"Utilisation of Polymeric and Monomeric Aromatic and Amino Acid Carbon in a Humic Boreal Forest Lake，" in "Advances in Limnology，" special issue，*Archives of Hydrobiology* 54（1999）：118；used with permission of Schweizerbart Publishers，www.schweizerbart.de]

该图还可以做哪些改进？首先，每个条柱的图案相似度偏高，难以轻松区分。其次，图例太小，显得太拘谨。这些问题使数据难以解读，不利于说明问题。最后，X 轴的标签也不合适——显示的是采样日期，而不是天数。对这些问题的解决都比较简单。

现在看看图 12-2。该箱形图（box-and-whiskers chart）尝试展现寄生虫对于两种蛾[烟芽夜蛾（Heliothis virescens）和粉纹夜蛾（Trichoplusia ni）]体重增加的影响，图中分别以"Hv"和"Tn"表示两种蛾。该图清晰易读，文字大而讨喜，条柱图案容易区分，图例干净利落，对数据的解释也清楚（寄生虫使宿蝶在早期便停止生长）。此外，作者为条柱嵌入了每个物种以强调做出的比较。

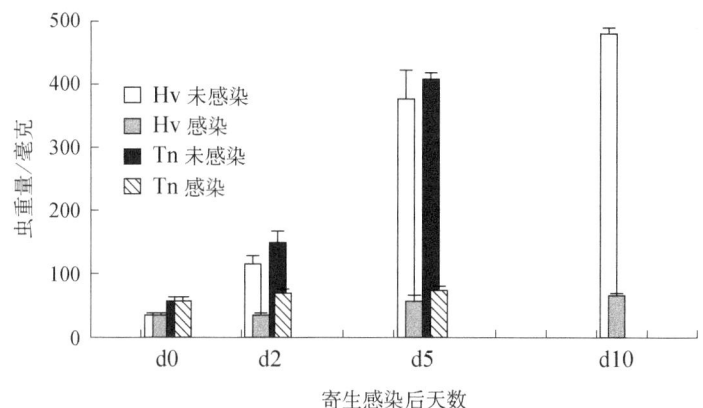

图 12-2　箱形图示例［reprinted from L. Cui，A. I. Soldevila，and B. A. Webb，"Relationships between Polydnavirus Gene Expression and Host Range of the Parasitoid Wasp,"*Campoletis sonorensis*：*Journal of Insect Physiology* 46（2000）：1401；copyright 2000 Elsevier Science; used with permission］

有没有可以改进之处？可以解释一下每个条柱顶部伸出的线段（误差线？）代表的意思。横轴上的坐标间隔也可以再长一点，使得条柱再宽一些。d10应该放在正确的位置，而不是放在d9那里——这样调整也说明可能以两天为间隔（d2，d4，d6，…，d10）是个更好的采样选择。最后，有个比较大的问题：用折线图的方式展现这些数据是不是效果更好？如果作者的目的仅在于说明大致的总体情况，那么答案是否定的（或者说没必要）。但是如果变化过程也在讨论范围内——基于时间持续变化得出的观点——那答案将是肯定的，因为不连续的采样就不再充分了。当不用花额外的钱就能看整部电影的时候，为什么只提供截图呢？

再看最后一个例子。图 12-3 是个柱状图的例子，展示了源自不同条件下的储油岩石的平均孔隙度。数据为大量取样的平均值，因而具有普遍性，该图只想展示很大尺度上的比较，所以它可能既不需要在垂直比例方面给出细节，也不需要相关的横向判定。然而，我们确实需要了解平均孔隙度是以什么衡量的，Y轴旁边的数字代表什么？

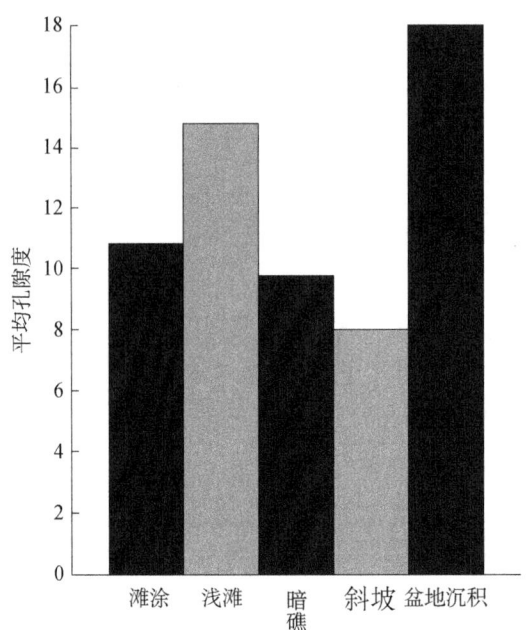

图 12-3　柱状图示例 [from C. F. Jordan Jr. and J. L. Wilson, "Carbonate Reservoir Rocks," in *The Petroleum System—From Source to Trap*, ed. L. B. Magoon and W. G. Dow, American Association of Petroleum Geologists Memoir 60(Tulsa, OK: American Association of Petroleum Geologists, 1994), 148]

条柱很宽,但没有分开(它们应该分开),其图案也令人迷惑——我们要假设这些类似的条纹之间有什么关系吗(比如浅滩和斜坡之间)?哪怕在每个条柱之间留点空间并使用一样的条纹,这个迷惑都可以避免。也要注意沿着横轴的识别性文本:是否发现"暗礁"(用不同方式书写)和"斜坡"(用更大字号书写)又一次有获得关注的迹象?这种不确定可以通过几种方式规避,比如,给每个条柱使用不同的图案并附上图例;在每个条柱之上标注各自的标签(也就是在不同高度)或者甚至在条柱之内设置;又或者把条柱分开一点并全都使用小一点的字号。

2. 非条形图

非条形图的种类更多。使用非条形图可以展示趋势、相关性、频率分布(各种曲线图);变化率(半对数图);相对偏差变化(区域图);

离散随机变量之间的关系；等等。然而多数情况下，非条形图的实质在于展示连续的关系：存在于某种通过变量之间相关性定义的连续统中的数据。

图12-4展示了一幅简单且完全有效的半对数图，其中时间是自变量，并以对数尺度给出，此处无须花哨。该图比较了蝌蚪在3个不同时期（孵化后5天、6天和7天）外鳃长度的变化。文字清楚、极简、一致，坐标轴标识简练，线条清晰且易于区分，数据点也标出来了。注意对数刻度（X轴）展示了实际值（0.1，1，10，100等），而不是对数值（-1，0，1，2等）。对更大或更小的数字，通常以10的倍数来写，也就是10^5，10^6，10^7，或者10^{-4}，10^{-5}，10^{-6}，等等。

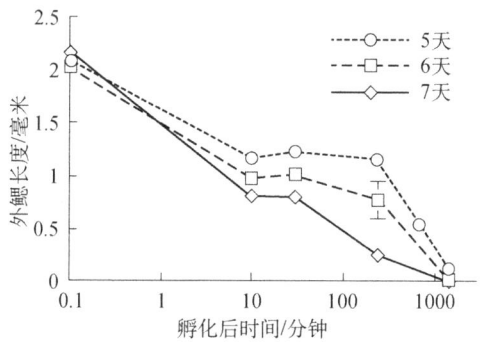

图12-4 对数图示例［from K. M. Warkentin, "Environmental and Developmental Effects on External Gill Loss in the Red-Eyed Tree Frog," *Agalycnis callidryas*: *Physiological and Biochemical Zoology* 73，no.5（2000）：559；used with permission］

我们将这幅图与图12-5进行比较。图12-5包括3个相关图，展示了沉积物-水界面（纵轴标记为0处）以下随着深度增加，沉积物中甲烷、二氧化碳和水的浓度变化。每个图中有6条线——6组数据——以精心挑选的标志线加以区分。这里存在一个问题，甲烷和二氧化碳的数据是否在总体规律之外有明显区别和解读？（也就引发了这样一个问题：为什么需要每组数据独立成线？）同时在水含量这幅图里，这个问题就不太重要了，因为它们紧密集中。可以如何改进该图？方法之一是用颜色彰显效果；如果将横轴拉宽，甲烷和二氧化碳的分布就会清晰一点（也更有意义）。最后，只需要一个图例（3幅图的图例是一样的）。

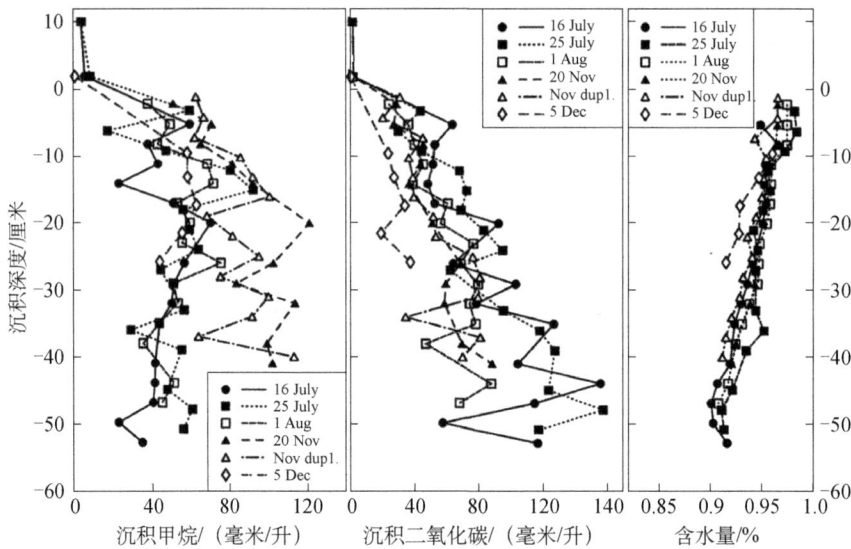

图 12-5　折线图示例［from D. D. Adams and M. Naguib, "Carbon Gas Cycling in the Sediments of Pluβsee, a Northern German Eutrophic Lake, and 16 Nearby Water Bodies of Schleswig-Holstein," in "Advances in Limnology," special issue, *Archives of Hydrobiology* 54（1999）：94；used with permission of Schweizerbart Publishers, www.schweizerbart.de］

决定展示多少条线，多少个相关性，这显然很重要，且需要试验。如图 12-6，有时候将很多条线以有效的方式囊括起来是可能的。注意图中对线条纹路进行了精心挑选以便肉眼区分——这是既能增加清晰性又能增加视觉表现力的一个方面。与此同时，这也可能仅仅因为线条之间没有多少交叉。如果线条之间交叉比较多，可能就有必要把数据分成 2 幅或 3 幅图。此外，就视觉而言，所有的线条并没有做成同等效果：注意较粗的实线更能吸引人的注意并暗示其重要性，而较细的虚线给人感觉分量就轻很多。可能提升这个例子的唯一方法是把 Y 轴一侧的间隔标签做得更一致，也就是 10^{-5}（不需要写"1×"）、10^{-4} 和 10^{-3}。

图 12-7 展示了另一种折线图，有时也称区域图。这种数据展示方式用来表现持续的变化以及不同数据区之间的比较。注意在每个数据区

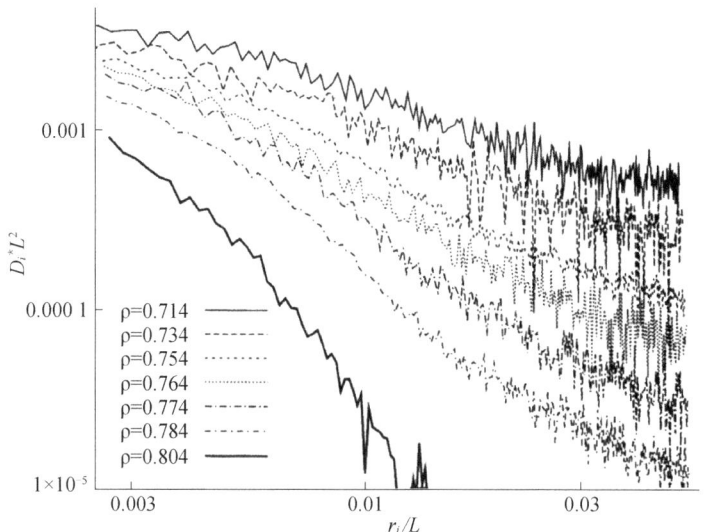

图 12-6　复杂折线图示例〔from L. Santen and W. Krauth,"Absence of Thermodynamic Phase Transition in a Model Glass Former," *Nature* 405, no.6786（2000）：550；copyright 2000 *Nature*；used with permission〕

使用不同且易区分的图案是多么重要。此处不需要用彩色，但是如果要为更多区域作图，用彩色可能有所帮助。该图可以做一点小的改进：坐标轴标注可以再好一些（"MCFG"可以沿着 Y 轴展开写成"百万立方英尺气体"）；可以把数据区一直拉伸到图的右边界。总体来说，这张图信息量大，并且制作精良。

（二）图片

图 12-8 和 12-9 展示了存在不同问题的地图。图 12-8 意在比较伴随 1997～1998 年厄尔尼诺现象的降水量，但是这幅地图小到让人无法阅读和读取到任何信息。在这种情况下，期刊编辑与文章作者需要做出对读者有利的决定，而非仅照顾到数据。如果没有更多地方可以分给所示图片，它们就应该被删掉或者另选一张更大的地图。实际上，它们给人带来的更多是失望而非启迪。

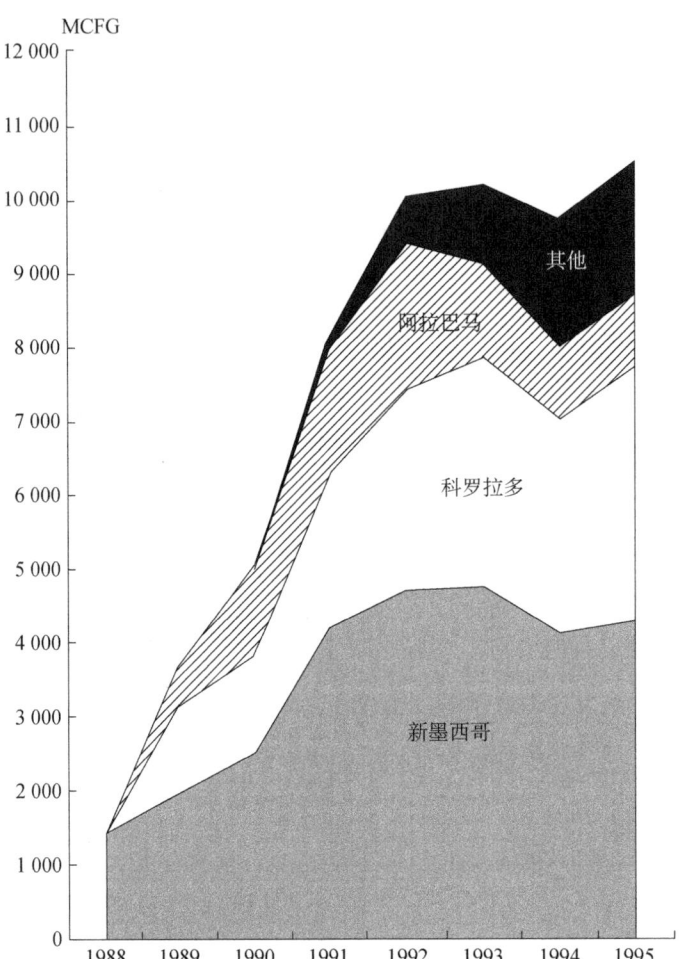

图 12-7 区域图示例 [from D. K. Murray and S. D. Schwochow, "Coalbed Gas Development in the Rockies—Analogues for the World," in *Innovative Applications of Petroleum Technology*, ed. E. B. Coalson, J. C. Osmond, and E. T. Williams (Boulder, CO: Rocky Mountain Association of Geologists, 1997), 32; used with permission]

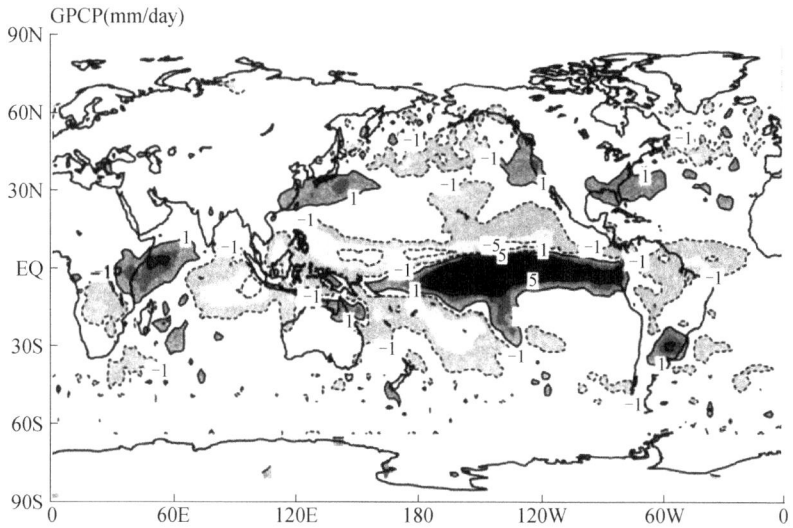

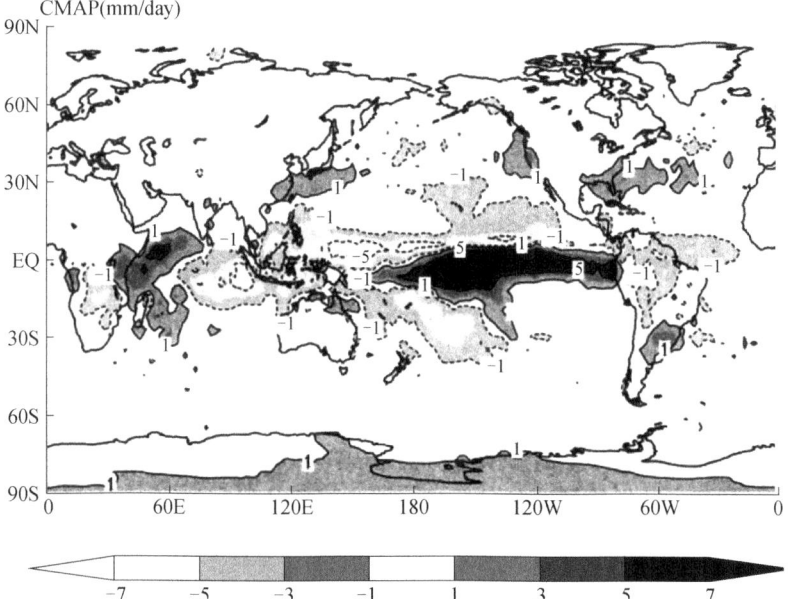

图 12-8 缩得太小导致不易阅读的地图示例 [from A. Guber, X. Su, M. Kanamitsu, and J. Schemm, "The Comparison of Two Merged Rain Gauge-Satellite Precipitation Datasets," *Bulletin of the American Meteorological Society* 81, no.11 (2000): 2641; copyright American Meteorological Society; used with permission]

这引出了一个关键点。作者常常使用颜色来尝试避免上面提到的问题。事实上，现在科学领域中的彩图几乎无处不在，作者倾向于认为彩图能够把缩小的甚至最小型图片的辨认难度最小化。但事实上它们不能。可能有一点帮助——图片会变得更加吸引人的注意，但并没有怎么增加信息量。这是因为图片越小就越概括化、越简单化、越无趣。如果你和共同作者已经花了很大工夫把这类数据的细节绘在地图中，并从中得出积极意义，那么当你把它缩小到辨识度的底线时就前功尽弃了。

同时，对图 12-9 也要提出相关提醒。为演讲或海报绘制的彩图未必总会顺利转化成用于文章发表的黑白图或灰度图。此图中，要不是用数字标出了等高线，数据将难以辨认；当然右侧的标尺也没有多少帮助。如果把它的底纹去掉，且仅仅在白色背景上展示等高线，将会清楚许多。如果把这幅地图的颜色还原，它的信息也会完全恢复，但前提是所有数字可辨认。如果不是这样，因为懒惰或疏忽使它们看起来模糊或

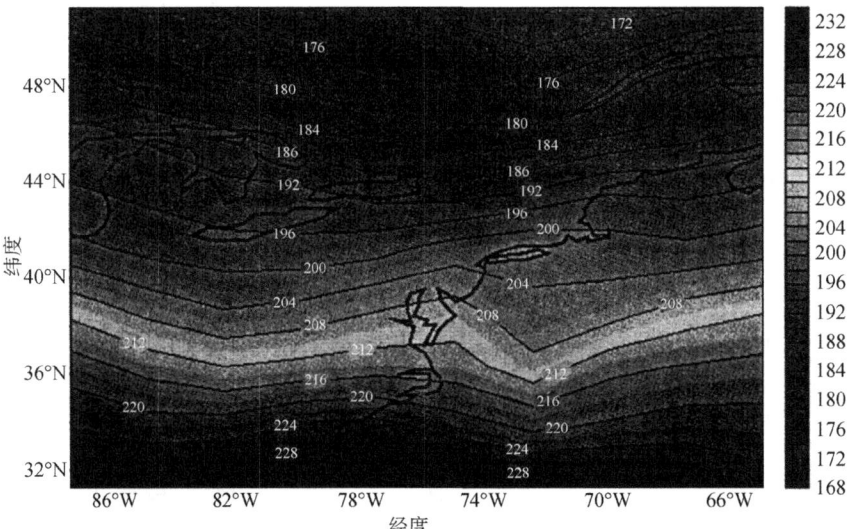

图 12-9　由于去掉颜色导致难于阅读的图片示例［from T. D. Bess，A. B. Carlson，C. Mackey，F. M. Denn，A. Wilber，and N. Ritchey，"World Wide Web Access to Radiation Datasets for Environmental and Climate Change Studies," *Bulletin of the American Meteorological Society* 81，no.11（2000）：2649；copyright American Meteorological Society；used with permission］

极小，那就是同时浪费你和读者的时间。

接着我们再来看看图 12-10。首先我们得承认数字化展示对科学家而言是个重要进步。确实，相较于过去陈旧、费力的手绘图和打印出来的表格，它们更简单、更有效，并且做起来更有乐趣。但是展示用图常常需要修改后才能用于论文中发表。像图 12-10 中的上图，放了数据与周围的文字说明，用在大屏幕上效果很不错，但用在期刊文章中就显得不合适且不专业。此处文字多数是解释性的且属于正文内容。要想在高质量期刊上发表，图片应该修改成图 12-10 中下图所示那样——去掉标题和解释性文字，坐标轴标签字号缩小，线条变细。

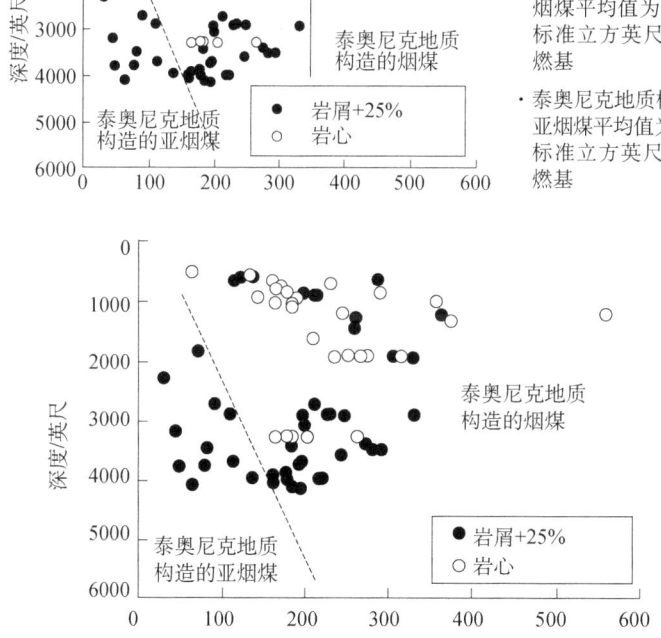

图 12-10　计算机适用图片示例

其中，上图是口头演讲中使用的未编辑版，下图是编辑后可用于印刷的版本科学文章中使用原理图非常普遍，正如其名所述，它们往往在极简情况下最为有效。图12-11是把偶极化模型展示得非常好的一张图。图片采用了基本形状和视觉元素（圆、点、箭头），善用了空间，不是太挤，也不是太空。它最小限度地包含了文本，其实在图表上使用文字是件好事，因为它为我们提供了方向，并防止整图沦为单一字母符号的镶嵌画。

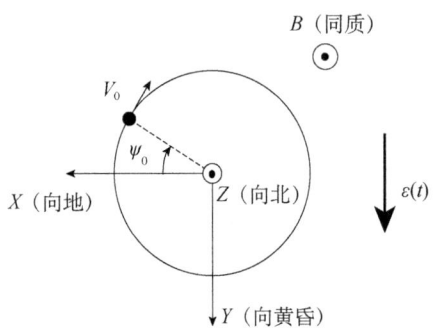

图 12-11　原理图示例［from M. Nosé，S. Ohtani，A. T. Y. Lui，S. P. Christon，R. W. McEntire，D. J. Williams，T. Mukai，Y. Saito，and K. Yumoto，"Change of Energetic Ion Composition in the Plasma Sheet during Substorms," *Journal of Geophysical Research* 105，no.A10（2000）：23283；copyright 2000 American Geophysical Union；reproduced with permission］

图12-12是另一个良好示例，描述了某种骨头如何应对外加压力。此例子中，图片展示了一个周期性过程，包括骨量的暂时削弱（通过形成一个空腔并导致张力增加）及其修复。读者能从左到右轻松读懂这个过程。再次强调，文本最少化仅够鉴别关键元素（所有缩写在图片说明中解释）。颜色可以是种有效的附加手段，但此处不需要，因为阴影足以让所有内容显现出来。这幅图完美吗？不是十全十美。有些科学家会发现，用数字命名每个阶段并在图片说明或正文中用数字做解释都很有价值；这样做有效率，且有效果，也不会过分增加所示信息。其他人可能会提供图例来解释每个阴影区域以及缩写。

组合图，也就是把两种或更多种图片组合在一起，已经在很多科学出版物上很常见了。它带来了搭配丰富的视觉化信息。在图12-13中，图片与光谱图完美地排列在一起，描绘了一种给定物质内部铁磁性层与

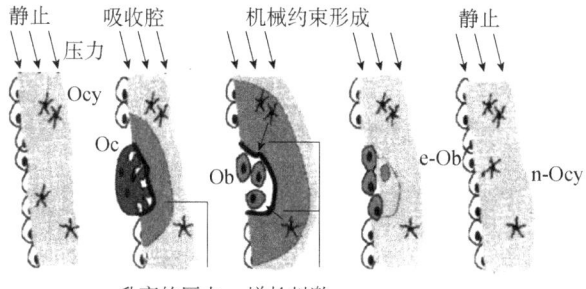

图 12-12 过程图示例 [from R. Huiskes, R. Ruimerman, G. H. van Lenthe, and J. D. Janssen, "Effects of Mechanical Forces on Maintenance and Adaptation of Form in Trabecular Bone," *Nature* 405, no.6787（2000）: 705; copyright 2000 *Nature*; used with permission]

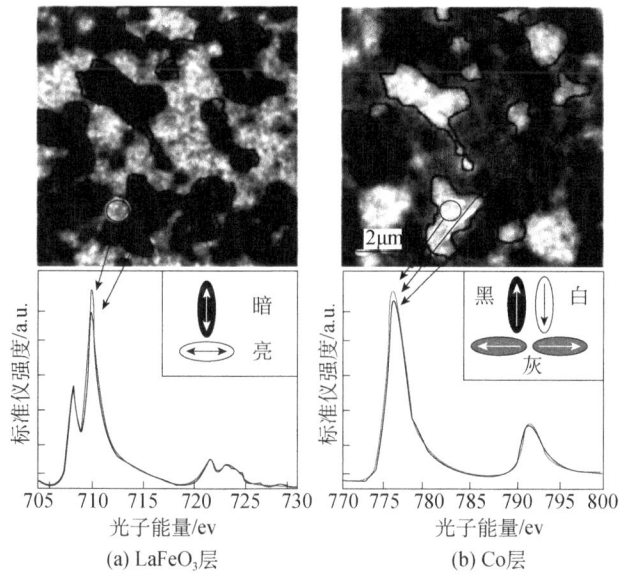

图 12-13 组合图示例，展示了两种图片的成功整合 [from F. Nolting, A. Scholl, J. Stöhr, J. W. Seo, J. Fompeyrine, H. Siegwart, J.-P. Locquet, et al., "Direct Observation of the Alignment of Ferromagnetic Spins by Antiferromagnetic Spins," *Nature* 405, no.6788（2000）: 767; copyright 2000 *Nature*; used with permission]

反铁磁性层的转化行为。该图包含大量信息，但都清楚甚至优美地展示了出来。比如说，注意图片整体的每一半在视觉上都很平衡，图例都整齐地插入相应配图的右上角（否则那里会有很大留白）。用小箭头将每个图片中的部位对应到其各自在光谱图中的位置。尽管整图的面积较小，但是文本和数字的字号够大、字体合适，易于分辨。

图 12-14 是一个例子。该图将标本图与柱状图结合在一起。标本图展示了蟋蟀与实验相关的几处重要解剖学特征，其中最为突出的特点（后翅尖 HW）用大写字母标出，以强调其核心重要性。与此同时，柱状图中画出了对应 4 种不同刺激组（加上一个对照组）的两种逃跑行为，每种刺激都作用于 HW。最初，一切看起来都井然有序。但是当我们检查图片细节的时候，一些问题就显现了：有两组图（a）和图（b），一个在顶部，另一个在底部，在上图标本图中还加了一处指示 c。可能底部的 a 和 b 可以用数字代替或者干脆删掉。将图例（黑色部分和留白

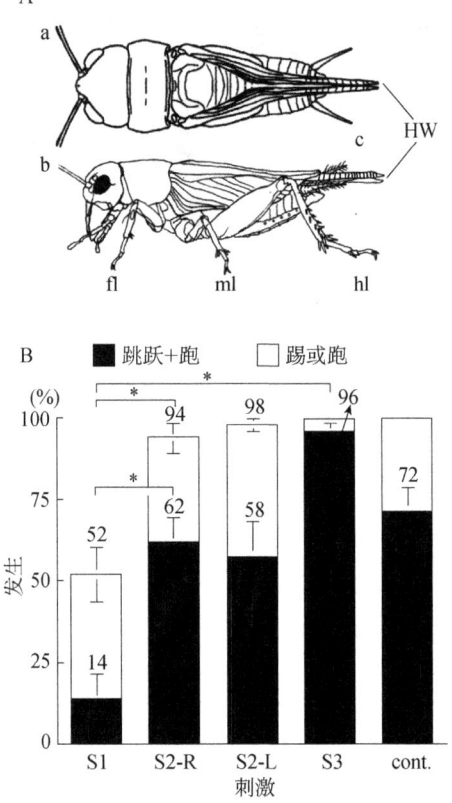

图 12-14 成功的组合图例 [from T. Hiraguchi and T. Yamaguchi, "Escape Behavior in Response to Mechanical Stimulation of Hindwing in Cricket, *Gryllus bimaculatus*," *Journal of Insect Physiology* 46（2000）: 1332; copyright 2000 Elsevier Science; used with permission]

部分）放在底部也有助于避免混淆。图中也有足够的地方写出标本图中指示的解剖学特征（前足、中足、后足、尾须、后翅）。这将减轻在图片说明中列出并解释大量标志的负担，也是为读者着想。

最后一个例子，来看这幅图，它展现出如今在生物医疗影像方面视觉多样性和复杂性的标准水平。图12-15来自期刊《细胞》，展示了一

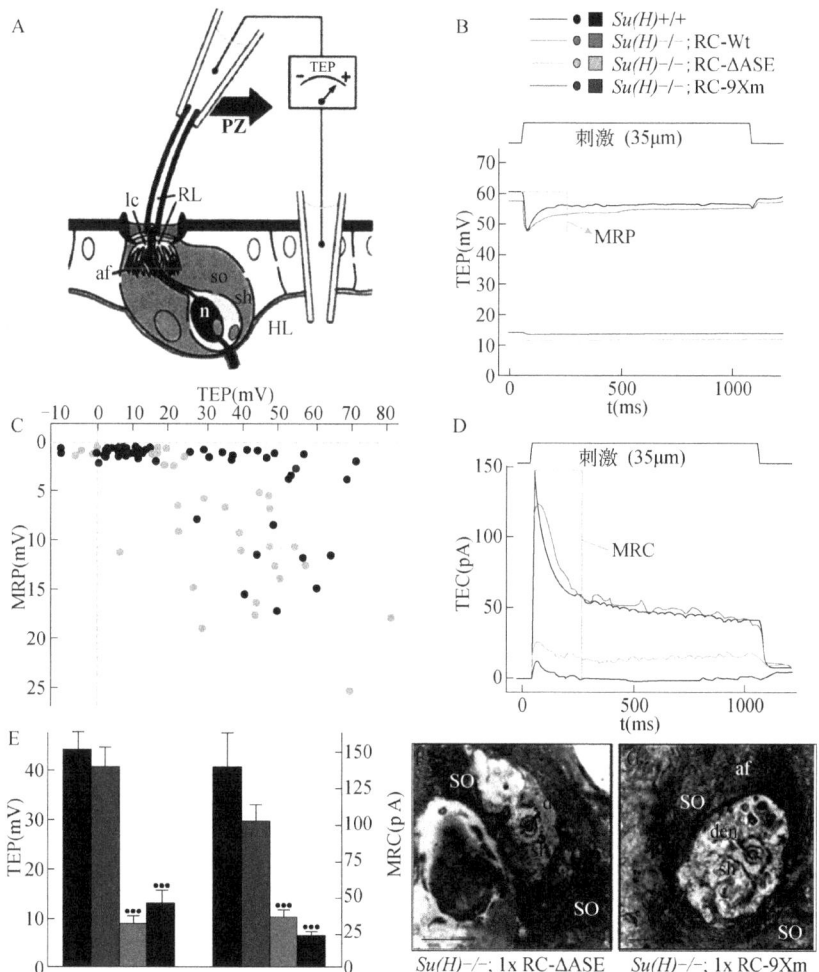

图12-15　复杂图表组合的示例，包括多种图片类型［from s. Barolo, R. G. Walker, A. D. Polyanovsky, G. Freschi, T. Keil, and J. W. Posakony, "A Notch-Independent Activity of Suppressor of Hairless Is Required for Normal Mechanoreceptor Physiology," *Cell* 103, no.6（2000）: 964］

组由7种不同类型的图片聚合的视觉呈现。其中包括1幅示意图、2幅折线图、1幅点状图、1幅柱状图以及2幅电子显微镜照片。标题毫不意外地读起来像新闻头条——Su（H）自体活化对于正常的机械感受器功能是必需的，接着对每一段（A～G）的解释需要几乎半页。几十年前，编辑会拒收这样的一幅图，现在它则是某些科学分支中的图片范式。它可以展示更多的数据，在长篇论文或报告中创造了如同"迷你"论文的东西。显然这种方法很容易就用过头了，风险在于视觉混乱和混淆。然而，读者已经习惯了此类展示，作者必须学会用可接受的形式做出这些图，毕竟它们暗示着科学影像冲向某个极限。想要超越极限？用动画，甚至视频影像，配上旁白做说明可能更好。

七、在文本中提及配图

优质科学写作的部分技法（有时堪称艺术）在于了解如何整合配图材料。在视觉感官上，图片淹没于文本之中，就像河流中的岩石，但你其实想让它们也成为水流的一部分。用做被子打比方可能更有利于理解：配图需要被"缝纫"或"编织"到花纹的整体意象中去。应该告诉读者图片存在的意义，它们为什么被放在文本中，展示了什么内容，而这一点需要在文字描述中的某些位置以某些方式来完成。提及的方式和配图的位置会微妙而又非常重要地影响读者阅读文章的体验。

在文本中提及配图有两种基本的方式。一种是间接式，作为参考内容插入，例如，（图1-2），这是最常见的形式；另一种是直接式，即将图表作为主语，例如，"图1-2展示了……"使用哪种方式更好？这取决于你是想让读者只是瞥一眼某幅图还是研究它的大量细节。

没有什么必须遵守的规则来指导如何选择用哪种类型的图表，但有一些常见规则。如果某幅图是用来展示或提出重要发现，抑或是提出一项核心解释或结论，那么直接提及它比较合适（虽然并非必须），让它成为一句话、多句话甚至一段话的主语；如果用一幅图将文本中提到的观点形象化，举例子或者概述某件设备，那么用间接式可能就够了。

我们举出的例子中，需要直接讨论的图片可能是图12-2、图12-11和图12-12。每幅图展示的信息都是描述的核心，展现了实验的重要结果。与此同时，间接式看起来对于图12-3、图12-7和图12-10更合适，它们提供了数据概述或原理图。最后要说，这类决定常常是主观的。如果你对如何处理某幅图存有疑惑，看看范例或者检索最新的文献，看看其他作者是如何处理类似图片的。

在你决定了是采用直接参见还是间接参见之后，该把图放在哪里？放在一句话或一段话的什么位置呢？在遇到间接式提及的情况（插入式）时，很多作者提前动手，在读者还没有准备好的时候就插入参见语。文献中这样的例子比比皆是。下面就是一个。

> 双极晶体管的传统结构（图2A）需要三种不同材料类型，例如，高掺杂度n型层……p型基底，以及n型集电极。[①]

此处注意，在读者的眼睛还没看完句中足够信息的时候，就被打断去弄清楚图片的意思了。作者怎么用图的呢？如文中所写，他们在强调"传统结构"。但是语句和段落以及图片的真正信息重心在于这种结构的三种类型，而不是传统。因此，把插图参见语移到"类型"之后会更好，或者放在句尾最好。

另一个相关例子。

> 美国能源信息管理局估算的已探明的天然气储量已经从1988年的1.4BCFG提升到1995年的10.5BCFG（本书图12-7），其中超过70%都在科罗拉多和新墨西哥[②]。

此处有同样的问题，参见语应该放在句尾，在给出相关信息之后，

---

① Y. Cui and C. M. Lieber，"Functional Nanoscale Electronic Devices Assembled Using Silicon Nanowire Building Blocks，Science 291，no.5505（2001）：852.

② Murray and Schwochow，"Coalbed Gas Development，"32.

能够提示读者上面所有提到的数值都展示在图中，而不仅仅是储量图。应注意，文中给出的储量值为BCFG（十亿立方英尺气体），而不是图中展示的以千计的MCFG（百万立方英尺气体）。这种矛盾应该避免。为了整合文本和图片，应该在二者之中使用相同单位。

类似地，在图片说明中试着使用文本中挑出来的短语和术语。关于如何恰当地说明图片、应该写多长、使用整句还是短语等可以说上（也已经说了）很多。和其他很多方面一样，这方面的标准在科研领域和期刊之间差异很大。确保了解你拟投稿期刊或出版商的限制或规定。如果有任何疑问，一如既往地用范例做指导。

八、最后一点

如今，科学图解被惊人地大量使用，不可能像这样用一章就完全说透。确实，关于这个话题我用了相当长的篇幅，甚至写到了柱状图或折线图这样看似不起眼的图表形式[①]。我已经尽力说到制作优质图表以及评价他人图表作品之中更为明显和必要的方面了。

对于"菜鸟"作者，一旦熟悉了文献，可能觉得（甚至庆幸）在自己写作时可用的各类图片看似有固定套路。进一步观察则会明白，就算曾经有过这样的情况，其实也很少。对于很多职业生涯刚刚起步的科学作者，坚持最常用的方式是有帮助的。但是有经验的科学作者知道图片其实是一种灵活表达的方式，并且在具体情况下可以改变，虽然改变需谨慎。认真研究一下顶级期刊会证明这一点：不同的作者都需要修改图片，有时候改动很小，有时候改动很大，否则那些图片就只是标准的图表模板，而他们这样做是为了让传递的信息更加有效和讲究一点。就如写作本身一样，每个人在这方面都能在功能性与创意性之间做出最终选择。

---

① 本领域的研究著作包括Robert S. Wolff and Larry Yeager's *Visualization of Natural Phenomena* (1993), Robert R. H. Anholt's *Dazzle' Em with Style* (1994), Mary Helen Briscoe's *Preparing Scientific Illustrations* (1996)。其他知名的研究著作包括Edward R. Tufte: *The Visual Display of Quantitative Information* (1983), *Envisioning Information* (1990), and *Visual Explanations* (1997)。

第十三章　口头演讲：寥寥数语

在我发言之前，有些重要的事情要说。

——格劳乔·马克斯

一、科学中的口头用语

人类最擅长的事情之一就是说话,即使对科学家而言也是如此。在走廊里闲聊与正式谈话都是最基本的交流形式,都是通过口头表述和分享知识,但却有不小的差别。做口头报告是你在无穷无尽的科学会谈之中独占主场的机会,此时作为会谈另一方的人们沉默片刻,带着兴趣和注意倾听你与你的工作。

现代科学的起始在很大程度上来自口口相传。17世纪开始出版的最古老的期刊——法国的《学者杂志》和英国的《哲学汇刊》——主要由讲座记录组成。这些讲座面向法国科学院和英国皇家学会,通常以每周一次研讨会的形式开展,团体成员可以自由提问、评论以及讨论具体内容要点,谈话原始记录经修订后提交给即将出版的下一期期刊。尽管每场讲座讲稿都是事先拟好的,但是报告人在实际讲演中往往会加入大量即兴内容。写和说是分不开的,就像优质红酒的色泽与味道密不可分一样。这个传统一直顺利延续到19世纪,那个时期是期刊出版崛起的时代。

如今,口头交流融入了各层面、各部门的科研工作中——想想课堂教学、研讨会、在办公室里开玩笑、举行晚会、部门或团队会议、业务管理汇报、座谈会。从某种意义上说,我们都是科学方面的专业演讲人。一周当中,你可能会做多场关于科研工作的小型"演讲",无论是对同事、导师、学生、经理、其他领域的人员、家人还是自己对着浴室的镜子。

正是口头报告让这种人类行为更具正式感和仪式感。你可能偶尔有一时半刻怯场的时候，感觉做这些报告就是自己选错了行所要付出的代价。但这不过是一时的焦虑。正式演讲是特殊的机会，使我们向公众发声讨论自己的科研工作，共享我们的智力成果。

二、基本态度

在遇到引人入胜的知识时，听与读是很不同的活动。如果说书面材料呈现的是经过挑选的沉淀物，那么口述语句则是交流的挥发物——一旦说出便"蒸发"掉。写作是静态而恒久的，允许反复研究；演讲则是动态而短暂的，依赖于人的互动。正因如此，我们讲述的"故事"应该与我们在论文或报告中叙述的那些有所不同。这种差别的一部分就在于这样一个事实：作为演讲者，你赋予了事物热情而有趣的面貌。

学术报告是讲座的一种。在一段时间中，听众们自愿化作学生，而演讲者则变成他们的老师。这并不意味着听众需要谦卑——除了授予他们专门知识以外，他们在其他方面和演讲者是平等的。

做报告是不是一种表演？当然是——但不仅于此。你不用追求自己的演讲像总统演讲一样。但是如果你能赋予它某种"人格"，那么确实大有帮助。假设听众已经落座，那么对他们表现出你的热情就是周到而专业的。呆板单调的讲座对那些花了钱财和时间（他们本可以用这些来做自己的研究或是陪伴家人）的听众来说是一种侮辱。如果你的言语行动表现出趣味，那么你的听众也会一样。

为什么我强调这些实际情况？因为它们能帮你找准方向。如果你既是教师又是研究者，把口头报告当成课堂教学的自然延伸。如果你不是，那就把它想成是练习授课技能的机会，这些技能未来可能对你大有用处（比如在你决定转行时）。

一些思考要点如下。

（1）从好好提前准备演讲开始着手。给演讲定个基本结构框架（仅用标题），考虑备选方案和视觉表现形式。当看到觉得特别好的演讲时做做笔记。

（2）用觉得舒服的方式设计并写下演讲稿，无论这种方式是否要用到大纲、便条或是分镜（按顺序设置文稿，每个文稿配一些文字以提示你该说什么）。必要时多尝试，看看使用哪种方法说起来最简便。

（3）确认你完全熟悉所用文稿的每个方面，包括它们的细节，就像你自己创造了它们一样。你应该能够解释这些文稿的每个方面（为什么用这个比例？右上角的数据点怎么样？那是哪条河？）这是你调配材料的基本一环。

（4）一旦准备好，就多多练习演讲，这很重要。反复练习（至少多练习10次）。不但自己练习，而且当着同事面练习，直到变得流利。练习能帮助你培养信心，增强对材料的总体掌控力。这是无可取代的。想想要在观众面前演奏一首曲子需要花多大的工夫。

（5）多练习你的演讲当中对你来说困难、不够流畅和缺乏信心的那些部分。你可以只在脑中练习，如果愿意也可以出声练习，你需要练习到足够有信心，确保自己不会卡壳或是因为回忆思路停下太久。

练习的时候掌控语速。合适的语速是每分钟90～120词（平均100词/分钟）。这意味着20分钟以内的演讲大概有2000个词，30分钟以内的演讲大概有2800个词（考虑到中间停顿），1小时长的演讲大概有5500个词。[①] 这个速度比平时说话明显要慢，也应该是这样。容量适度的报告能让听众跟得上你的思路，也使你显得从容而流利。

三、怯场：谁都经历过

我们所有人都会怯场，这一点毋庸置疑。无论我们多少次站上讲

[①] 上述数据指的是英文语境下。

台，偷偷瞟一眼台下或多或少的陌生面孔，还是会怯场。演讲者感觉自己暴露在陌生人的注视之中，这是个会让人紧张的过程。

但是有经验的演讲者会告诉你，听众中其实大有人可能怀着同情心坐在台下。他们中有很多或者大多数都做过演讲，知道个中滋味。如果被问到，他们会很乐意承认感激你分享了你的工作。因此，你应该心怀这种理解开始演讲——这也有效证明了做口头报告的理由。

公开演讲方面的专家会告诉你怯场有积极的一面。怯场不只是害怕，也是兴奋。我们如果对接下来演讲的表现或者内容毫不在意，那就不会感觉紧张。所以建议你可以尝试把自己的紧张往积极方向引导。深呼吸，把报告看作明智与勇敢之举（它确实是的）。想象你自己做得不错，对演讲材料的把握游刃有余。听自己放声道出演讲的开场白，然后继续下去。

演讲词是知识的乐章——短暂、个性化，具有表现力。无论它是多么照本宣科，无论专业术语或语调让它显得多么平静而饱满，它都来自你这个演讲者。

四、结构与流畅性

设计演讲时，尝试在主要观点之间建立一个通顺的逻辑，这有助于写出你最想要覆盖的主要话题，或是展示出你最想要纳入的演示文稿，然后在它们之间找到一个顺序。别害怕一开始就做这件事。试试看，纳入比你实际需求更多的话题或文稿，调换它们的位置，剔除其中一些，看看这时是否呈现出某种顺序。

在做这件事的过程中，设想有愿意对你的报告做笔记的听讲人，你需要保证他能毫不费力地记下你演讲的主要内容。所以，你的报告中应该包括对报告结构本身的介绍，包括以下内容。

（1）你为什么做这项工作？（重点在于"这项"）

（2）你是怎么做的？（你采用的工具、技术、路线）

(3)你发现了什么?(你的研究结果)

(4)你从中得出了什么?(它意味着什么)

如果你能够在规定时间内按顺序说全上述这些方面,而且不会让听众听得一头雾水,那你可能就做得很漂亮了。

怎么开场?在最有效的报告中,演讲者会先用文本图展示自己的姓名、单位和演讲题目。这样做看起来似乎不是必要的,假如这场演讲已经列在议程里,报告摘要可能也提前向公众公布了。但是要考虑到听众的实际情况,在开场几分钟,听众要从前一场报告中调整状态,坐到位子上,有些人要离开或者刚进来,甚至是喝着咖啡。所以花上一小会儿做自我介绍是必要的——这也有助于听众适应并关注你这位演讲者。

接着向听众展示演讲的结构顺序是个不错的主意。用第二张文本图将主要话题的纲要列好即可。用一些诸如"今天我们来谈谈……"或者"在这场报告中,我想讲述以下几点"的说法来介绍这一项内容。与此同时,你的这张图片可以包括一个短语列表,对应上面提到的那些问题(你为什么做这项工作,等等),或者是总述(将会围绕它讨论的3~4个方面)。任何情况下,先把这些要点在一开头就呈现出来,之后逐步详细说到每一条,会取得不错的效果。然后把演讲当作分成几段的沙漏:先说整体内容(如你的研究课题和重要性),接着说重要细节(方法、发现),再较宽泛地总结(你的研究意义和应用)。借助这种整体结构就会有不同的内容部分,它们与这些大的阶段一致或不一致。例如,你可能想把总述、方法、主要发现、最终结果、结论和工作展望都单独分段来讲。

重复展示你的提纲并将你接下来要讲的部分设置为高亮,你可以用这种方法开始讲每部分新内容,也可以反复使用过渡句,例如,"现在让我们说说……",或者"看一眼……现在可以详细说说"。持续使用反复展示提纲并将新内容设置为高亮的这种方式并不太适合10~15分钟的短时演讲,对于时间长一些的报告则是有助于听众理解和记住的。

用回顾要点及最终结论的方式结尾。尽可能让这些内容简单直接,因为这是你的听众最后看到和听到的事情了。在开场与结尾之间，你大可让听众在你的故事里到处驰骋。尽量将你的文稿有序排列，以便观众能够轻松跟上你从一个话题到下一话题之间的逻辑。考虑加一些"放松"图片，也就是纯图像图片（照片、模型、地图），让听众从大量的文本或数字之中得到喘息的机会。

最后，别把时间限制（通常是10分钟或20分钟）看作负担，而是当成某种解放。为什么？想想写一份完整的研究论文与一份摘要式总结的差别——哪个更简单？关于研究课题做个一小时长的报告真的更省事吗？在有限时间内的工作给了你只讲重点而不再花其他功夫的自由。证明每条概述或重要陈述是辛苦债，而有限的时间将你从中释放。你只要证明你的故事里自认为最核心的部分即可。而且演讲给了你用最简单的方式讲述自己传奇的机会，多数时候可以套用亚里士多德的公式：有个开头、中段结尾和逻辑，遵循这么一个基本框架："我做这项研究是因为……用了这些工具……并发现这些结果……得出了以上结论"。

五、使用文稿：电子展示的现状和技巧

当今世界，用电子形式进行展示在科学会议上占据绝对统治地位，演示软件的使用标志着相比过去有了巨大进步，那时老掉牙的演示形式，如透明胶片和摄影幻灯片还在普遍使用。这些演示方法费时费钱，让很多人盼着它们彻底消失。好的，时机终于到了，新的数字时代全面到来。然而，情形并非阳光普照、万里无云。

首先我要说，在口头报告中文稿远不只是道具或辅助那么简单，它们常常是主要的信息载体。很多情况下，它们本身就是信息，比如用于展示具体现象（原子结构、火星地貌）的图片。这意味着所有演示文稿都必须版面干净、清晰、便于阅读，否则你的演讲在做得不到位的每一处都会失败。失败的原因是听众很清楚，你真正的目的不是展示而是沟通，不是打发时间而是传递信息。这就需要你在不以任何方式改变其实

质的条件下，对原始图片进行改动，比如调整大小，加一些箭头或圆圈，以及任何让它看起来直观且清晰的必需处理。

报告辅助软件使你可以做很多事情，让图片更具说服力而有趣。确实如此，不同的软件在这方面有不同的本事。尽管这些软件数量众多且功能不断完善，但依然有太多的演讲继续简单地展示静态文稿。这可以看作一种退化，是从前一个时代和物种遗传来的行为。当然有些图片已经很完备，无须再做进一步的处理。但是，可以为你的文稿中的图片再增加点活力。这是很简单的事，例如，当你提出一系列观点时，把连续性文稿中不同的部分依次设置成高亮，每次设置一处。另一种做法是依次展示不同的部分，这样它们就构成了最终的文稿，或者可以轮流把每部分移动到大家关注的核心位置上。类似地，在你讨论核心观点的时候，让它们逐条出现在一页文稿上，这一招在有策略且非频繁地使用时简单而有效。有些软件让你可以放大图片中的某个部分，或者转动图片以能更清楚地看到其中某些内容。大部分软件都让你能够突出（或者弱化，这也很重要）文稿中的一些区域或是关键词，以辅助你强化演讲中的某个要点。

上面说的这些都是简单的动画效果，简单易学，但是它们能牢牢抓住观众的眼球。借助它们，你就能提高演讲的整体水平。如今，报告辅助软件支持插入视频、音频、实时动画，这些对你而言都大有裨益。如果这些材料本身内容充实或者必要，就不会被认为是多此一举或华而不实。在我研究的领域（地球科学），通过视频展现地质变化过程、地貌结构俯瞰图、地底活动模型等的例子已不再少见。无论如何，这虽然不是标准化要求，但是未来会越来越普遍地时时出现此类展示文稿。当然每个领域对于这些方式的选择有其自身的接受程度，科学家需要自己决定要不要使用它们。就我的经历而言，如果选得好，这些高水平的展示既令人享受也受人欣赏，还能极大地增强演讲的冲击力。

如今有多种多样的软件可供科学家选择，比以往还多。很多人依然在使用微软演示文稿（Microsoft PowerPoint），其实是个历史惯性，而不是可选范围的问题。问题的实质在于，演讲者的责任之一就是熟悉至少一些软件，熟悉它们是否有助于更高效地沟通。换句话说，有必要试一试，用它们演练一下（不是在听众面前），看看它们能帮你做些什么。有些软件可以用在任何领域，如 Keynote 软件。也有很多在线使用的软件具有同样特点，诸如 Zoho Show、Haiku Deck、Google Slides 和 Prezi。像 ScienceSlides（VisiScience）这样的软件专门适用于生物医药等某些领域。使用软件的目的不是把自己搞得不堪重负，而是不断尝试，看看哪种效果最好。未来必然会有更多此类产品可供使用（我上面提到的这些软件名字在未来 5~10 年很可能不复存在）。还是那句话，自行发现优秀实例、做做笔记，并且从中学习是很有价值的。

也有一些风险是你该知道的。有些演示文稿技术可能会被过度使用（并非每一张幻灯片都要用到）、误用（有些图片不需要用到），甚至滥用（把最酷炫的发光和闪烁效果都用上了）。投机取巧或哗众取宠反而会让你显得不成熟且任性。更糟糕的是，会让你的材料变得平庸。当你让这些技术本身吸引了听众的眼球，而使得他们的注意力从科学上面转移开的时候，你就从成功的边界滑到失败去了。如果你有任何地方拿不准，向你的同事展示，或者（如果没有同事能帮忙）试试从一个你钦佩的演讲者的视角去审视它：他会不会像你这么做？

接着我们谈谈一个普遍存在而又不大不小的问题。一直有观点认为，使用报告辅助软件"让人变蠢"，甚至有的知名人士也这样说。我每周都要用到这种软件，如今用了十多年了，倒是发现自己还没有变傻，我也知道这些批评到底意味着什么，它们有一定的道理。像是微软演示文稿这类软件使用简便，很容易让人在使用过程中犯懒。类似例子比比皆是。下面是一些最糟糕的，很不幸也是最常见的例子。

（1）在每一张幻灯片上堆砌太多信息，包括：①大量表格（视觉过载！）；②过度复杂的图片（需要经过研究才能看懂）；③一堆又一堆的文字（我是来读的还是听的？）；④太多张幻灯片根本没内容（那我看它干吗？）

（2）连珠炮式的要点打向观众，包括：①要点过量（一张又一张没完没了……这已经不只是无聊了）；②每一张幻灯片上有太多观点（最多五条就行了，但是四条更好些；如果再多，就会让人思路僵化）；③言语贫乏或混乱（等于失去听众注意到演讲人说的重点是什么）；④轻率地罗列"要点"（观点分散，而不是汇聚，应该通过逻辑的串联从一个观点到下一个观点）。

这些问题加在一起成了你的自白书。它们清楚地写着：这是个糟糕的演讲人，对此你也心知肚明，但是并不在乎，不在乎交流你的研究工作，也不在乎听众和他们的感受，更不想花时间好好改进。可能你的实际情况并不是这样，但是你的表现透露出来的信息就是这样的。

想想你曾经参加（或熬过）会议时的反应会有所帮助。更好的办法仍然是寻找或索要一些同行研究者的报告，带着批判的眼光一张张地翻看。时刻牢记：在大多数演讲中，对每一张幻灯片的讲述不超过一分钟（如果有发言稿，你就能更好地估测）。哪些奏效而哪些未奏效？你会做些什么让每一张幻灯片看起来效果更好？哪些看起来做得很棒，你又能在自己的演讲中如何借鉴？

上述问题中有一个很容易展示出来。下面是来自一场关于地质滑坡的演讲使用连珠炮式观点的反面例子：

发生频率

（1）不牢固的材料意味着山体不稳且容易坍塌；

（2）主要气象学成因事件增加了滑落的可能性；

（3）过于陡峭的斜坡；

（4）冰川沉积；

（5）河流侵蚀山坡；

（6）人类开发经常在曾经的地质滑坡处发生；

（7）缺乏预警能力。

对于这张幻灯片，我们首先注意到的可能就是它的标题与内容不符。直接换成"为什么地质滑坡会发生？"更加符合这一页多数要点的内容。注意，这样使用日常用语的标题对于专业研究报告来说非常好甚至很优秀，它暗示了接下来要讲的内容也会简单清楚（后面也应该做到如此）。我们关注的第二点是遣词上没有连贯性：有些观点是两个词组成的搭配，其他的则是短语，还有些是句子。有些是主格（名词），有些是描述性的（"缺乏预警能力……"），还有一条甚至是叙述性的（"人类开发……"）。至少有一条，比如就是最后一条，根本不适合放在这里。

这就是堆砌信息的标志。演讲人写下看似相关而实际上没有太多逻辑的内容，关于事情应该如何表达没有想太多。然后演讲人转到下一张幻灯片不再回来，真的不会回来了，因为他没有花时间再仔细阅读并修正页面上溢出多少东西。演讲人可能认为，"我讲的时候就能把它说得足够清楚了"。但这是理想化的想法，我们太熟悉这种事情了。不守规矩的时候很难得到缪斯女神的垂青。那我们该如何修复这堆支离破碎的内容呢？这里有个建议：

为什么地质滑坡会发生？

（1）材质松散的陡坡；

（2）强烈的季节性降水；

（3）河流侵蚀山坡；

（4）人类开发。

这些都导致山坡失稳和滑落。

在这个例子里，我决定采用短小简单的短语。我也给了它们一个具体顺序：首先说客观条件，然后说这些条件导致不稳定性出现，以及最终滑坡的作用过程。这里采用了直接演绎式的逻辑。有些观点被移除了，即"冰川沉积"和"缺乏预警能力"。前者不必要，因为它仅仅是对"不牢固的材料"给出的例子，而后者应该放到别处去，正如我在上文中所说的一样。这样一来，页面上就有足够的地方放一张展示其中一些观点的插图了。根据后续的演讲内容，你可能决定放或者不放。这是一个可采用的选项。

还有一点值得一说。毫无疑问你已经了解，有些人觉得报告辅助软件会"让人变蠢"，说它们强迫我们犯下上面所说的认知错误（和更糟的事），我并不同意这些人的看法。恕我直言，这就是弗洛伊德所谓错误的错误转移。我这么说，是因为静态、逻辑混乱、表达不清的文稿广泛存在，可以说是对某种基本规律的反映：用这种方式开展有效的科学传播是多么难。不妨与上课进行一下比较：对我们所有人来说，能回忆起在多少门课上，授课老师和他们所用的文稿图片足够使我们集中注意力、激发我们的兴趣，并将所讲内容与实际生活有机且鲜活结合在一起？这种水准的课程就像黑色蛋白石一样稀少，而且远比黑色蛋白石更具价值。

然而，上面这个对大多数人来说都发人深省的问题，还是有肯定答案的，虽然数量不多。就像杰出的教师确实存在一样，科学领域也有才华出众、令人仰慕的演讲者，他们的演示文稿展现出活力，他们的演讲值得我们特别关注并学习。当台上有这样一位演讲者正在演讲的时候，关注被展示的内容（如果做笔记对你有帮助，那就做）以及谈及它的方式。在允许的情况下，用手机录下一部分甚至全场的演讲内容，或者向演讲人索要报告文稿的副本，或者询问该演讲的内容是否会放在网上公开。如果你不好意思这么做，牢记一个简单的道理：就算他的研究远不如你的有意义，但如果他的演讲报告做得很优秀，那么这项研究会更令人难忘（研究本身也会看起来更有意义）。

所以说，成功的演讲人常常根据他们要展示的图片来组织演讲。无论你是否采取这种方式，在你拟订演讲结构的同时提出文稿的纲要（或文稿的类型）很重要。一个屡试不爽的技巧是给你的演讲做分镜处理，这涉及演讲的实际规划，无论在纸上还是通过报告辅助软件做。通常的方法是每张文稿用一张纸或幻灯片，在上半部分放上（或者描述出）文稿展示图，在它的下面写好演讲注释。时下的所有报告辅助软件都能帮你轻松搞定。这样做的好处是你可以翻阅你的整个演讲稿，随意添加、减少内容或是直接改变组织方式。它也能帮你做出演练页面，让你不费力气地练习并且给自己计时（非常重要）。这样做确实有帮助，也能显著提高你的准备工作效率。

不仅是你的陈述，你的图片也必须能够准确辅助说明你要讲的故事。仔细挑选图片，考虑它们的内容和趣味性。有时候，采用迈克尔·阿利（Michael Alley）的"主张-证据"[①]法很有效，阿利是工程学传播方面的作家和教授。这种方法是用演示页面的标题陈述信息（"地质滑坡可能由人类挖掘活动引发，比如修路和盖房"），然后用图像提供视觉化的证据。很多科学家本能地使用这一招，特别是那些从事野外考察或者凭借直接观察进行工作的科学家。避免那种无趣的教科书式的展示——标签式的标题（"山体滑坡源于人类活动"）旁边配一个被过分完美诠释的例子——你可以先放一张未经解释的图片，随后放一张解释一部分的图片，然后指着它们把所有最终细节口述出来。当然这更花工夫，但是它更能吸引听众，展现你的专业与权威，甚至能留下一个做评论或者"抖包袱"的机会（"这大概不是你建造养老房的最佳位置"）。

努力而有效地考虑你的文稿意味着开放思路接受一点实验性质的点子。即使你的演讲质量已经很高并颇受好评，你仍然可以精益求精。如我在本书中强调过多次的，提升沟通能力也是提升你的科研能力的一部分。

最后一个实用要点。做演讲报告的一个必要条件是多备份几份。你可能觉得没必要，但在这里再次重申，这一点非常重要。有些场地不允许使用个人笔记本电脑，即使允许使用，也有可能出现问题导致它无法正常工作。如果你使用的笔记本电脑与会场的电源接口不匹配，你就需要一个适配器，但刚好（因为某个莫名其妙的理由）你又没有带适配器……再不然，就算你带了这么一个适配器，有时候你会遭遇笔记本电脑死机，或者在关键的时候卡在某个地方罢工的神奇经历。还有种种类

[①] M. Alley, *The Craft of Scientific Presentations*, 2nd ed.（New York: Springer, 2013）.

似情况。把你的报告拷贝到可移动设备并且妥善保管是一种不错的做法。更稳妥的办法是，在移动硬盘里备份一份，在网上某处保存一份，以便别的方法都不奏效的时候你也能轻松下载。举个会使用到这种方法的场景例子：大会主旨报告人匆忙赶时间冲向会场，却发现装有笔记本电脑和移动硬盘的袋子落在了酒店房间里。

六、设计演示文稿：进阶实用要点

如我所说，记下其他科学家在演讲时使用的文稿材料中你喜欢和讨厌的地方、你觉得效果好以及让你觉得混乱或选择不当的地方。例如，记下是什么东西让某个图表便于阅读（字体大小合适？对比鲜明？设计简洁？）；或者反过来，记下是什么东西使图表令人费解（承载了太多信息？图片太小？用色太差？）。你或许看到有人把常规信息展示得很漂亮，或者是在编排数据或图表材料方面很有新意，将这些记下来或拍下来以供自己参考。更好的做法是找报告人拷贝一份。再次强调，别不好意思，这是帮忙改进你自己工作的大好机会，可能在将来给你带来工作机会与他人的赞美。

有些情况下，座谈会、学术会议或研讨会的会议资料里会包括报告的演示文稿打印稿，这些就是你评价和学习文稿材料的金矿。如果可能，把所有你认为很棒的图片整理到一个文件夹里，配上你可能选择的文本模型，将来设计任何演讲之前先浏览这些材料，以便活用它们的经验。

除了你用这种方式所学的内容（会有很多！），还有一些你应该时刻牢记的指标。

（1）让你的图表简洁，尽可能简洁。这一点怎么强调都不过分——带有太多需要看的内容、太多文字、太多样式、太多线条的演示文稿是科学演讲中出现频率最高的问题。记住：你的听众将只有最多每页一分钟的时间（通常不到），就这么多时间，其中有 1/3 的时间用来接收所示的新信息。因此要慎重考虑，为听众提供一些容易理解的内容。

（2）把文本写得易于辨认，留好行距，让人即使离得远一点也能看清。其中包括标题、词组、图表标尺、表格等。糟糕的文本也极其常见且令人恼火，看起来经不住推敲；好的文本则表现出你顾及了现场情况：听众会看出你把他们考虑在内。

（3）出于类似的理由，所有内容必须清晰可见。将重要信息使用亮色处理，背景色暗一些。考虑把你想要强调或突出的所有内容设置成最亮的颜色。如果信息主要是图像的而非文本的（如模式），那么把所有文本减少到最低限度。你该知道人们会尝试阅读你放上去的所有文本，所以如果这些文字不是完全有必要，那它们最终只会令人分神。

（4）演讲时尽量避免照着图片上的文字念。复述你列出的要点里最重要的词语（会有很好的强调效果），但是对它们的注解要与屏幕上展示的内容有所区别。如果必要，加一点评论或解释。

（5）好的演示文稿页可以反复使用，它就像一种资源。在将来做报告时，可以把它们拿来原封不动地再次使用，或者是加以改良后使用。所以说，花在好好设计文稿上的时间通常也是后期省下来的时间。

七、该不该照稿子念？

该不该照着写好的稿子念？这个问题没有统一答案。虽然很多科学家愿意牺牲他们的第一稿，且不认为这种做法可以接受，但其他很多人不会有这么强烈的感觉。确实，在有些领域不鼓励这么做，甚至对这种做法进行批判；在一些领域，则勉强可以接受；在一些领域，这种做法极其普遍，人们用宽容和平静的态度看待它。比如在地球科学领域，上述 3 种态度都存在，而且在不同分支学科中有所分别。学术组织更青睐不照稿子念的演讲，涉及产业的组织则对演讲者照稿读论文更为开放。

客观来说，没有一个终极理由可以解释为什么读论文应该是被禁止的交流方式。但是这样做存在很大风险。首先，照着论文读可能对你的听众很致命，除非你花了时间和巧思从很多通俗与会话的方面撰写它。

通常的科学论文更像是数学证明，远不到作为演讲材料的程度。读这样的论文会让人感到无聊而昏昏欲睡，也因此对听众来说是一种冒犯。其次，当你读论文的时候，你对于观众的存在感明显减弱了：你的眼睛一直盯着稿子。除非你能不时抬头看看，与听众进行眼神交流，否则你就会沉入手中的稿子（也可能因为情绪原因）甚至完全消失在稿子里。所以，为了展现出同等的个人魅力，读论文者必须比那些脱稿演讲者更富技巧。最后，如果口头内容组织得不好，在讨论文稿的时候读演讲稿就很奇怪。上述种种情况都意味着用念稿子的方式想要做好演讲的话，要比脱稿演讲下更多工夫。

再次强调，在这方面没有终极规定，也没有绝对答案。如果你的研究领域允许此类演讲（就像我的领域如此），那这就是个实际的选择，只要你了解并适应其中的权衡就行。也许反对照着演讲稿读的根本原因在于，远近听众是来倾听科学人性的那一面并与演讲人互动的，也就是说，他们要跟活生生的人交流，而不是来听一台"机器"在这里读稿子。哪怕是一位不可靠甚至有点焦虑的演讲者，虽然他不时会出错，但是却能面向听众做演讲，也比自动而流利的复述"机器"更有趣。因此，如果你决定读论文，那么在开头和结尾别这么做，用面对观众讲述的方式引入你的演讲以及结束它。让他们知道你就在这里，作为活生生的人在发声，而不是一幅全息影像。

八、向公众做讲座：一些要点

本部分的标题说明了我要继续为公众演讲给出一些指导性建议。后面的第十九章将专门讲这个主题。但是读到这里，读者的思绪和兴趣可能已经被调动起来想先一睹为快了。正如19世纪时那样，科学家面向公众演讲再次成了蓬勃发展的行业。然而公众的兴趣并不是完全令人欢欣鼓舞的，它引发的结果仍然是让研究者有机会成为有口才的演讲者，介绍他们的（必然是辉煌的）学科，这不是一件小事。正因考虑到这些，我要开始提供一些建议，以使你的讲座更有效。

（一）准备

了解听众情况，他们是谁，有多少人，在你筹划讲座的时候记住这些。面对大量听众，你需要正式一点但不失轻松有趣；面对少量听众，你可以更放松一点，比如采用对话式。

了解场地情况，看看环境条件如何，有哪些技术支持。别以为场地一定会有激光笔、视频图形显示适配器或其他任何配备，以及饮用水等。总是要事先保证演讲现场有这些装备。就算场地看起来准备齐全了，还是要用多种方式将你的演讲文件带入会场，比如提前放入笔记本电脑和移动硬盘中。

思考：公众演讲的目标在于联结你与听众，而不是用你高深的知识和无上的权威弄晕他们。如果你真的想用令人难忘的方式介绍自己的研究工作和领域，就必须让他们有所知有所乐，为他们带去智慧与情绪的双重愉悦。

（二）设计

设计之初就该留心一点，你需要做一份不同的文稿，要比研究报告更有趣。这能使你在某些方面更加自由。例如，你要讲的话题是如何在报纸、电视、电影和其他常见的媒体上报道的？这些报道都是有价值的素材，可用于你的开场白、结束语中，也可以用于对要点的讨论之中。

为你的演讲想个核心主题，诸如"今日天体物理"或"基因组是什么"都可以。别弄得太过头了：联系影视节目的双关语标题会让话题显得平平且令你听起来很掉价。如果你的目的是向听众介绍研究领域的最新进展，考虑把你的演讲作为一个真实故事来讲，讲述某些进步是如何发生的。先提出有待解决（或尚无法解决）的重要科学问题，然后展示新路径、方法或思考方式如何导向新发现。可以在结尾讨论研究者当前面临的问题,与开场巧妙呼应(也让听众对科学有时如何运作留下印象)。

(三)表达

开场很重要,使用一些能激发或者加深听众好奇心的说辞。不妨选择一件值得关注的事件、奇闻趣事、名人名言、一张漂亮的视图以实现开场目的。在后续演讲中提一提开场内容,如果可能的话,在结尾的时候说回开场内容。

演讲的过程中不时微笑。与听众进行眼神交流,不时关注那些对你点头示意或者做出其他互动举动的听众。稍微走动,不时做些手势(动作别太大)。这些方式的表达能让听众紧跟着你和你所述的内容,他们乐意看到你人性与鲜活的一面。

慎用幽默。幽默能润滑信息,让听众放松,活跃气氛。但是不得体的玩笑会把一切弄僵,让演讲进行不下去。想想你会使用何种幽默:先找一些人试一试,然后再对着满屋子的陌生人讲。

试着用问题来过渡。下面这样的说法有点做作:"现在,我们讲到哪里了?"推荐说辞是:"我们刚才是怎么解释这个结果的?""但是如果那是真的,为什么还要研究这些物种?"以及类似说法。

加入任何以下元素来为你的演讲增色:奇闻或故事(与你的话题相关的);史料,包括图片;自传细节(重申,与你的话题相关);引用文献和科学资源(少量使用);卡通(事先查好是否需要授权);演示(使用道具、黑板或者徒手);多媒体(视频)。

预估并回答观众可能会提出的问题。你甚至可以自己先提出一些问题,作为演讲的一部分内容:"现在,你们可能想知道酶是做什么用的。"这可能会拉近你与听众之间的距离。

做个措辞得当的好结尾。如果可能,回到你的开场内容并用它作为结尾。"最后,我们看到这把我们(思路完整地)带回了……"确保结尾清楚直接,以便听众留下深刻印象。

如果最后有问答环节,一定要大声复述每个问题,以便观众能听清

（这么做体现出对每位听众都很重视）。尽可能简要回答，别让某个问题占用了你太多的时间。如果提问人非常坚持，让他在演讲结束后找你单独沟通。用一些话提醒问答环节该结束了，比如"我们还有时间回答最后一个问题"。

（四）态度

某种程度上，你就是"科学家"的化身。这意味着你具有即时的可信度，但也意味着你需要说服听众相信你也是个常人且能用有趣的方式讲故事。有些情况下，它也会让你成为争论的靶子（详见第十九章针对这种情况的讨论）。

注意不要表现出优越感。它可能在细节或者不那么细节之处流露出来。避免太多的"好莱坞式"表达，例如壮观场面（一两个没问题，太多了则不行），惊人的知识，"自然的奥秘"（此类说法），以及类似方式。也不要为了迎合最低标准而堕落到陈词滥调上（如"一亿个这种东西都能聚集在大头针帽上"），或者思路简单的类比，特别是那些有关厨房的类比（如"在远古时代，星球就像热煎饼糊"），关于体育场面的类比（如"这是个灌篮式的结果"）。假定你的听众有广阔的想象力才是你向他们致意的方式。

第十四章　毕业论文（学位论文）：它的意义和写作方法

　　一份论文更重要的工作在于其封面与封底之间的内容而不是广受好评。

——卡尔·萨根（Carl Sagan）

一、论文意义

对很多科学家来说，在他们曾经或即将撰写的研究文本中，从某种程度上可以说毕业论文是其改变一生之作，硕士学位论文与博士学位论文皆如此。完成毕业论文并通过论文答辩，意味着你的学生生涯结束了，你即将成为真正的科学家。这也是写作论文富有挑战性、费力、花时间的原因之一。

在你启动论文写作前期，花时间通读一下他人的研究成果，比如，大学或研究机构里你这个研究领域过往的优秀论文，特别是与你的研究方向、方法或科研工作的其他核心部分有交叉的那些论文。可以请你的导师向你推荐一些。如果没有多少与你的研究项目相关的论文，找找其他大学或研究机构的论文（例如，在你的具体研究领域中知名科学家的学生写的论文）。

这些重要文献不仅仅是你的参考文献，它们本身就代表了一个成功的故事，而没有什么比从成功中吸取经验更能使人获得成功的了。它们也是你的朋友，向你展示了在结构、组织和风格方面怎样做会奏效。你可能会发现一两篇看起来特别有价值的论文，把它们当作"伙伴"，找出论文中你觉得可以做得更好的部分（这样你就会知道该如何改进）特别有助于你进入作者状态。当你在写作中受挫或纠结的时候，也可能会再次找到这些"伙伴"寻求支持与积极影响。它们很可能经历过黑暗时刻，才到达了光明的彼岸。

同时也要牢记，你不是把它们当成模板来拷贝，而是消化其中的可取之处作为指导。你的论文一定是你自己写的。是的，每所大学都有很多人成功地获得了博士学位，世界上每年有无数人加入这一行列，但是你自己的工作是独一无二的，其中包括你一定要面对的困难。借鉴他人的劳动成果只是让这个经历没那么孤单。终点在险峰，但是其他人已经站在顶点，在你寻找自己前行之路的时候向你招手。

作为论文作者，写作论文是你巩固和表达自己观点的一个经历，包括你对于问题解释的立场、你在重要辩论中的位置、你的研究哲学（这一点很难得），以及你作为"生物学家"或"物理学家"的自身形象（你不再是"学习生物学或者物理学的博士研究生"）。写作毕业论文对很多科学家而言是一个机会，他们需要建立其所在领域的全局观，认清其发展阶段与未来发展方向，而且靠他们自己做这件事——这对于任何领域的任何学者来说都是一件极其有价值的事情。

二、论文基础

从某种意义上说，毕业论文类似于一篇科研论文的增强版，它回答如下一些同样的基本问题：

（1）你做了什么？

（2）你为什么要这样做？（为什么它很重要，为什么之前没有做过？）

（3）你是怎么做的？

（4）你发现了什么？

（5）你认为它意味着什么？

（6）在你做的过程中，谁为你提供了帮助？（你使用了哪些资源？）

你可以把这些问题当作论文给定的整体结构，但是让我们先把这个概念放一放。

重点是，论文并不是个完全陌生的项目。确实，论文的长度、写作的深度与需要花费的时间可能与你迄今做过的事情都不同，但你并非被困在遥远的冰封世界。写作论文当然是个巨大挑战，也应该是个挑战。如我所述，这就像是一张通行证，证明你真的能做科研。这样说的话，你会不会希望它具有挑战性？如果它不是足够具有挑战性，反而会让你觉得自己还没有准备好开始科研生涯。

毕业论文不仅是一个证书。它还是学徒训练的成果，也是原创科研工作的展示，是实实在在的贡献，是新知识的来源。你要做的不仅仅是把通过实验或野外考察获得的新发现整理起来，你的发现还必须基于分析、文稿展示，尤其是关键性诠释而具有实在意义。这正是脱离了学生身份成为科学家的标志，研究者就此化茧成蝶。这既是你的独立工作，也离不开导师的指导。你的写作必须在术语和概念背景方面展现出紧随最新发展，但也要部分展现已有的研究传统。你必须避免过于遵循传统，也要避免与之过于疏离，必须做到有效平衡。

过分遵循传统很容易。你需要做的所有事情就是藏在已经出版的论文背后，在你的论文里总结别人已经说过的内容，然后几乎每句话都引用他们的名字。这样做是在浪费你的宝贵时间。当你的导师无论是用温和还是焦躁的语气给你指出问题的时候，你就会发现这些内容都需要重写。

与之相反，在某种程度上，过于特立独行意味着丢掉了太多那样的名字。比如说，如果你在一页页地写引言、讨论或结论时，并没有引用多少参考文献，那可能是时候停下来考虑一下论文评审委员会能否接受你的"自我崇拜"了。如果这看起来让人困惑，那么记得你的论文真正关乎的是你的工作——你做了什么并发现了什么。已发表的论文不是用来取代你的研究的，而是要为你综述领域内的工作提供语境和基础，并且辅助说明你的研究的必要性。可能从你选来指导自己写作的论文当中，你能对文献发挥的作用有更清楚的认识。

很多研究生认为他们的学位论文研究本身太专业、太有限或视野太狭窄，所以只能引起一小部分人的兴趣，认为其重要性仅犹如一只虫子诞生一样。这是一种错误想法，更不用说是一种自我否定。事实是你确实做了实实在在的贡献，而且这不是微不足道的成就，而是不可或缺的条件。很多情况下，毕业论文工作成了深入开展研究之后发表一篇或多篇论文的基础，有时候更加深入发展成为一系列研究和论文。

这也是"小事情"需要被一丝不苟对待的原因。你需要确认标题和子标题之间严格一致、图片和表格标注的方式，以及你在文中提及它们的方式。所有图表都要经过设计和大小调整，以便使它们的细节清楚易读。你的严谨性还应该体现在规范所有文本的格式，以及固定的段间距和行间距。确保不会有字体或字号的突然改换，尤其是确保你从他处复制过来的文字不存在这样的问题。对于参考文献，全文采用同一种著录格式，直接从各种在线论文和图书中复制文献可能会弄得一团糟。此外还要注意检查页码，以确保它们顺序正确、没有缺失。

所有这些看起来都不过是"抹胭脂涂口红"的装饰，其实不然。关注这些细节不啻为专业度的表现，其理由并不出奇。我在前文用到"严谨"这个词是有原因的。注意写作材料说明你尊重读者、对科研工作把握得好。相反，出现这些小错误就像演奏音乐时丢失了一个音符，会让人分神且显得你很业余。

最后必须做到一点：确保了解你所就读的大学或所在院系是否对毕业论文有专门要求，包括论文篇幅、格式、使用的文字处理软件，甚至使用的字体和字号（大学对这类事情的专门要求出奇的多）。事先确认并检查这一点有助于你省去很多时间与麻烦。不要仅仅指望你的论文评审委员会告诉你所有此类细节，而是从一开始就该自己负起责任来。毕竟论文评审委员会的每个人都不用被逼着纠正这些错误，或者忍受被别人指着论文说自己不懂得遵守要求。

三、论文结构

如其他长篇写作一样，毕业论文也需要好好组织，按照逻辑展开。

要做到这一点的第一层次是各章的安排顺序，这看似非常简单，但是如同科研论文一般，学位论文也是讲故事的一种形式：你把想法、事件（实验、建模、野外考察等），以及发现和其他内容娓娓道来。还要考虑第二层次和第三层次的逻辑与顺序。如果能意识到这一点，你将来作为科学写作者的能力就会高很多（你会对掌控材料更有经验）。

话虽如此，博士学位论文也是有几种基本结构形式的。其中之一适用于某些领域，特别是生命科学领域，也适用于其他一些系统性较弱的领域。目前使用最广泛的结构就是我下面将具体讨论的这一种，或者与之类似。这种结构的一部分（标题页、摘要等）适用于差不多所有论文，但是其他部分则不然。我已经尽量尝试把各类论文都囊括进来，以便于所有读者都能在讨论中各取所需。

近些年，硕士研究生和博士研究生把毕业论文的部分内容结集出版的情况越来越常见，他们以个人名义或研究团队一员的身份在获得学位前就将论文公开发表。这一趋势在生命科学和生物医药科学领域尤为明显，反映了这些领域内的动态变化。这引发了两个方面的影响：在学生学业的早期阶段就对他们的研究产出有较高要求，准备好承认他们在重要科研工作中的参与和贡献。它意味着在这些领域，一个人在得到其研究者头衔的必需证明之前，必须先成为基本合格的研究者。在这种现实情况下，相关领域的毕业论文采取非传统结构也变得普遍起来。它看上去像这样：

  标题页
  摘要
  目录
  引言
  论文 I
  论文 II
  论文 III

总讨论

结论

毕业论文的主体，即研究部分，包括一系列可能已经发表、已经被期刊接收或准备提交的研究论文。每篇论文都有其各自的引言、使用的材料/方法、结果、讨论和参考文献，也可能并非如此。这取决于学校要求以及其中具体的研究，比如它是一系列独立实验还是使用一系列方法与材料的长期实验。其他方面也可能有所差异。例如，如果各篇论文投给了不同的期刊，不同期刊对论文格式的要求也会不同。总而言之，这种毕业论文涉及对一系列分离的科研成就做出统一标准化的表述，有点儿像是对一段新的科研生涯成功起步的带有注解的记录。

上面这种情况是否会扩展到所有学科领域尚不清楚，但是目前最普遍的毕业论文结构仍然是20世纪中期建立起来那样。在这个应用最广泛的形式里，结构看起来是这样的：

标题页

摘要

目录

引言

文献综述

研究问题陈述

研究方法与材料

研究结果

讨论

结论

附录

参考文献

注意，就像科研论文一样，毕业论文的整体结构看起来像是漏斗——

开头宽泛，中间细致，结论再次宽泛。

上面给出的具体结构基本适用于任何类型的实验研究，但它不是固定法则或教条。很多毕业论文不单独列出研究问题陈述或者文献综述一项，而是把它们写到引言部分中去。此外，如果你的研究涉及野外考察，或者关注的是方法论或理论方面的问题，可能还需要做其他调整。

需要重申的是，正因如此，该看看你所在大学相同研究领域中此前的论文，特别是你的同门以及其他论文评审委员会成员指导的论文，这永远是个好主意。这种"尽职调查"会帮助你很好地认识论文结构可以有多大弹性，以及你该知道的很多其他事情（风格、各部分篇幅、标题和子标题、图片、表格等），你甚至会发现适合用作自己毕业论文的样本。但是，千万不要带着这种想法去通读别的论文，最好能对你自己的材料保持开放心态。

很多学生用线性方式来写作。他们先写第一章，然后写第二章，之后写第三章等，最后写到一个理想或不理想的结局。这种方法会给人一定程度上的安慰，就像一路捡面包渣穿过黑漆漆的树林。但是正如鸟儿可能飞快地降落并偷走这些粮食一样，这种方法在写引言的时候还不错，但也只是在纸上（或电脑上）写点东西的松散方法。任何引言都该在基本写好其他内容之后回过头来修改。为什么？因为写作引言的时候你可能还不知道自己要介绍些什么，所以你要做的最后一步是给引言定稿。

不要觉得需要在彻底完成文献综述或材料与方法这部分之后才能写研究结果或讨论部分，改变各章的写作顺序并穿梭其中是完全可以的，只要记得之后再插入一些合适的过渡语就行，这样写有助于你发现论文各部分之间的联系。但是如果你感到无从下手，就像空中有太多气球，有太多未完成的片段，那就回归一种更为线性的写作方式。

写一本书那么长的论文不是系统算数，没有什么公式可遵循。你需要在写作的过程中不断发现，深刻洞察，建立联系，做出你深信不疑的解释。实际上，这个发现的过程，就像你可能在实验室取得的任何发现——恰恰有些时候使写作任务上升到真正令人兴奋的高度，成了绝对有助于驱使你前进的一个经历。

一个要点是，如果你已经基于毕业论文研究发表了一篇或多篇论文，或者完成了一份基金申请书以获取资助，那么你已经完成毕业论文中的相当一部分内容了，至少你已经把引言、文献综述、研究结果和讨论的核心部分完成了。剩下的就是与你的导师讨论这些内容应该如何展开或者做哪些修改。与此同时，你的已发表论文或许应该收录在某一部分中或者作为论文的附录，并且把你的毕业论文的预期读者在论文评审委员会成员的基础上扩展到更多人群。

四、论文主体部分

对于那些还没有发表过论文的人，换句话说，也就是大部分人，接下来的讨论将在写作推进方面提供些许建议。记住：没有什么建议能代替你的工作，所以别指望它们在键盘上挥舞你的手指。如果真的如此，那你终究还不算是科学家。科研中的相当一部分工作就在于运用自己的技能和智慧。

（一）标题页和摘要

几乎永远有一个你需要照着做的标题页模板，你面临的仅有的挑战在于考虑标题。这是一件你应该独立完成的事（我相信如此），不需借助任何指导和建议。标题是你赋予毕业论文的名字，也应该只属于你。其他例子可以为你提供启发，但是标题从第一个字到最后一个字都应该是你自己写的。

至于论文摘要，通常是两到三页，如果你的导师同意的话也可以短一点。第九章中对于科研论文摘要的基本指导原则在这里也适用，你只是把它们用于一个篇幅更大的文本中而已。

（二）目录

如果说标题是读者第一个会注意的内容，那么目录通常是第二个关注点。目录是论文所有内容的导航，比摘要更详细，所以你的目录应该在措辞和其他方面告诉读者，你是个多么优秀的科学写作者。

目录写得好，就相当于为读者在畅游文本的过程中指明了"高速路"和"主要街道"。如果写得不太好，就既做不到这一点，更说不清楚每条"街道""小巷""广场""走廊""环路""死胡同"。这时候地图就成了设计图，非但没有欢迎来访者，还水泄不通。这种目录给人留下的印象是：这是一个不成熟的作者，他认为目录写得越长、越复杂越好。

虽然过分详尽的目录是一个极其常见的问题，但它是可以轻松避免的。如果你发现自己每写一两页就另起一个新的章节，那么这种情况下目录里就会几乎把整本论文的每一页都列上去了，你需要停下来重新考虑。可以把很多这种小段落整合起来放在更宽泛的标题之下。比如说，某一章写的是用于核聚变反应堆外壁的不同材料，那么你对每种备选材料的讨论只需要写一页，最多两页。不要为每种备选材料单起一个章节，把它们归类放到更笼统的部分之下，如金属类和非金属类。如果这么做还是每部分只有几页，那就把它们全都整合到一起，起个诸如"构成反应壁的备选材料"的标题。

（三）引言

找到毕业论文开场的最好方式是最艰巨的挑战之一。此时你看似面对无限的可能性，实际上却是无尽空虚。有几种比较简单的开场方式，在此举几个例子。

下文是一篇有关美国的蜜蜂数量减少的毕业论文的开篇：

> 美国消耗的食物中几乎1/3含有靠蜜蜂（*Apis mellifera* L.）授粉的植物（一篇或多篇文献）。这种授粉的农业价值最近已经估计

达到187亿美元（文献），使蜜蜂成了美国农业经济的最关键性物种之一（不需要文献）。正因如此，自20世纪80年代中期开始出现的蜜蜂多样性与数量下降，引发了食品及相关产业的巨大焦虑，然而北美昆虫学家开展的研究尚无明朗结果（几篇文献）。

这个开场好在哪里？它在总体层面提供了基本语境，然后详细展开说明。毫无疑问，它也树立了研究课题的重要性。在最后一句话的末尾，它向我们指出了重要的知识空白，而我们可以期待这篇毕业论文研究解决这一问题。

另一种方式的开场可能像下面这样：

本研究的目的是确定未来发电站核聚变反应堆内壁的最佳材料。它组成等离子反应室第一道壁，其中有极高的温度并发生各种水平的粒子放射反应。然而目前没有可供备选材料实际测试的实验设备，因此必须采用非直接的测试方法。

在这个例子里，论文交代了研究的来龙去脉与基本原理。在这里，知识上的空白是关于现有方法的，我们也可以期待下一段无疑会告诉我们作者选择采用了什么新的研究方法。

（四）文献综述

无论你决定将文献综述独立成章，还是把它整合到引言及后续章节中，它都构成毕业论文的一项核心要素。理由是显而易见的。你必须广泛了解相关文献，才能知道你的研究课题是否成立或者是否有前人研究过了，它是否有意义而值得开展，以及其他同行研究者是否也这么认为。事实上不仅如此，你对文献的熟悉程度说明了你了解相关知识的专业度，从而说明你具有足够资格去开展你的毕业论文所涉及的研究工作。

对文献需要仔细甄选。认为应该把读到的或者应该读到的所有与你的选题有关的内容囊括进来是一种误区。这个误区也针对其他语言——如果你不能阅读德语、俄语或法语中的任何一种语言，你就把自己陷入了寻找用这些语言所撰写文献的麻烦之中。冗长的参考文献列表并不是工作彻底的表现，对于专业科学家来说，这代表缺乏自信，以及认为文献越多越好的幼稚且不专业的想法。

但是如果你在一个真正前沿的领域开展科研工作，目前没有多少前人成果，你可能别无选择，只能拿出一个相对短小的资源列表。尝试用不相关或者沾边的资源来拉长列表的做法也没有什么效果。相反，应该在文献综述开头做出陈述（以谦虚的口吻），说清楚在这个领域迄今没有多少相关研究已经开展。

对于文献综述必须包括什么，虽然没有固定的要求，但还是有一些指导原则的。综述的最直接目的在于为你的研究提供必要的背景。有些情况下，列出资源以表明你原创性思考的方式也是好的，但它们不应该占据列表的统治地位。事先鉴别出你的研究领域中关键性的论文，那些开拓了相关研究领域并把它发展到现阶段的论文。对于这类论文的作者，不要用简单重复或大量复制他们早期论文素材的方式去列举他们的论文，就算你已经彻底读过它们（一个普遍经验是，以某人作为第一作者的论文收录最多六七篇）。仅仅强烈依赖于一两位有影响力的科学家会让你看起来缺乏原创性，就像你过分隐藏在另一个人的影子里一样。就算是知名人士的作品，也不要收录已经证明无效的资源。同一位作者的早期作品若被其后期更重要的作品取代，也不必收录。

在论文撰写前期就着手整理参考文献是个好主意，甚至可以比这更早动手。使用某种文献管理软件，如 Zotero 或 Endnote 生成参考文献，会大有帮助并帮你节省很多时间（在算法经验方面）。但你需要仔细检查结果；此类软件还远不到零错误的水准，也会给粗心的用户带来大麻烦。随着你的研究开展，有些资源可能显得边缘化，其他的则处在中心地位，与此同时新的论文也会不断发表，这些都意味着你要不断更新文献列表以及文献讨论，在你的终稿阶段仍要保持更新。你其至可以考虑在提交毕业论文的前一周再检索一下最相关的期刊。

很多博士研究生会延后参考文献的撰写，先把文献综述的核心资源标注出来，直到研究的主要工作完成才动手。有个简单得多的办法：在你还没有开始工作的时候就动手编写参考文献并且标好待讨论的资源，也就是说，在你开始实验、在你转向研究领域、在你打开电脑之前就这样做，在你推进工作的过程中逐步补充材料并重新评估。举个例子：每周留出几个小时，找个合适的固定时间，专门用来更新参考文献。我能保证你会高兴地发现少了一项撰写学位论文中的杂事——无论如何都是一项不小的事。

（五）研究问题陈述以及假设（如果有的话）

在毕业论文靠前的某个位置，有必要讨论研究问题，有时候也讨论你做出的假设，以指导你的实际工作。有些大学要求这部分内容独立成章，通常在文献综述之后。但这远远还算不上是规矩。有时候此类讨论放在文献综述的末尾。又或者，它可以在引言部分的末尾用"动机"作标题独立作为引言的一部分。还有些其他情况，就像上面展示的第二个引言例子一样，这类信息甚至可以作为毕业论文的开篇。

写这部分讨论的一种常用方法是分成两部分来写。第一部分，先做简要的背景总结来解释为什么要开展这项研究，哪些知识尚不明确，为什么该研究很重要。你可能已经在引言部分介绍过这些了，所以在这部分简单复述一下或用更简洁的语言来说一下。第二部分随之介绍你做了什么工作来终结这种人类理解范畴内不可忍受的缺口，可以用如"我们所知的空白正是本论文所述研究开展的动机""我的研究以解决这一问题为目标，通过……""本论文研究的基础是……"，或者甚至用"研究的目标是……"这样的说法来写作这部分。之后提及具体的研究课题以及它们在哪些章节中被提及。如果相关的话，你的工作地点、数据来源、实验重复次数、观察的总时间等内容也应该写进这部分中讨论。

如果你的研究有较大的影响，这些影响也应该在你介绍研究课题的部分找到一席之地，此后你可以在论文的结论部分详细展开来说，在此处只提及你的工作有潜在的重要性即可。

（六）研究方法与材料

写研究方法与材料这一部分的根本目的在于展示你在选择解决研究问题的方法时使用了好的判断和逻辑。无论这部分位于论文的什么位置，它必须完整、详细且面面俱到，以便任何人都能重复你所做的工作（当然也希望他们与你有同样发现）。因此你应该提供所有使用仪器的细节，你是如何使用的，以及使用了哪些材料。野外考察的所有地点信息也应该给出。类似地，所有涉及的研究对象（无论是人还是动物）细节都是必要的。如果你在研究过程中调整了研究方法，也应该提及这一点并说出原因。

撰写这部分的一种方法是把它写成记叙文，像讲故事一样讲述你选择做什么（如你的实验设计）以及为什么做，你是怎样实施的，以及你的研究结果质量是否证明你的方法选对了。这样写是一种非常简单直接的方式，有助于你时刻想着有人可能会重复你的工作。是的，有些部分你不必写进论文中，诸如你把亚甲基蓝洒到笔记本上了，或者你把引以为豪的内肋蛤属生物化石中的一块放错了位置。这类小意外和小事故不需要读者去重复。

有些大学要求你把分析的方法也写到这部分中（其他大学可能要求这部分独立成章）。你决定如何整理和展示数据，为什么？你用了怎样的统计学方法？何种程度的不确定性是合适的？你是否用了一些其他已被证实是信息量或实用性较弱的方法？简单来说，有必要展示出你知道收集数据之后该如何去处理。

在你动手开展实际工作之后，趁着一切内容都还新鲜，马上就给这部分打草稿是个好主意。有些撰写内容甚至可以在数据收集阶段分步来完成。

这部分的末尾部分可能关注你所用实验方法的局限性。没有完美的实验方法，指出研究方法的优点和缺点或局限性是专业性的表现。此外，这样写也有助于转移或减少来自论文评审委员会的批评。

（七）研究结果

这部分主要展示并描述你的发现。这里不是你讨论其意义的地方，说来也怪，后面"讨论"那部分才是。毫无疑问，在你还是博士研究生的时候就深知这一点，但下面这种情况又时常发生：一篇毕业论文钻研某个表格、图片、地图、图像或是别的什么东西，就把实验结果与讨论混到一起了，莫非作者因太兴奋或激动而没控制住？

"研究结果"这部分应该不难写。更多工夫通常花在决定展示数据的最好方式上，以便使其看起来最直观或充实。很多情况下，数据展示的某部分由图片标准和描述格式所规定（如在结构地质学方面的所有论文都会有一张或多张横截面图），但是通常也留有空间做出修改或原创。这样的机会是有价值和有益处的，但是同样需要你的导师给出指导。

回忆一下此前对图片的讨论。毕业论文对于图片清晰度和简洁性的要求尤其强。这里不适合向读者展示创造性的复杂事物、多层次模型、多列联表数据（塞得满满的那种）或是富有创意的配色。一旦你拿不定主意，那就参考一下已经发表的文献。

确保无论是哪类表格和图片，都为其配上清楚且明显的标题。在这方面做得一致而彻底代表着专业性；反之，遗漏和不规则就表现得很业余。

（八）讨论

"讨论"这部分应该是你在写作过程中感到最有趣和刺激的部分。在这里，你需要谈谈自己所有的工作得出了什么结果，意味着什么，为什么很重要，填补了哪些知识空白，它对本领域（也可能不止本领域）

当前和未来发展可能有怎样的巨大影响。

从某种程度上说，上述一切也正是这部分可能最具挑战性的原因。用一种符合研究选题的逻辑顺序组织你的想法，可以展现出因为你对于自己的发现兴奋而又骄傲所产生的气场，以及你展现它们的渴望。另一方面，这部分就是你的论文基本完成（剩下的主要是总结）之前你必须跨过的最后一条河、必须翻过的最后一座山，认清这一点也可能让麻痹、胆怯、拖延甚至恐慌这类心态更加严重。

心理治疗或服用相关药物并不能解决问题。解决问题的方法之一在于，如果你通过研究检验的假设与讨论有关系，那么首先复述它，或者复述最初要解决的研究问题。之后，你可以设想回答一系列问题，如下面这些：

（1）你主要的解释是什么？

（2）你的研究结果如何支持上述每条解释？

（3）你的数据支持的更为具体的理解或说明是什么？这些内容以怎样的方式支撑你的主要解释？

（4）你的发现与本领域的当前理论如何互洽？

（5）你有什么预料之外的发现（如果有的话）？这个发现意味着什么——为什么事先没有料到它，这是否需要改变理解课题的方式？

（6）你的数据和解释能否做出重要预测，如关于某个自然过程？

（7）你的解释的局限性如何？是否有你的研究不能阐明之处？

（8）是否有其他解释方法，如果有，为什么其他解释相对站不住脚？

（9）你在前人研究的基础上增加了什么内容？

（10）你的发现与解释的主要含义是什么？

最后，给这部分收尾的一种好办法是写一段未来研究展望或进一步研究的建议。这将用到你已经提到的内容，尤其是研究局限性方面的陈述。指出你认为自己的研究工作揭示出来的或者未能彻底填补的最重要的知识空白是什么，说上一两条未来面对的挑战完全不会不合适。

（九）结论

写到此处，你已经来到了完工的大门前。在这部分中，你要覆盖已有内容，主要是用新的字词和简洁的措辞为研究中得出的主要解释写总结——那些你特别希望读者记住的解释。不要把所有发现都囊括进去；换言之，只把你认为最重要、对本领域尤其有意义的部分包含进去。

多数科学学位论文的结论部分都不超过3页。如果你还想继续讨论自己工作的意义以及相关研究未来的方向，那再写一两页当然也可以。你可以请教导师以获取做出这类决定的帮助。

话虽这么说，其实如今并非所有毕业论文都要求有"结论"这部分。这当然取决于你所在学校对毕业论文的具体要求。如果你自己有权选择，那么我建议你写"结论"这部分。为什么？有两个理由。

第一，当任何读者想确认你的毕业论文在满足他们需求方面的重要性时，"结论"都是他们想参考的重要部分之一。毕竟这部分连同摘要一起对你的核心贡献做出了简要概述。

第二，写这部分是给你自己拟稿子的最好方式，你可以用这份稿子向其他研究者和大学描述你的博士学位工作。在他人面前不再吞吞吐吐或犹豫，你将在脑中有一份成稿，它会让你看起来像个真正的专家。这一方法在学术会议、座谈会或其他任何你需要认识本领域新人的时候特别方便。正如本书中多次提到的，没有什么能替代你自己的科研能力，将你自己的工作用自信、清晰、流畅的方式展示出来。毕竟没有人比你更清楚自己的工作。

五、但是你的论文评审委员会（审查人）会审查什么？

你写的有一本书那么厚的毕业论文完成并装订起来了，也送到了论文评审委员会那里供他们最终审阅了，他们将在你的论文中找些什么？

首先，他们可能会躺进椅子里，注视窗外，想象晴朗而遥远的地方……但是之后他们会想起一本毕业论文中可能藏着"金子"，哪怕就一点点，这本论文可能会教他们一点新东西——一点他们需要知道的东西。它也可能为审阅人自己的工作提供灵感、考虑的要点、值得尝试的新技术，至少它能帮助他们更新某个领域的新进展，某个他们可能曾经研究过但一直没有找到时间跟进的领域。还有那个关于未来的令人不安的问题：万一这个学生成了领域内的佼佼者，甚至非常有名呢？现阶段忽略他可能会让他们的梦想和未来的职业生涯耽误十年。

那么，他们首先会看哪部分以了解这本毕业论文讲了些什么内容呢？他们首先会读标题，然后是摘要。接着，他们会扫视目录，看看这本论文有多长，包括几个部分，是否按照合理的顺序展开，以及整本论文有多少页。之后跳到结论部分，以了解主要发现以及这个学生在撰写中是否思路清晰且自信，并且发现多数或者全部拼写错误。最后查看参考文献，以了解他是否列入了本领域最知名的资源。

这就是论文评审人与你的论文的第一次邂逅，顺序依次是标题、摘要、目录、结论、参考文献。如果时间有限，目录或者参考文献可能来不及看，但不可能不看摘要或结论。

如果来了兴致并且想此时就细看，他们可能会翻回去浏览图片、数据表格以及其他图表。他们会依次选择其中一些，停下来细看某张图片，判断其质量、完整性和可读性，然后找几个讨论这幅图的段落，并类似地做出判断。再回到开头，他们可能会读引言的开头，评价研究题目的提出和讨论好不好。这时候，如果一切看起来都不错，论文评审人会把这本毕业论文放在书架或书桌上，并计划着用一两天时间读完剩下的部分。如果全都秩序混乱并且发现一些问题，他将会花上些心思和耐心细读它。

你可能花了几年时间去写毕业论文，但是经验丰富的专业人士仅仅在一两个小时内就能对你的论文形成一个比较稳定的印象。这并非侮辱或肤浅地对待你的研究工作的表现。事实上，优秀与糟糕的学位论文都会在其引言和结论以及其他一两部分中展露出很多基本要件，评审人因此能判断这篇论文的质量如何。对于智者而言，从一个词就可以见真章。

最后一点：别以为你的毕业论文最终会微不足道，别以为它仅有的读者就是论文评审委员会的成员加上（你收买的）朋友或亲戚。我在博客和很多网络帖子上看过太多这样的观点，这种想法在很多情况下都是错的。没有人能说准谁可能会对你的研究工作感兴趣。我就曾不止一次震惊于自己的毕业论文被后来的学生所引用，并出现在很多论文的参考文献里。其他我认识的科学家的情况也如此，他们也曾一度以为自己的毕业论文唯一的附加功能就是用在室外的茅厕。但是抛开幽默和谦虚不谈，很多大学或相关部门如今会常规性地把这些毕业论文上传到网络，人们要么可以直接看到它们，要么通过图书馆数据查询系统看到它们。公立大学尤其如此。这确确实实已经成为世界上多数地方的做法，这个势头只会越来越猛。此外，研究型大学和学院现在提供类似于ProQuest的服务入口，这些服务收集了全球范围内上百万份毕业论文，让它们可供使用。目前的基本问题在于如果你还没有发表自己的科研发现，那么什么时候让你的毕业论文以这种方式可被获取？

毕业论文扩充了科学知识的宝库。这意味着无论它的选题多么小或不那么重要，无论其中一些推测是否幼稚，也无论它会让其作者的形象看起来多么谦卑，它仍有真正的价值。这类价值存在是因为它自己本就是科学的一部分。一篇高质量的毕业论文不仅为人提供一种愉悦或美好，其每一毫米也是努力、智慧与奉献的产物。因此从某种程度上说，它的创造者也应该因此感到骄傲。永远不能说扩充了人类的知识宝库只是个小胜利。

第十五章　网络世界：科学的新语境

真理的源泉应该如此流淌：它应该像新星一般驱散无知的黑暗，并发出前所未知的光芒照亮众人。

——约翰·古腾堡（Johannes Gutenberg）

一、新媒体，新信息

本章不会教你如何作为一名科学家使用互联网，亦不是将搜索引擎、数据档案库、电子期刊或是类似物综合起来的调查报告。这一章是写给研究生及以上学历的人看的，因此假定读者很熟悉如何使用互联网，包括与其研究领域科研相关的部分。此章节接下来会说到科学家如何通过互联网这个新媒体了解他们自己的工作，他们该如何认识在线发表相关的重要问题，诸如知识产权、开放获取，以及如何理解互联网作为与非专业公众建立联系的新机遇。

历史告诉我们两件事：第一，从大约公元前3300年直到现在，知识传播从写作的诞生持续发展而来；第二，历史上曾数次发生这种事，即某种新媒体——卷轴、手抄本、印刷品以及现在的电子媒介——出现并深刻改变人们记录、出版、分享和教学的方式。

这些现实表明，互联网将继续以动态的形式发展一段时间。历史也告诉我们，网络世界并非消除过往，而是与之达成妥协。我们已经过了那段黄金时期，即认为网络学术将为所有人带来科学传播的伊甸园——一个没有边界、没有通行费、没有预算困扰的王国。这其实是个幻想。在实现这种理想状态之前，还需要在相当长的一段时间之内保持部分现状，比如说纸质印刷。至少在一段时间内，互联网会协同演变现有的交流形式，这毫无疑问会改变并重新指引它们的方向，但是不会彻底取代它们。我们可以从另一个角度来看待这件事：本质上，互联网是传播媒介，尤其是写作和演讲形式的传播。

对于既是普通人又是专业人士的科研人员来说，这意味着什么呢？简言之，每位科学家都应该学会如何以高水平的意识和能力在网上生活与工作。其中，意识包括了解网上有哪些工具，有哪些机遇与陷阱。在开展科研工作方面，它贯穿于从形成想法到论文发表的全过程中。能力意味着知道本领域的科学家期待（要求）互联网最低限度能做什么。知道得更多将会提升这种能力。

互联网远不止一个传播工具箱。就像曾经的每次媒介更迭，从手抄到印刷，这让思想的新形式成为可能——研究的新类型、数据呈现的新模式、合作的新方式、专家与外行的新联系，还有很多其他方面。正因如此，机敏而有雄心的科学家不仅会学习在其学科正常工作所需的知识，还会探索网络世界以获得更深远的可能性，把自己的研究做强做深，也让更多人知晓自己的研究。

就目前情况来看，研究者只能自学互联网相关技能。这通常不是什么深奥的问题，特别是对于浸染在网络世界成长起来的年轻科学家而言更非难事。但是在专业化使用和引导方面仍有很多东西要学，比如说在线游戏可能不是为科研团队工作训练高级数据检索系统的好地方。对于大学，特别是研究生院而言，提供以科研为目的的网络使用课程是个好主意。随着时间推移，可供科学家选择的选项只会进一步发展和演变。随着每个领域对于其网络能力的具体要求都变得有所不同，要求每个部门开课学习也许合情合理。

二、积极的一面

毫无疑问，网络世界已经深刻变革了传播方式，尤其是在科学领域。

为什么是科学？有几个潜在理由[①]。现如今研究的每个阶段都依赖数码技术，从提出想法到发表结果，再到此后一直记入档案。仅就电子邮件而言，目前就已经是科学家之间进行正式与非正式沟通的首选方式。在某些限定范围内（我会在下文讨论到），研究者可以在能够联网的任何时间和地点获取本领域或其他领域的文献。科学也从互联网如今可整合和使用的大量信息中获益。数码技术记录、存储、分析、展示和收集海量数据的能力使得新工具能够形成如此体量。人造卫星、大型计算机、全球传感网络、气候模型以及大数据的多重面貌，这些都只是部分例子。基本可以说，我们现在只看到这个阶段发展的初始。考虑到其固有的动态性，互联网将来会产生新的、无法预测的科学形式。

互联网增强了世界各地研究者之间的联系，促成了新的合作，包括那些远隔两地的合作。科学领域所谓的"无形的大学"也就变得比以往更大、更国际化、更有活力，从而更加高产。另外，互联网可以以几乎所有形式发布研究成果，包括文本、视频、音频，以及任何形式的图片，无论是静态的还是动态的。这比我们最初可以想象的还重要：科学领域多样化媒体的角色比以往更加重要了，其自身也成了一种新的信息与创造力之源。

在线发表的形式也证明了自身为联系读者提供新渠道的能力。大部分期刊目前都为科学家评论彼此的工作提供了实质性的空间，它开启了一轮开放、公开的同行评议，这会带来富有成效的交流，远超几页纸质期刊所能够达到的效果，甚至能促成新的合作。而且，它能终结不同的解释流派之间的冲突或棘手的矛盾（甚至有助于科学家目击这一切）。多数情况下，这种新的接触形式有助于产生有价值的反馈，对年轻的研究者来说受益匪浅。

科学家与公众之间的新渠道也打开了，这也承载了重要意义和机遇。像其他专家一样，科学家经历的长期训练，主要甚至专门用于面向

---

① 以下观点援引了 Christine Borgman 在 *Scholarship in the Digital Age: Information, Infrastructure, and the Internet*（Cambridge, MA: MIT Press, 2010）之中的文本内容。

同行演讲。多数情况下，他们希望自己的工作保留在这个有限的智慧群体范围之内。在线访问使得这些工作向任何专业或非专业群体开放，他们的兴趣对于传播研究的影响力、为未来的工作获取支持（声援和资金支持）以及在公众中普及科学可能极具价值。

当然，指向某些领域的兴趣会比其他领域更多，但是这个范围已经极其广阔。与最近发现的病毒有关的新数据和观点，或者与气候变化有关的新因素，会得到来自多个不同学科研究者以及多个国家和地区的科学写作与媒体的关注。与此同时，诸如生态学、渔业、林业、水文、能量研究以及气候科学的新发现正在被政府机构、智囊团、博客、非营利性组织、公司以及类似联合国环境规划署和世界银行这样的国际组织所获取并且纳入他们的工作，包括他们出版的二级和三级报告。

互联网的放纵本质也使得错误信息出现并迅速传播，这是千真万确的，这方面的例子比比皆是，且遍及很多领域。截至目前，最恶劣的案例是2011年日本福岛第一核电站因海啸发生核泄漏的事故。令人特别遗憾的是，大量捏造和歇斯底里的胡说八道比已有的正式科学研究内容的数量高出数倍。科学家确实有能力——并且从某种意义上说有责任——通过社交媒体或其他形式以正视听。但是这样的工作会占用他们的大量时间，所以策略性地使用网络交流非常重要。

三、注意事项

虽然在线科研带来的差不多全是好消息，但是它也伴随着警示。科学数字化的红利伴随着现实世界中新的访问障碍和分配，这些障碍由于技术、经济甚至政治原因产生。科学的网络化依赖于几个层面的基本建设。电力是第一层次。世界上很多国家和地区还没有稳定的电力供应。第二层次包括服务器（存储空间和检索能力）和宽带。没有这些要素，大部分现代科学研究工作和结果都触不可及。第三层次包括研究所需的最新电脑和周边设备，如打印机、绘图机、扫描仪、摄像机、显微镜

（连接电脑的）等。第四层次是软件，包括它的更新程度和功能的完整性。最后，我们不该忽视可以称为"人力资源建设"的层次，指的是科学家自身和他们利用各种在线科研形式的能力，以及重要的技术支持人员，如网络管理员、训练有素的设备维修人员等。

这些关键层次建设中每一层的局限性都存在于当前多数国家和地区中，包括很多近年来在科研方面阔步发展的国家和地区。总体来说，目前在经济更发达的国家和地区整体建设最完整，因而使得发达国家与发展中国家的差距持续存在。尽管对于某些国家和地区而言，这种差距在减小，但是出于政治原因，这种差距可能会被扩大甚至"创造"出来，比如当某些国家受到科学传播制裁的影响的时候，或者当政府自身决定审查科研或关于其发现的传播的时候（很多国家有这种情况）。然而与此同时，前沿科学依然对基础建设有更强的需求，所以差距本身也定义了一系列动态现象。换句话说，并没有单一的数字化鸿沟，只有复杂的网络能力层级系统。

发达国家的研究者需要意识到这些现状。在很多研究领域，国际合作已经成为常态，而且如今常常涉及来自发展中国家的研究者。这方面的例子包括：阿富汗和德国的水文学家对兴都库什山溪流的研究，卢旺达和美国科学家对基伍湖底沉积物二氧化碳水平的研究。这类努力的成功，无论在数据分享还是人际交流方面，都依赖于认识到彼此在可用的研究技术方面的差异性。

对于在线科研的另一项重要警示关乎伦理问题。在线科研资料的大部分读者是科学家，他们很少会窃取或误用此类信息。但是永远不能排除发生这种事情的可能性。在线科研资料可能被引用却没有注明出处，被不正当地用来获利，甚至被改头换面并误传。全球化的获取能力并非伴随着全球化的保障，违法行为并非常常出现，但确实会发生。

不妨举个例子，从一个我已经提过的事件当中说个性质恶劣的：一幅展示了2011年日本大地震引发的海啸向东传播的太平洋地图，被拿来重新贴上了标签，展示为损坏的福岛第一核电站出现核辐射。这幅地图是美国国家海洋和大气管理局制作的,用来展示海啸的最大波振幅,而且这是一幅戏剧化的图片:黄色、橙色和红色区域划过太平洋到达美洲,伴有藏蓝色的"火焰"(最高振幅)从日本海岸向东延续近1000千米。在地震、海啸和核事故发生的开始几周,有人去掉了地图上的图例和解释,替换成与地图颜色对应的辐射测量强度。人们花了几个月才平息这场欺骗(这不是单纯的恶作剧),那个时候这幅地图已经在很多网站上传播,令几十个国家和地区的人们感到心惊肉跳。

四、版权问题

此类事件作为迄今出现的异常之事,确实强调了研究者需要牢记的一些问题,其中最重要的问题之一就是版权。包括美国在内的各国政府认定科学写作者应该掌控他们创造的数字化内容,比对他们的纸质出版物控制得更多。论文、文章、图片、照片、数据表等,以及网页、电子邮件,在它们作为数字化内容被创作出来之时就享有版权(与之相关的描述是"固定在任何实体媒介"),且无论被装载到硬盘还是闪存中时皆如此。这意味着它们在被出版之前就受到版权保护了,哪怕它们永不会出版。你无须用到国际通用的版权标志(©)来显示这一点(这一要求在1989年的《伯尔尼公约》中被废除)。尽管如此,加上这个标志确实会令人注意到材料受到法律保护这一事实。所以如果你想强调这一点,那么可以考虑这样做。使用这个标志并不需要你到版权管理办公室为你的材料进行注册。

美国版权法严禁在没有授权标志的情况下挪用此类内容进行非合理使用,无论是公开使用还是私下使用都不可以。合理使用包括引文或者为了做评论、新闻报道、综述、教学、学术讨论、效仿以及类似情况的再使用。任何引文必须标注原始出处。默认已获许可这种做法虽尚有一点不够明确,但是仍广泛假定已获许可。如果你在线发表了一些材料,你就该知道如果别人发现了它的价值,很有可能会把它下载下来或打印出来，以某种形式使用它，把它发给朋友或同事，又或者以其他的常见方式使用它。但是如果有人未经授权取走你工作中的一部分并且把它作为他自己的工作去展示，尤其是用作商业用途，他就触犯了法律（你可以起诉他）。他必须获得你的授权才能使用它。这一条对于你在电子邮件中所写的内容乃至同行评议的论文终稿都适用。如果你希望每个人都有免费且完全再使用它的权利，就可以给材料附上知识共享证书，以表明这一授权。

上面这些注解为保护你的在线作品开了个合理的头，但没有什么能彻底防范不公平使用的发生。问题就源自互联网不像其他媒介，它接近于社会本身，处在表达、交流、欲望、欢乐、愤怒、名声、匿名、影响力渴望以及很多其他事物的动态变化之中。一旦你的作品释放到这片沸腾的海域，它就属于这个世界，没有人彻底或最终拥有它。对所有形式的出版物，无论是油墨印刷还是电子形式，你都需要保持信任与警觉：信任大部分对你的作品感兴趣的都是有道德的使用者，也警觉这种想法可能太乐观，所以了解你自己的权利是个好主意。

五、开放获取

我们了解科学包含了属于全人类的知识。研究的发现意在解释普遍真理，或其近似物，每个对其感兴趣的人都可以获取。事实上，这可能是根深蒂固的观念，也许比我们意识到的程度还要深：毕竟谁会提出科学知识不应该向每个人开放获取呢？然而历史提醒我们，这一点从未实现过。阻挠一直存在，无论是由于语言、种族、性别、国家冲突、保密还是世界各国之间的经济和技术水平的差异。

最近，科学知识也变成了商品，即一种私有物，特别是在发表形式方面。也就是说，研究论文现在不仅是职业生涯第一要务，也是商业出版商们常常出售以赚取暴利的富有商业价值的金砖。从历史角度来看，这意味着研究者的目标在读者数量与影响力之间产生了分歧，也意味着出版公司的目的在销量与利润之间产生了分歧。一开始我们可能认为读者数量与销量是绑定的，但是在网络时代，只要论文有大量读者、用户和引用量，研究者就并不担心一本期刊的发行量或订阅量有多少。科学作品出版商却永远在乎订阅量，就算他们贫穷且衣衫褴褛，在院系里维持生计。如今，每个人都极其在乎订阅量，但是各自的理由并不同。

仅仅数十年之前，多数期刊由非营利组织出版，如科学社团。但是随着印刷、发行及更多方面成本的增加，这些出版商无力维系其所有权，于是期刊被卖给营利性出版商。这种迁移多数发生在20世纪90年代，但是随着一批中小型出版公司被一些成功的公司，如爱思唯尔、泰勒-弗朗西斯、克卢沃（Kluwer）、威利·布莱克威尔（Wiley Blackwell）、施普林格（Spring）以及世哲（SAGE）迅速提携起来，巨大的集中趋势出现了。正如人们抱怨的那样，这些公司发现了科学期刊是"只会下金蛋的鹅"：科学家需要获取所在领域的顶级期刊，所以学院和专业图书馆别无选择，只有获取它们，这就使出版商得以培养客户购买率并不断涨价，有时甚至高到离谱。在不到一代人的时间里，高声望期刊的价格已经涨了足足5倍或更多。他们从几十或几百美元的年利率一飞冲天，现在已经到了每年几千甚至几万美元。在线科学的到来没有让专业知识变得更容易可得，而是恰恰起到反作用。换句话说，相当一部分现代科学已经成了营利公司攻城略地的知识产权。[①]

在急着怒骂这些阻碍之前，我们应该停下来了解一些其他现状。上面列出的所谓六大（公司）掌控了50%~60%的科学出版物，它们的实力很强大，但不是最强大的。很多更小型的，通常是非营利性的出版商仍然以低廉的价格发行重要期刊，包括美国物理学会、美国科学促进会、英国皇家化学学会，迪迪尔出版社以及相当大量的学术出版社（如牛津大学出版社、剑桥大学出版社、麻省理工学院出版社、芝加哥大学

[①] 要了解科学出版领域这种转变的真实数据，参见：V. Larivière, S. Haustein, P. Mongeon, "Te Oligopoly of Academic Publishers in the Digital Era," *PLoS One*, June 10, 2015, http://dx.doi.org/10.1371/journal.pone.0127502。

出版社）。① 除去表面上几个寡头，科学出版界仍然是个高度分化的领域，不能以简单化概括去看待或讨论。

这样说来，商业巨头们确实掌控着很多领域的大部分权威期刊，如化学、临床医学和数学。如今我们都知道，这导致大部分的科学内容都需要付费才能阅读。"期刊危机"对全球学术系统的侵袭给学院和其他专业图书馆带来了沉重打击，而且是双重打击，源于订阅费用的攀升以及期刊数量的增长。在美国和其他国家，缩减的图书馆图书采购预算也对这一情况产生了影响，特别是对公立研究型大学而言更是如此。"我们写这份备忘录是为了报告我们难以为继的现状"，来自某知名学院的学院顾问委员会在2012年备忘录中如此开场，"很多大型学术出版商已经把学术交流环境搞得难以在财政上维持。"这篇备忘录被发给哈佛大学所有的教职工，这所世界上最富裕的大学之一的问题有多严重可见一斑。② 几乎所有的图书馆都要谨慎挑选期刊后再订阅，取消很多低使用率的期刊续订，通常与其他院系联合以获得更大的期刊覆盖面，寻求其他途径减少亏损，并满足其重要的档案职能的行使。

对于日渐增长的研究者和图书馆管理员群体，现状带着不公平的酸楚。科学家提供内容，判断其质量，修改编辑，并冠上他们和所在学院的名字，完成这些工作却分文不得。科学家如此费心完成这么多核心工作，然而期刊价格却如此之高且持续攀升，原因何在？或者换句话说，科学社群必须以如此价格购买自己免费劳动的果实，这能有多公平（甚至合理）呢？公平地说，出版商通常编辑论文文本、将其修改成网络使用格式、增加图片链接和观看选项、开展质量监管，还做了许多工作，以及把整本期刊档案放在网上并维持其状态，通过这些为研究论文增加了重要价值。这些工作都需要人手、时间和管理，从而增加了成本。然而对科学家来说，这类工作只能看作调整、微调，它永远不能与创作科

---

① 大部分这些出版商的名单可以在下述网站中找到：http://www.publishersglobal.com/。
② 信件全文名为"Faculty Advisory Council Memorandum on Journal Pricing," dated April 17, 2012，可于此处获取：https://oaopenaccess.wordpress.com/2012/04/23/could-harvard-librarys-untenable-situation-regarding-journal-costs-help-move-scholars-toward-open- access/（accessed May 31, 2016）。

学内容本身所花费的时间、努力与心思（通常与其付出的耐心、奉献与挣扎相匹配）同日而语。

这种现状使得对于开放获取的呼声更加坚定与急迫，并且对相当多的科学家具有说服力。开放获取可以被定义为"数字化、网络化、免费以及不受多数的版权和许可限制"[①]。其法律依据在于版权持有者同意此类使用权，它可以通过开放内容许可以多种方式完成。对于研究论文，其原始版权持有者就是作者，除非版权已经移交给另一个实体，如期刊。如今的开放获取倾向于关注经过同行评议的学术成果。它强调让科学内容付费优化经济价值，但是常常以研究价值为代价。当然要重申，网络上没有什么是免费的。有些人必须付费来让它被放在网上并持续留存在那里。问题是找到一种能够让作品创造者和用户获益最大的方式去做这件事，开放获取这个系统正是为这些人所存在的。

就像纸质期刊一样，开放获取期刊也要雇佣职员来完成很多必需的工作：格式化并编辑文章、准备插图并定稿、处理期刊集结和网页设计、出售内容、管理审核过程（有时包括同行评议）。虽然可能听起来惊人，但做这些工作的都是希望得到酬劳的专业人士。所以就像很多纸质期刊收取版面费一样，开放获取期刊也经常收取文章手续费来抵消其成本。基于某些正当以及（正如我们会看到的）其他理由，这类费用的差别也很大。有些不足100美元，但是多数，尤其是有声望的期刊，费用通常是1000～3000美元。最常见的情况下，你需要为文章被接收或发表而付费。毋庸置疑，在提交任何东西之前，了解需要递交和投送什么永远是个好主意。

现在，我必须强调整体环境令很多人不满意，因此它也在发展变化中，而其中的细节也是暂时性的，期刊有很多种不同方式去接受开放获取。

---

① P. Suber, *Open Access* (Cambridge, MA: MIT Press, 2012), 4.在本书写作时（2016年），苏博（Suber）博士在开放获取网站上对其进行了优化更新，"Open Access Overview,"见于：http://legacy.earlham.edu/~peters/fos/overview.htm.

（1）黄金式。期刊自出版之时就可以被读者免费获取，没有任何限制或禁令，作者通常需要支付手续费。这样做的目的在于最大化期刊自身的发行量和影响力。

（2）绿色式。期刊允许论文作者将论文的预印本和后印本作为开放获取，但是自身并不提供此类获取。这样做的目的在于让作者自己负责使论文得以免费获取。

（3）延期式。期刊已经出版，会有一段特殊时期（通常是半年）只对已订阅者开放。过了这段时间后，所有内容变成免费获取。这样的模式假设在限制期内的收益会支付后续非限制期的费用，在传统出版与开放获取出版之间找到中间位置。

（4）自由式（强）。期刊可免费获取且没有包括（版权）许可障碍在内的大多数的限制。目标是允许再版以及其他形式的再利用，从而获取发行量。

（5）免费式（弱）。期刊的所有内容免费但是保留版权。这种方式在最大化可获取性的同时，也将科学论文作为一种知识资产处理。

（6）混合式。传统期刊仅开放给订阅者，非订阅者需付费获取单独的文章，但是允许作者另付费用以使其文章可以免费获取。这种情况下的观点在于科学论文是一种经济（同时也是知识）资本。

形式上的多样性告诉我们开放获取这件事还处于过渡期，没有形成稳定形式。我们可以从作者的视角看到，更好的选择依赖于每个人的个人情况。黄金式标准可能是当下权威期刊使用最广泛的，对于那些所在学院可以支付出版费用或者所申请基金中包含此类费用的研究者而言十分奏效。对那些没有类似支持的研究者来说，费用问题是个实实在在的障碍。实际上，其中包括相当多的研究者，尤其是在大学或学院中经费较少的，以及很多发展中国家的。开放获取的黄金式路径仅仅把费用负担转移了，并没有成本的控制或削减。至于其他的形式，相比混合式与延期式，研究者可能更偏爱绿色式与自由式。但是要重申，这取决于个人情况。

为了促进更宏伟的目标实现，有些大动作已经展开。自 2015 年起，全球130个以上的基金组织以及580家科研院所和机构为研究者出台规定，以将其成果加入免费开放获取的资源库之中。[1] 尽管这些数字只是一小部分，但是它们足以令人印象深刻并昭示一项真正的开放获取运动正在进展之中。

现在，越来越多的大学出台政策要求教师将其手稿全都存放在学院自己建立的资源库中。当研究者想要向期刊投稿时，学院就添加一个陈述开放获取政策的附件。一旦出版商拒绝考虑论文发表，作者可以要求放弃开放获取政策。这是目前学术机构解决这个问题的一种方式。同时，一旦关乎政府资助的研究，开放获取协议就更具优势，因为它涉及让公众获取到公共费用资助的研究成果。自从2013年，美国国立卫生研究院就出台政策，要求所有受到其资助的研究者将他们经过同行评议的论文终稿提交到其自身支持的数据库PubMed中心。与之类似，在英国，所有在某种程度上接受政府研究委员会支持的研究成果所产生的同行评议论文与会议论文都必须发表在开放获取期刊。

这些努力当然是前进的标志。它们确实还不是终点，它们创造了一群彼此孤立而收录内容各异的数字资源库，有的收录论文，有的收录更多内容，包括数据、多媒体、论文、笔记等。但它们仍然是可以免费获取的收藏品，这也体现了开放获取内在的目标。

开放获取是否会变成所有科学的规范？我们还不能下定论。有些人高度期望如此，但仍有些高墙需要攀登。其中最高的一面墙是研究者的职业资本。对于在高权威性的期刊上发表高影响因子的文章的追求仍未见衰退，看起来不太会平静地消逝。不少有建树的研究者依然建议他们的博士研究生在考虑冒险进入开放获取之前先建立"传统的声望"。根据其领域和课题，这可能也是恰当的建议。就年轻的科学家而言，除非他们发明了治愈癌症的方法或者将暗物质装到瓶子里，否则不会去挑战已有的奖励系统。开放获取的未来推广也面临其他挑战。后面将讨论其

---

[1] Registry of Open Access Repository Mandates and Policies（ROARMAP）, accessed April 14, 2016, http://roarmap.eprints.org/.

中最不幸的一个挑战，每个研究者都需要知晓并了解它。

然而，很难感觉到有更大的力量在支持开放获取。作为企业商品，科学出版物与其创造者相处不来，这种情况似乎也不会改变。现有付费制度带来的挫败感已经让有些人亲自动手解决问题。目前最为人知的例子（2016年发生）就是Sci-Hub，它从重要的期刊盗印了5000万份研究论文，其中一部分受到愿意"捐献"其学术和专业图书馆个人登录信息的科学家的帮助。这样的努力清楚反映了在研究群体中蔓延的不公平感，尤其是在发展中国家。对于那些天真地提供私人登录信息的科学家而言更是如此，也暴露他们自己以及他们的图书馆未来某个时间被某个不那么具有无私精神的人窃取身份或遭到恶作剧与破坏。此外，如此大规模的论文盗取，虽然一针见血地指向出版巨头，但也对小型出版社和学会造成更大伤害，他们压低费用并依靠相当少的基本期刊存活。如同Sci-Hub这样的盗取行为终不可避免地会向他们窃取论文，这使得窃贼们的整体目标失败。打个比方说，就像罗宾汉戴上面具抢劫了村民。

换言之，开放获取当然有未来，但盗取没有。现在，真正的开放获取停留在理念之中，还在探索其具体形式，这是千真万确的。但可能有些事情不可避免，某种程度上由于过渡所涉及的巨大挑战，即从印刷世界和有限的读者群过渡到看上去最终向所有人提供可能性的数字世界。

我们可以说说关于科研竞赛的现实政治，科学具有其内在的深厚理想，关于知识对于人类及其未来的价值的理想，认为对此类知识传播的限制不能忍受的理想。这种理想某种程度上可能最初由罗齐耶（Abbé François Rozier，1734—1793）发表。这位启蒙运动先生在18世纪末期创办了一本具影响力的科学期刊——*Rozier's Journal*[①]，认为科学必须是个"文坛"，向所有人开放。罗齐耶追求凌驾于语言、国籍和财富这些障碍之上，它们将科学本身四分五裂，并且在几十年的一段时间里，他成功地做到了一部分，得到了遍布欧洲很多伟大思想者的贡献以及与

[①] *Observations sur la physique，sur l'histoire naturelle et sur les Arts* 是1771~1823年出版的一份月刊。诸多当时最负盛名的科学家都曾在该月刊发表论文，如拉瓦锡、贝托莱（Berthollet）、林奈、普里斯特利、舍勒（Scheele）等。

之相称的读者群。拿破仑战争和19世纪民族主义宣告了罗齐耶的愿景最终是一场高贵的失败。开放获取在全球科学的新时代重生,躲过了最为压抑的20世纪,(科学的)文坛如今有其背后在道德层面和现实层面强有力的需求,而且看起来注定要发展并找到能更好地服务于科学社群的新形式。

六、警告:"捕食性"出版商

建立在作者付费出版作品这一基础上的学术出版系统承担着滥用的风险。即使在印刷时代,动机不纯的出版商也会高高兴兴卷走研究者的钱而把他们的论文发表在不规范的甚至是假的期刊上,尤其当这些论文质量不佳而无法通过严谨的同行评议的时候更是如此。开放获取让这类事件更容易发生,发生范围更广阔,而且竟然能让出版商免受惩罚。

"捕食性"期刊,正如它们所宣称的那样,包含了数以千计的虚假、冒名、非法和可疑的学术期刊,污染了整个期刊网络格局。它们多被所谓的"出版商"出版,这些"出版商"负责几百种甚至更多种此类期刊,并通过大型邮件列表的方式向研究者征稿。很多时候,它们会有看起来合理的名字,一开始能唬住一般研究者,比如《全球儿科耳鼻喉科学》(偷窃正规期刊《国际儿科耳鼻喉科学》的名字)或者《国际高级计算机技术》。它们的自述通常特别好,用英语写得很漂亮,并且通常配有真的期刊网站。它们真的能发表论文吗?是的,它们能发表,而且很多与正规期刊的整体规范性和大小都匹配。它们多数声称所有的论文提交都经过同行评议,但是多数情况下显然都不真实,因为很多钓鱼手段都已经被揭露出来了。[①] 在一个很(不)有名的例子里,一位澳大

---

① 见:e.g., E. Segran, "Why a Fake Article Titled 'Cuckoo for Cocoa Puffs?' Was Accepted by 17 Medical Journals," *Fast Company*, January 27, 2015, http://www.fastcompany.com/3041493/body-week/why-a-fake-article-cuckoo-for-cocoa-puffs-was-accepted-by-17-medical-journals. 对此类情况范围最广的盘点涉及数百份期刊,细节详见:J. Bohannon, "Who's Afraid of Peer Review?" *Science* 342, no.6154 (2013):60-65.

利亚计算机科学家回复了来自《国际高级计算机技术》反复发来的约稿邮件，他回复了一篇只有10个字不断重复的论文："把我从邮件列表中去掉。"几周后，他收到一封邮件，说论文需要增加一些新的参考文献，但是很符合期刊的需求于是接收了，待付款150美元（讽刺的是，还不打折）。然而这个故事的结局并不圆满：论文被撤了，可是邮件列表并没有改。①

此类期刊不存在什么普遍性的马脚。相反，有些情况下老牌的正经期刊被卖掉，然后被新东家改成了"捕食性"期刊。这些骗局的大本营在哪里？很多此类骗局的指挥部都被查到地处里诺城外郊区的某个屋子，内华达或者孟买北部的某个小仓库。细看几十种此类期刊会发现，它们范围广泛，从彻头彻尾的假货到虽然正经但是质量低劣的科学期刊都有。后者中的某些甚至属于营利性出版商大联盟中的一员所有，如爱思唯尔和克卢沃。所以此类期刊的监察列表将其捕食者本性描述为"可能"。②

此类期刊仅有的共同点就是充斥着低质量的科学，包括伪科学。这或许在有些情况下反映出正规期刊的同行评议不可靠（有同行没完成评议工作），更多的情况则是牟取钱财、诓骗系统，也自不必说压根没有质量控制这回事。此类论文的作者尽管也必须靠发表论文获得晋升，但是由于所受训练、研究设备、基金等所限，他们可能（还）达不到大多数国际同行评议期刊对论文发表质量的要求。是否"捕食者"们就此填补了空缺，甚至满足了国际需求？这是个大问题，不容易回答。从研究者个人的视角去考虑，答案几乎必然是肯定的。但是当我们考虑到这些科学家的长期职业生涯需求，我们必须说不是——发表低劣的作品帮不

---

① "Journal Accepts Bogus Paper Requesting Removal from Mailing List," *The Guardian*, November 25, 2014, http://www.theguardian.com/australia-news/2014/nov/25/journal-accepts-paper-requesting-removal-from-mailing-list.

② 截至本书创作时，最为人知也可能最完整的"捕食性"期刊列表是由杰弗里·比尔（Jeffrey Beall）整理的，他是科罗拉多大学的图书馆员。他整理的出版商与独立期刊分类表可见于"Beall's List: Potential, Possible, or Probable Predatory Scholarly Open-Access Publishers," last updated April 14, 2016, accessed April 14, 2016, http://scholarlyoa.com/publishers/。

到任何人，实际上还会阻碍真正的进步。

事情并没有到此结束。"捕食性"出版商邀请学者在会议上介绍他们的工作，几乎总是为了收取大笔的会费（这是你识别他们的第一个提示），并且把他们列入编委会。前者带来金钱收益，后者则带来期刊的正规性。这种会议确实召开，而且其会议议程通常列有重要人物和多场报告。然而当你出席会议时就会发现，这些科学家都没有参加会议，只有几十场报告而不是上百场，甚至是茶歇时提供的零食也很糟糕。有些会议看似风光，但是学术材料的质量明显低劣，令人失望，甚至可能含糊不清。你马上会发现这是个仿造品，发现自己身处学术的僵尸之地。

最后要说，"捕食"行为并不是开放获取的自然产物。建立这种关联就好像责怪高等教育而不去责怪19世纪的"企业家"一样，后者通过在廉价的土地上购买廉价房屋并开设学费高昂的大学以谋求致富。如今的学术捕食多数是骗局，直接与要求研究者发表论文并支付出版费的作者资格现状绑定。所有研究者都倾向于认可开放获取相较于收费的科学期刊是个更为人需要的选择方案，这个选择方案在未来应该更具优势。我们必须期望这场演化找到一种能够整合质量控制的商业模式。

七、社交网络：科学的新文化

网络世界最出人意料又最有广泛成效的新发展就是社交媒体的成长。对于科学家而言，这些媒体是具有重大意义的工具。确实，它们可能比许多用户能意识到的更重要。为什么这么说？一个简单而有分量的理由是社交媒体为科学提供了在世界上更具规模、更明显也更可接触的存在感，这也是有高度战略意义的。对于非科学专业的观众，社交媒体有能力让科学更加丰富、直接，并且在很多方面更友好。我应该不用解释为什么这会带来好处（但我还是会解释的）。

互联网给研究者带来的一个主要好处是增加他们的个人存在感，这意味着接触科学专业与非专业的观众，但是也涉及创造此类观众的能力。当然，很多科学家都发现建立个人网站很有价值，这个网站要么是关于他们自己的，要么是专门关于其研究的。大学和其他研究机构通常为科学家提供一定量的网络空间，无论是一两个网页还是整个网站。你也可能希望建立自己独有的网站，这取决于上述配额有多少。如果你是个充满自信的创作者，或者想变得更加自信，那就考虑创建一个博客吧！

除了这些选项，还有更多的可能性。利用脸书（Facebook）、推特（Twitter）、汤博乐（Tumblr）以及更多工具，研究者能够让自己的能见度和人际网络成倍增加，与他人分享信息与兴趣，为所有技术问题寻找答案等。这些工具——毫无疑问还会有更多——是新的科学网络文化的精华。它们动态发展，其多样化的未来不可预测。但是无论是各自使用还是共同使用，它们都体现了一些不可否认的东西：对于科学家彼此联系以及联系到广阔世界的响亮而积极的渴求。

（一）博客

写博客可能是个迷人的爱好或者通往名利场的旅程，但是此处我的重点在于更为严肃的目标。

利用博客谈谈你的研究领域或工作，以及其价值和潜在的重要性，这是合情合理的自我宣传。换作别的时代，我们可能反而会轻视这种行为，认为这是自吹自擂，但这样的日子已经一去不复返了。当然，在互联网时代之前培养的科学家可能仍然这样想，至少最初会这样想。但是很多人已经看到博客为科学带来的好处，它在一个对科学的否定看起来无处不在且到处蔓延的时代，将科学与大众兴趣和支持联结起来。

有些研究者担心针对他人的工作发博客可能会被认为是偏见、沽名钓誉以及对学科的歪曲。毫无疑问，这种情况会发生：科学的竞争太激烈了，这种担忧有其存在的合理性。但是，这种趋势可以通过一些道德行为轻松回避：当你讨论自己的研究，当你提出想法或解释（而不是最终事实），甚至当你可能错了的时候，都告诉读者。不但不这样做，还贬低别人的工作，这属于爆丑事之举。写博客意味着言行代表科学社群。你说的可能是对的，但是如果你带着体面与尊重说出来，就会更有说服力并且成功地提升个人形象。

除了此类顾虑，绝不以任何形式表达对个人研究的热情这种做法也没什么意义——那是你选择作为毕生工作的研究。研究者需要建立网络，培养他们的选择，让他们的工作为人所了解和欣赏，我们都同意这一点。借用托马斯·爱迪生（Thomas Edison）说过的一句伤人的话："我们不能像德国的教授那样，只要有啤酒和黑面包，就满足于把一生都花在（躲起来）研究蜜蜂绒毛之上！"

科学的博客圈是广泛的。众多研究者和科学作家，或以个人形式或以团体形式开通博客，流行的科普杂志、政府机构和实验室、科技馆等都有自己的博客。如果你被开博客的主意所吸引，无论是作为一项任务还是实验，这些都不该阻止你至少先开通自己的博客。先把警告信息放到一边，有效的博客能带来巨大的好处。大力宣传你的研究会让它更有影响力，具有潜在的积极影响，例如合作邀请、新的出版机会、公开讲座（付费及免费的）、媒体关注，这些都可能使得基金委员会以及提供工作职位的学术部门注意到你。

当然，这些并非必然的。其中某些（如媒体关注）可能也是不需要的。把你的观点袒露给外界也会带来一定风险。你收到的评论并非都是赞美之辞，甚至可能是恶毒的，尤其是如果你在有争议的领域开展工作（气候变化、干细胞研究）时。提出观点，参与有争议的话题辩论，将你的研究领域与它对广大社会需求或问题造成的影响联系起来，这些都会同时打开天使与恶魔的大门。然而最大的风险或许是写博客可能变成时间的无底洞，甚至会上瘾。关键在于控制有度。向来自赞美与欣赏之人提出的要求说"不"是种挑战，它只应被明确视作保证要事优先并负起责任的能力。

一个基本事实是，博客已经成了科普写作（不是科学写作）的主要形式，包括科学新闻。确实对于研究者而言，使用博客的最有效途径之一正是磨炼沟通技巧，向非专业人士解释真实而复杂的科学。这种技能是不平凡的成就；在真实世界里，它是一种附加的力量，一种告知并影响其他人思想的扩展能力。拥有它也意味着你不必依赖任何中介人或机构去传达你的想法、发现或数据。

建立高质量的网站和博客并不是一项巨大的任务，也不是某个慵懒午后就能完成的差事。网上有很多材料可以为你提供参考，不但具体而且实在。但是在一头扎进这个任务之前，检索你觉得特别好的例子（是的，又是所说的范本）——表现力、内容方面的好例子——然后记下来你喜欢它们的原因。可能你已经关注一些博客了，你也许需要花点时间判断自己最喜欢哪个。然后与你所在的部门或学院里其他开通博客的研究者聊一聊，学习一下他们的经验。花点时间把所有内容汇总起来，这个工夫相当有价值。

最后，尽管人人都能开博客，但是它不适合所有人。为本领域和自身研究做个口齿伶俐且消息灵通的代言人是件好事，但是这涉及把你自己置于面向公众的舞台上。并不是每个人都好这一口，特别是在科学领域。与此同时，玩博客还是不玩博客是个可能反反复复没有尽头的决定，你永远可以随时中止、修改、重做博客，或者是决定重开一个。

（二）社交网络

博客仅是研究者的一个选择，但是其他社交媒体，特别是那些社交网络媒体，似乎成为必需品。为什么会这样？很简单，因为社交网络变成了人类联系的主要方式。在传播史上从未有什么能扩张得如此迅速、全球化且具有普遍性。相比其他方式，如语音、电子邮件、电信等，现代人更多地使用社交媒体来进行沟通。这种沟通克服了距离、时间和语境上的障碍，尽管（还）没有克服语言难关。地球上大概有一半人如今使用一个或多个社交媒体网站，独立用户数量每年还在增长。能在网络世界中达到如此之多，足见社交人际网络是个高度动态发展的领域。

这些又与科学有什么具体关系呢？首先，科学家一直不愿意把社交网络真正当成一个可获益领域来看待，尽管这些媒体已经明显渗透到非面对面的交流之中，无论在发达国家还是发展中国家都是如此。这种抗拒看起来源自某些观点，比如，使用这类媒体并不是科研工作，而只是个人宣传，并且占用太多时间。这类观点并不正确且能够轻易被打消（我们即将见到这一点）。有些问题可能缘于误解。高级研究者之间的非正式谈话表明一种倾向，即把这些媒体仅仅看作网上聊天的通道，或者是名人、政客以及其他自恋人士使用的一种大众流行文化。虽然这些使用方式大量存在，但是它们并没有定义社交媒体的可能性，就好像爆竹和香水不能界定化学的能力。

2010年开始，社交媒体（如推特）就展现出作为全球重要事件核心的能力。我们可以花上很多时间和篇幅来讨论这种发展，但是它们的终极意义简单而无法反驳：社交媒体是力量的形式。另外，我用到"力量"这种说法，并不指代武力或权力，而是直接的交流传达、接触和影响。这就是为什么很多领域受过教育的专业人士已经认可这些媒体创造了新的信息市场、新的劝说通道以及其他更多。

我们说回科学家。如同其他认真使用社交媒体的人一样，无论你在学术界、政府还是其他部门，你都可以用这些媒体来做以下事情。

（1）更新最新的研究进展、科学相关新闻、全球发展情况、教授理念和创新；

（2）与同领域或相关领域的人建立新关系；

（3）交换意见、数据、论文、图片等，干净而直接，不受电子邮件的限制困扰；

（4）促成新的合作；

（5）打击对技术事实、事件和议题的误传与误解；

（6）创建跨学科群组讨论具体议题、问题和想法；

（7）为国际项目提出新的研究问题和计划；

（8）实时关注会议进程（有限条件下）；

（9）关注任意数量的核心期刊；

（10）与志同道合的同事分享和讨论此类信息；

（11）向目标群体发送职位信息通知。

然而除此之外，也存在另一类使用方法，它赋予你策略性沟通的力量。使用社交媒体接触非科学专业人士，也就是说，让你能做以下事情。

（1）为你的研究领域征得关注；

（2）为你和你的研究工作征得关注；

（3）创建关注你的研究领域和自身研究的兴趣小组；

（4）作为消息灵通的评论员，通过对重要进展、伦理议题、争议话题、新闻中与你的专业相关的话题发表见解来扩大你的存在感；

（5）作为知识的散布者，正确传递你所熟知的一般和特殊话题相关的科学知识；

（6）展现科学人性的一面（例如，表达对于新发现的兴奋、对错误决策的愤怒、对于申请项目的坦率热爱、对于失去同事的悲伤）。

有些读者可能对于这些目标表面上的自我夸大感到不舒服。但是退一步反思：拥有更多公众的好处是什么？这些国内和国际的公众，他们对科学、对你的研究领域、对你的研究感兴趣并积极参与。考虑到反对科学的势力，我们中的大多数会轻松同意科学需要所有能够为之代言的人。社交网络除了能够为你的科研工作带来附加价值，也坚持为你一生的工作做先锋支持者——无论如何，这不是小事情。

截至我动笔的时候，全球应用最广的两大社交网络是脸书（超过15亿用户）和推特（约3.3亿用户）。科学家一般会发现推特更简单、更直接，对于真实的科学相关链接更好用，而在脸书上留存更为私人（家庭和朋友）的材料。除了这两大平台，还有一些提供不同功能的其他平台。例如，ResearchGate（索取并分享学术论文，展开简要讨论，寻找合作者）；Instagram（分享照片和视频）；汤博乐（用短博客分享多媒体）；领英（LinkedIn，专业人士社交网络，商务导向）。毫无疑问，这些媒体的总覆盖面会继续发展并扩张。未来的情形很可能适应具体的族群，比如科学家，甚至可能是物理学或生命科学这样的独立学科。[1]

因为前面已经证明推特对于科学家特别有帮助，所以要对它进行深入讨论。它主要是个实时的人际网、信息和微博客平台。信息（推文）不超过140字（不是词），但是可以包括嵌入链接、图片和视频。推特缺少文件分享功能，但是有些相应的免费网络服务。也有很多"推特入门"网站在使用初期帮助指导你。基本的操作包括注册（免费）、创建账户（要真实）、搜索话题和人物或任何你想参与的学科领域。最初，它辅助你观察其他科学家如何使用推特、他们发表些什么、关注谁，然后开始你自己的对话。一个明确目标是探索带有话题标签的内容。有些内容带有"#"标记作前缀连接一个关键词或短语，这些内容与某个具体学科领域有关，例如"#化学工程"或者"#城市地质学"（中间不能出现空格）。点击话题标签或者用它作为检索词将会得到所有包含这个标签的推文，这样就将大量内容和参与其中的很多其他人都呈现在你面前。初学者可以先搜索包含其他科学家的话题标签，然后搜索其自身研究领域和研究方向。最大的挑战在于处理数量：即使是某次会议的话题标签都能带来海量的信息和咨询。你该了解这一点，这个领域需要保持选择性并掌控适度，这会对你有所帮助。

这看起来特别简单，做起来也确实是。但是有些重要的事情要记牢。其中之一是你在网上想当谁，也就是说，你在语言使用方面表现出来的人物角色是怎样的。大部分人写推文的时候就像是自己在闲谈，句子直接从嘴里飞出来。然而对于科学家来说，常常要更克制一些：在网上获取一个消息灵通、见解深刻而乐于帮助的好名声是个值得努力的目标。类似的一点，挑衅的言辞也是应该记住的一件事，想要维护好名声的研究者应该避免做出煽动性的、指责的或者其他冒犯的言辞。就像所有社交媒体一样，推特也可能成为"钓手"滥用的工具，他们试图破坏

---

[1] 目前，ResearchGate（www.researchgate.net）包括一些具体的科学平台，但它也被社会科学和人类学做学术之用。由于局限在学者群体中，其用户数少到仅有推特用户数的一个零头。这种情况可能非常适合于不希望接触到大量公众的研究者。但这一点也成为其自身局限性，因为它缺失了与学术圈之外建立联系的好处。

或者带歪对话，特别是关于有报道价值或有争议的话题。这种事在科学家身上发生远比在其他方面少，但是仍然要知道它发生的可能性，如果真的发生在你身上，让自己保持冷静而有尊严。

　　说到最后一点，其实是个要求：在推特或其他社交媒体以科学家的身份发帖时，请尽全力让自己看起来富有智慧且深思熟虑。牢记你的信息不是口头的；无论它多么短小和活泼，也不会自己蒸发掉，而是被刻在电子版的"石头"上。你能从自己的账户页面上删掉它，但是一旦你的信息被转发，是无法从别人那里删去的，这种事屡见不鲜。你创造出的印象会残留，就像金属上的凹痕。

　　正如我在其他章里反复给出的建议，不要写愚蠢或尴尬的事情，也不要用一些让你听起来很荒谬的隐喻。举个最近的例子，关于冥王星的一项惊人发现："就好像去海王星并找到一家麦当劳。"当然我们不可能都是贤者，不能在任何需要的场合口出妙语（尽管准备一些这样的妙语倒不是个坏主意），但是我们至少能注意自己作为科学事业代表的角色，特别是在我们的话可能轻易被人记住和重复转述的公共场合。又或者，正如塞缪尔·约翰逊曾经说过的："每个人在任何场合都拥有或努力争取自己的追随者、仰慕者和模仿者，自己也因而成为他们努力观察的榜样并留下影响。"

第三部分

科学传播专题

第十六章　写给非英语国家的研究者

　　作者必须像宇宙中的上帝一样存在于自己的文字当中：无处不在但又无处可见。

——古斯塔夫·福楼拜

一、英语作为科学语言的几个现实问题

"科学技术现在拥有真正的全球化语言,那就是英语。"这句话是真的吗?千真万确。这是一句既负责任又有局限性的大实话。

要想在全球化视野下成为所在专业领域的活跃分子,科学家必须学会读、听、说、写英语。学好这门语言不仅是必需的,而且能带来一系列最近才出现的潜在机会。什么样的机会呢?那就是与来自全世界100多个国家和地区的其他研究者合作的机会;在科学最先进的国家和地区接受高级训练的机会;在学术界、私营企业、非政府组织、政府间组织等找工作的机会。当然,不见得保证这些机会一定会有。事实上,唯一能够保证的是,如果不会英语,几乎没有机会被以上这些单位录用。

作为科学领域的全球通用语言,英语也正在推动科学进一步全球化。过去几个世纪里,现代科学活动主要局限在少数经济发达国家进行,现在那段历史已经结束了。当代科学不是任何一个群体、任何一种文化的专属品,也不是任何一个性别或国家的专属品。这只是全球通用语言对于科学发展有益的其中一个原因。还有其他一些已经探讨过、权衡过利弊且很有说服力的原因。[1]

---

[1] S. L. Montgomery, *Does Science Need a Global Language? English and the Future of Research* (Chicago: University of Chicago Press, 2013).

必须学习英语可能是一种负担，尤其是对于那些来自经济不发达国家的人来说，除了语言外，科学还必须在很多其他方面下大力气才能跟上步伐。但是，历史毫无疑问地表明，语言问题很早以前就成了科学发展的核心部分。在古代，关注科学的人为了获得精深的思想，不得不学习希腊语、汉语或梵语。在中世纪早期，则是必须学习阿拉伯语（或者汉语）。从中世纪晚期一直到文艺复兴之后，都需要学习拉丁语。到了18世纪，法语取代拉丁语成为高级国际学术语言。从19世纪50年代到第一次世界大战，学习德语有助于获得最先进的方法和理论，尤其是在物质科学和医学方面。

今天的科学工作主要用英语进行国际交流。虽然，科学出版物也会使用其他全球通用语言，如西班牙语、法语和俄语，但是没有一门语言像英语这样在欧洲、非洲、亚洲、大洋洲和北美洲都占据主导地位。英语的传播是随着互联网（包括社交媒体的使用）发展起来的。绝大多数有影响力的期刊都是英文的，与此同时，国际会议、研讨会和其他会议通常也以英语作为会议语言。

本书谈论的是哪种英语呢？美式英语？英式英语？印度英语？东非英语？任何一位语言学家都会告诉你，这些英语之间有着巨大差异。但是，为了保险起见，科学家应当集中精力学习读、听、说、写英式英语或美式英语，因为这有助于确保你能获得最广泛的书面和口头的科学材料。

二、读、听、说、写

请注意我陈列这些技能的顺序——读、听、说、写。阅读是最容易掌握的技能。听（以及理解你所听到的内容）比阅读难度大一些，但是有许多方法可以提高你听英语的能力，从电视、电影到你所在领域的在线会议视频（这是一个很好的方法），都可以练习听力。从操作层面来说，说是很困难的，因为此时你已经开始实际运用这门语言了。如果你害怕出错且出错后会感到非常害羞，这就更加困难了。但是，英语是一门全球化的语言，大多数人开始说的时候都会出错，千万不要因为害怕犯错就不开口，每一次说的机会都是一次练习口语的机会。

写作，尤其是能够发表的科学写作，是最困难的。为什么呢？不是因为它更加复杂，而是因为它涉及3项技能：一是要精通英语，二是要精通你所在领域的专业英语，三是要知道如何写出高水平的作品。

对科学论文的要求很高，但并不追求完美。要想写出一篇可以正式发表的文章，你必须按照期刊要求的格式来写，并且能够做到以下几点：第一，确保你的文稿是清晰且可读的（没有让人读不明白的内容）；第二，正确使用术语（在对的地方使用对的术语）；第三，确保每一句话对于母语为英语的人来说都是可理解的。

"可读"不是说必须完全没有错误。虽然你应当尽量避免出错，但是编辑现在比过去更加宽容了。这是许多期刊最近在政策上的一个变化，也是一个好的变化；过去有一些优秀的科学成果仅仅因为英语不标准（非英式/美式英语）就被拒稿了。当然，也必须要提醒你，可别把这一变化当保险。编辑的宽容程度完全取决于期刊。一篇用不伦不类的英语（新加坡式英语、日本式英语、西班牙式英语，等等）写出来的文章，是不会被任何正规期刊所接收的。

如果科学性很强的话，审稿人和编辑普遍不会因为一些小错误而拒收一篇文章。但是，如果文中的语言错误导致你的文章难以理解，就很有可能会被扼杀出版机会。即使是一个糟糕的段落或一些糟糕的、不清楚的句子，也有可能会带来这种后果。记住，与讲话不同，写作一旦出版就不能再修改了：它永远在那里，所有人都能看得到，一遍又一遍被人们看到。因此，作为一项英语技能，专业领域为了出版而进行的写作，比阅读或讲话的要求都更高。

三、要想会写作，首先要会阅读

如何学习一门外语？首先是模仿，然后才是创作。我们模仿听到的声音，记忆单词和语法规则，重复短语和句型，直到我们能够创建自己的表达。我们研读好文章范例，分析它的句子是如何搭配的，然后试着模仿这些范例。简而言之，我们学习地道地使用一门外语，直到我们能够地道地使用它（或者至少能够在一定程度上地道地使用）。科学写作也是如此。

以阅读为起点学习写作。如果你已经具备了一定的英语知识，那么，接下来你需要学习你所在领域的常用词汇。这里说的词汇是指在最新的教科书和文章中常见的术语与专业短语。同时，你也需要关注这些词汇是如何被使用的。你需要阅读母语是英语的科学家写的文章和报告，或者阅读擅长英语写作的科学家写的文章和报告。学习你所在领域的专有表达，并将之内化为自己的东西，之后你就能用这些表达方式来讲述自己的研究工作。

大多数科学家是如何习得这些专有表达的呢？经年累月的文献阅读，有助于培养能够甄别好坏的语感。这个过程对于多数科学家来说是有用的，但是需要花时间坚持下来。通常这个过程是非常缓慢的，有时也可能不一定能达到理想的学习效果。

但是，这个过程其实可以更快更有效地完成。怎么做呢？重点阅读精选科学文献。这个过程很简单，成本几乎为零，可以在任何地方进行。但是，所有与语言学习相关的事情都需要反复训练。

这个过程是通过查找和使用范例（你所在领域的高质量写作范例）来实现的。你将在下文看到这个过程的基本理念。我把相关建议按一定步骤进行了整理，很容易实施。当然，你也可以根据自己的实际情况对这些步骤做出一定的调整。

创建一个文件夹，收集你在学习或阅读过程中发现的你所在领域的优质文章（例如，那些你希望自己也能够写出来的文章）。你可以在电脑上收集电子版，也可以把它们打印出来——打印出来装订在一起将使后面的步骤更容易实施。

（1）确保这些文章对你来说不难理解；

（2）不要因为文章看起来很复杂或者是知名研究者写的就收集，而要因为文章写得清楚、架构良好且易于理解才收集；

（3）请你的同事/教授给你推荐他们认为写得很好且架构良好的文章；

（4）确保这些文章是近期的写作，最好是5年以内的；

（5）你也可以收集最近的书籍、报告或其他出版物中的章节；

（6）如果可能的话，请一位母语为英语的同事帮你看一遍你选择的范例，并给出建议；

（7）你最终选定的范例总量不宜过多，10~20篇为宜；

（8）最重要的是，试着找到1篇或多篇与你的研究工作尽可能相近的文章。

定期反复阅读这些写作范例。

（1）每天早上或者晚上花大约30分钟时间来阅读；

（2）一周（或者更长时间）读一篇文章；

（3）时不时地花点时间，在你默读的时候听听这些话；

（4）如果你的记忆力很强，尝试选择一些段落背下来；

（5）建一个词汇清单，把你需要查词典的词汇记下来，每次重复阅读这篇文章时把这些词汇也复习一遍；对应每一个单词，把它们所在的句子也一起写下来；

（6）最后选择1~2篇与你的研究主题接近的文章，作为你写文章时的指南。

模仿你选择的写作范例。

（1）每天日常阅读之后，花几分钟抄写范例文章中的段落；

（2）同一段话至少要连续抄写几天；

（3）抄写与你的研究主题相近的文章；

（4）尝试在每个段落中添加几句你自己写的话，或者替换原文中的一两句话；

（5）尝试按照这篇文章的风格，用你自己的数据重新写一段话；

（6）请别人，尤其是母语为英语的人，阅读你仿写的话并做出评议；

（7）把上述活动当作你语言训练的一部分。

以上这些活动有一个共同的目标：帮助你形成甄别好坏的语感。你可能没有足够的时间完成上面列出的所有事情，但是，至少阅读和学习好的写作范例（你自己选择的范例，或者同事推荐的范例，以及你发现的简洁、清楚且值得模仿的范例）会有很大的益处。

四、有益的和无益的担忧

非英语母语的科学家有一个普遍共识，那就是：他们知道的语法越多就能写得越好。换句话说，他们记住的规则越多，就能避免更多的错误，并且更好地运用英语。我的学生来自世界各地，他们当中的许多人告诉我，他们从初中到高中的英语老师都是这么教的。

这个观点并不正确。学习写作不是这么学的。知道音符的规则并不能使你成为钢琴家或作曲家，知道足球的所有规则并不能使你成为优秀的足球运动员。写作能力并非源自对语法的理解，而是源自训练有素的能够甄别好坏的语感。用母语写作是这样，用第二、第三外语写作更是这样。

许多书试图通过规则和正确用法的示例来教人如何写好科学文章。这些书大多数都是面向母语为英语的读者来写的；一小部分书不是，但是包含的内容是一样的，只是稍微简单一些。几乎所有这些书都声称科学文献写作质量很差，亟待改善，因此他们认为模仿其他科学家的写作是一种错误。这是这些书的作者的常用说辞，告诉你应当按照他们书里的那套规则来写作。换句话说，这是一种广告而已，但是这也说明一些问题。声称科学写作都是不好的写作，实际上是在告诉你不要依赖你所在领域的同行，同样也是在说几乎所有编辑都不行。他们的这些观点没有一个是对的，也不可能是对的，除非科学即将从地球上消失。

研读一两本关于科学语言风格和用法的书，是非常有益的。这些书有助于培养你的语感，指导你避免一些常见错误（我特别推荐弗农·布思的《科学传播》第2版，这本书很简短、清楚且实用）。

但是，这类书并不能真正教会你如何写作，只能让你近距离接触那些成功的写作案例，尤其是你所在领域的写作案例。好的文章，而非规则手册，才是最好的写作教师。此外你会发现，比起科学体裁指南，从已发表的文献中更容易学到可接受的写作方式。

五、同行的重要性

科学是一项社会化的工作。科学家工作的各个层面都与同行有着持续互动。有些互动是正式的，如在研讨会、见面会和学术会议等场合的交流。但是，大多数的交流是日常的、非正式的，例如，在实验室或野外进行讨论，串办公室，在走廊或者通过电话对话，一起吃午餐或喝点东西，通过邮件交流，等等。大量科学交流是在这些场景中进行的。

同行往往是我们非常重要的资源，写作的时候尤其是这样。如果你打算向期刊或出版社提交稿件，就必须请别人再读一遍你要投稿的文章。这些人，无论是朋友还是工作伙伴，都是你的第一任审稿编辑，你也应当把他们当作审稿编辑来看待。如果可能的话，请一位母语为英语的同行来审读你的文章，帮助你了解你的文章读起来如何，以及哪里需要修改。请你的读者检查你的文章语法、风格（可读性）和组织逻辑（你的文章的各个部分和主要观点的逻辑顺序是怎样的）。

请记住，不要对任何一个愿意读你文章的人要求太多。例如，不要要求一位母语为英语的同行纠正你文章中所有的语法或拼写错误，只是请他在方便的时候读一下这篇文章。如果你要求太多，他们以后可能就不想再帮你了。为了节省时间，你可以先请他们看文章开头的几部分，而不是将一整篇文章都给他们。他们的评议将有助于你改进文章后面的部分，从而减少文章的后续部分需要修改的地方。

如果你在大学或研究机构，那么你还有一个终极资源可以使用。这些单位通常有写作中心，其员工专门帮助本单位人员（包括本科生、研究生和教职工）改进写作质量。写作中心的员工通常非常友好且愿意提供帮助，而且他们的服务是免费的。

六、一些实用建议

本书前面提出许多如何写好科学文章、报告或项目申请书的建议。相关章节都写得很简单，对于母语非英语的作者应该也是有帮助的。此处有几点重要建议，还需要再强调一下。

第一，如果你是为了发表文章而写作，那么你首先需要选定一本或几本你打算投稿的目标期刊，从首选期刊中选择几期仔细读一读，格外注意一下该期刊的文章组织结构、篇幅和风格。把投稿指南保存下来，以便写作的时候随时参考，严格遵照所有要求来写作。

第二，弄清楚你所选的期刊（以及你所在的领域）的文章是否必须遵照一套固定的写作格式（如介绍、材料与方法、结果、讨论、参考文献）。许多领域及其期刊，是没有这种要求的。

第三，如果你觉得无从下笔，那么找一篇主题非常相似的文章，仿照它的开场段落，用你自己的主题和内容来写第一段话。记住这是一个帮助你动笔的方法，但不是一个写完整篇文章的方法（如果整篇文章都这么写，可能会被质疑剽窃）。如果你复制了其他文章中的一两个完整段落，并且只替换了其中一部分文字，之后务必回过头来重新改写，从而让这些段落真正成为你自己的东西。

第四，任何时候，只要你不确定该如何表达，或者被卡住了无法继续写下去，都可以从你选定的范例文章中找出一篇（与你正在写的主题相近的文章），通读几遍，看看是否有短语或句子，能够用来帮助你突破写作瓶颈。

七、耐心是必要的

总的来说，学习科学英语是学习英语的一部分，需要有耐心。按照前面建议的程序每天训练，可能需要一整年之后，你才会开始感到能够比较自如地运用英语撰写你所在领域的文章。多年以后，你的感觉会越来越好——就像母语为英语的科学家一样。写出好的科学文章不是一件容易的事情，事实上，对于许多母语为英语的人来说，写出好的英文科学文章也是很困难的——这也是我写作本书的原因。

请注意，我们已经一次又一次地提到，学习一门语言最好的方式是把学习变成一件日常的事情，一次学一点。每周学一次（甚至更长时间学一次），一次学习并记忆大量内容，这种方式是没有效果的。同样的，每天学习几个小时，也是没有效果的。对于写作来说，更是这样，写作需要特定的语感，这种语感来自长期地、有意识地沉浸在相关语言环境当中。

提升写作需要耐心和时间。把你自己淹没在书籍和文章当中，并不能加速这个过程的发生。相反，当你发现未能如预期的那样快速得到提升的时候，可能会感到失望。反复研读一个好的范例，是训练能够甄别语感好坏的最佳方式。把它当作一种训练方式，重复进行是至关重要的。

第十七章　翻译科学资料：指导原则和现实问题

作家创造的是本国文学……世界文学是翻译家写就的。

——若泽·萨拉马戈（José Saramago）

一、视角

翻译被称作写作行业中第二古老的职业。事实上，它一开始就已经存在了，并在文本和人类之间起到桥梁作用。它有助于形成新的知识领域，使人们能够学习世界各地的文化。认为翻译活动会带来不可避免的一定程度的不忠实于原意或者文意缺失的观点，更像是一种过时的文学偏见，而不是一种永恒的真理。它与科学没有太大关系。翻译一直是传播和发展的宝贵源泉。

把关于自然世界的知识，从一种语言转换为另外一种语言，从而使得这些知识从一种文明进入另一种文明，这是一种具有重大历史意义的活动。数学也是这样传播和发展的。如果行星天文学是通过希腊语、古叙利亚语、印度语、波斯语和阿拉伯语进入欧洲的，那么它也是通过拉丁语转换为英语、法语、德语、意大利语和西班牙语等的。如果这种说法显得有些模糊或太过久远，想想牛顿的工作和达尔文的《物种起源》是如何产生世界性影响的。《自然》的第1期（1869年11月4日）上就刊登了许多翻译文章，其中包括达尔文的忠实拥护者——托马斯·H.赫胥黎翻译的歌德（Goethe）关于自然的文章。不用避讳这一事实，现代科学是以翻译的知识作为支柱的。

今天，科学拥有一门全球通用语言——英语。这对于翻译来说意味着什么呢？从直觉上讲，我们可能认为翻译已经过时了，没有需要也没有必要了。但事实并非如此。一门全球通用语言反而扩大了翻译的需求。这是因为大部分的研究工作和出版物仍然使用本国语言开展和出版，所以，如果要进行国际共享，必须翻译成英语。另一方面，最卓越的国际期刊逐渐变为只采用英语出版，对于那些还不太精通这门全球化语言的人来说，必须将这些期刊资料翻译成本土语言。因此，从英语到中文、西班牙语、阿拉伯语和俄语等语言的专业翻译需求量的增长相当惊人。此外，除了学术圈，政府和公司也是一个庞大的科学信息的生产者、消费者和分配者群体。所有这些活动相对于研究主体行为来说，尽管是无声的甚至是无形的，却涉及大量资料的日常翻译。

因此，由于科学的全球化，翻译的重要性还将持续保持下去。这应当是我们喜闻乐见的：每一个国家都应该有自己的科学家、工程学家和数学家，就像有自己的作家、艺术家和音乐家一样。翻译使这件事情变得更为可能。

那么，我们应该认为科学翻译是科学的一部分吗？必须的。这件事情在今天和过去是一样的；事实上，可能比过去更甚（详见下一部分）。因此，翻译也是一项非常有价值的且必要的职业（本书作者在其另一本书里写明了翻译的重要性[①]）。虽然翻译的价值通常是无形的，但是如果它骤然停止，许多其他工作很快就会停滞不前。

二、如今的这个领域

科学翻译应当从对其服务的需求以及满足这一需求的行业状况两个方面来理解。经验表明，最大的需求来自私营部门。在全球化时代，国际企业必须以多种语言来开展业务；不可避免地，在世界各地需要用到本土化资料。对于从事科学信息和硬件业务的公司来说，情况同样如

---

① S. L. Montgomery. *Science in Translation: Movements of Knowledge through Cultures and Time* (University of Chicago Press, 2000).

此。那些在全球制造、销售和购买生物医学、计算机、电子、信息技术、军事和国防、农业、建筑和其他技术领域相关产品的公司都非常需要翻译。如今，无论是关于医疗设备还是关于洗发水化学工艺的专利，国际企业之间的沟通经常涉及科学和工程学方面的议题。能源和矿业公司是另一类需要翻译的大户，它们的业务是全球化的，需要把文件翻译成当地语言。自20世纪90年代以来，医学已经成为世界上最大的需要科学翻译的领域之一。此外，在某些特定领域，如废弃物管理和污染控制，也有着日益增长的翻译需求。这些议题是会改变的，因此也是应该持续研究的。

政府部门和组织是另一类需要翻译的机构。欧盟每年花费80亿～100亿美元在笔译和口译上，因为需要把重要文件翻译成所有成员国的语言。其中一些文件涉及高度专业的科学内容，所以需要科学翻译。在世界范围内，许多政府部门翻译科学资料的需求也在增长。一个典型的例子是，阿富汗、蒙古国和玻利维亚等国家都收到了关于大规模采矿的新提案，这些国家面临同样的需求，政府需要创立环境法规和影响评估机制。

研究型科学家有他们自己的一套翻译需求。除了把整个文档从一种语言转换为另一种语言，还常常需要对局部文字进行摘译，包括文章、报告、书籍的某一部分，也包括插图、图表、地图、表格和其他可视化材料上的文字。这些翻译，有的是为了跨国合作，有的是为了讲课和做报告。英语水平不高的科学家可能会采用翻译服务，把自己用母语写成的文章翻译成英语，以便提交给国际期刊。对于拟在国际会议上用英语进行发言、讲座或演讲所用的讲稿，也有这种情况。在所有科学家都有足够的能力使用英语之前——或者任何一门语言取代英语成为全球通用语言之前——这些翻译需求还将持续在科学领域占据一席之地。这种需求也扩展到了电子邮件、网页、社交媒体和其他互联网资料上。这里说的翻译需求，不仅包括将各种语言翻译成英语的需求，还包括将英语翻译为许多其他语言的需求。

科学翻译最需要的语言是国际通用语，除了英语外，还有西班牙语、法语、德语、阿拉伯语和中文。近几十年来需求增长最快的是东亚语言。日语仍然是非常重要的语言（包括将英语译成日语，也包括将日语译成英语），同时对中文和韩语的需求也在迅速增长。另一些受到关注的语言包括土耳其语、俄语和葡萄牙语。同时，一个非常有前途的职业是翻译不太国际化的语言或被称为小语种的语言，如波兰语、哈萨克语、乌尔都语或高棉语。同样的，那些正在经历经济快速发展，同时科学工作也处于上升期的国家的语言也需要翻译。截至写作本书的时候，这些国家包括印度尼西亚、越南、泰国、蒙古国、乌兹别克斯坦、莫桑比克和埃塞俄比亚等。

所有这些翻译需求是如何满足的呢？首先，也是最重要的，依靠一个庞大的、不断扩充且相当高薪的世界范围内的科学翻译劳动力群体来满足。其中一些人受雇于公司和政府组织，但是大部分就职于国际翻译机构做专业自由作家。科学翻译是翻译服务产业的一部分，2015年总产值约350亿美元，并且还在持续增长。

自21世纪早期起，翻译机构的规模、数量和专业程度就开始相当快速地扩张与发展。它们现在是在全球市场上竞争，这个市场还有巨大的增长潜力，例如，扩张到非洲、东南亚、中亚和中东市场，它们受理的语言种类也在不断扩增，从而扩大客户群体和整个市场。现在，对于专业翻译人员来说，无论是在翻译机构任职还是从事自由职业，成为一两个特定领域（如医学或军事和国防）的专家，是非常平常的事。20世纪80年代到90年代间（我做翻译的时候），这种情况是相当少的，因为很少有翻译人员具备科学训练背景。专业化反映了市场的巨大发展，以及由此引发的翻译人员数量的增加，也反映了对高质量工作和更短翻译周期的需求。随着匠人数量的增多，科学翻译已经逐渐发展成为一个专业领域。

现在，许多研究生学位点都设有翻译专业，尤其是在欧洲国家和加拿大，其次是在美国、澳大利亚和俄罗斯。其中一些学位点与政府组织和翻译机构之间有直接联系，这些单位会为研究生安排工作岗位。但是，了解了这些学位点你会发现，没有一个学位点是完全定位为文学翻译的。对他们的训练也包括翻译软件或其他计算机辅助工具的使用，这些元素现在已经是专业翻译人员工具包的常规组成。

三、关于计算机翻译的几个问题

我们大多数人可能都用过 1 种或多种翻译软件，比如谷歌（Google）在线翻译。我们可能都发现了机器翻译的质量参差不齐，有时候机器翻译得很好，有时候翻译出来的东西让人读不通，有时候甚至意思完全跑偏（我曾看过自己的工作的德语版，其中有一些观点完全被扭曲成了另一些观点）。总的来说，这些翻译软件不可能很快取代人工翻译。

近年来，机器翻译（machine translation，MT）领域确实取得了巨大进步，现在已经能做一些很厉害的事情，特别是在口语方面。一些公司致力于这个领域的研发，比如微软，现在能够进行语音翻译，把简单的英语翻译成其他语言。但是，这种能力只对有限的几种语句类型起作用，尤其是在一定词库范围内的常规讲话和写作。对于像科学文章这样复杂的内容，许多意思都和读者拥有的文本之外的知识相关联，机器翻译大部分时候是无法胜任的。虽然机器可以准确翻译一些句子，尤其是那些没有包含太多行话的句子，但是它并不能准确可靠地翻译所有内容，有时候甚至都不能翻译出具有可读性的文本。

对于专业翻译人员来说，他们需要一个更加专业的翻译软件，尤其是能够对某个特定领域的专业内容进行细致调整的软件。即使达到这种翻译水平，机器翻译后的版本也需要人工仔细校对和编辑，有些地方甚至需要重译。或许，我们可以预想到有那么一天，机器翻译也能够达到比较精准的程度，人工翻译只需要做各国语言的编辑工作。但是那一天的到来非常遥远。

四、给新手翻译或准翻译人员的建议

翻译是科学传播中至关重要且不可缺少的部分。作为一名翻译或准翻译人员，从研究层面来讲你可能不是在做科学，但你是一名科学的搬运者和传播者，因此，你在科学工作和知识的全球化进程中所起的作用比通常认为的还要重要。

理解翻译任务的本质非常关键。最基本的，翻译不是把文本从一个瓶子倾倒进另一个瓶子。翻译者的任务是用目标语言创造一段新的文本。有经验的翻译者都知道逐字翻译任何一篇原文是不可能的。没有哪两门语言之间存在一一对应的词汇、语法或句法。如果存在，那么机器就能做出非常漂亮的翻译（美国早期的机器翻译试验主要聚焦于俄罗斯科学资料的翻译，到了冷战时期却令人非常沮丧，因为他们发现这根本无法实现）。诚然，正如我们认为（且希望）的，专业术语在全世界大部分的主要语言中是存在对应词汇的——"T细胞受体"（T-cell receptor）就有法语、俄语、汉语、日语和阿拉伯语的对应词汇。但是，除了把单个词汇转换为目标语言的对应词汇外，翻译还涉及可理解性，针对措辞、句子结构、标点等，都需要做出选择和决策。在实际翻译工作中，翻译者绝不仅仅是文本的仆人，他们同样也是文本的作者。

因此，所有优秀科学翻译者的目标都是使翻译出来的东西看起来和听起来像是原本就是用目标语言写出来的。这是翻译的最高水平，也是实际翻译期待达到的理想状态。这种翻译成果通常有赖于译者的经验水平、写作能力，以及（毫无疑问）花了多长时间去翻译。

对于新手翻译，还有另外几点建议。首先——这可能听起来会让人觉得我打破了入门常识，但这是有原因的——如果你想做这项工作，务必确认你在相关语言方面具有非常强的能力，以及你已经学会了你想要翻译的领域的绝大多数专业词汇。这项工作需要非常小心，也需要经验，因为不同语言中可能存在一些补充性术语，就像前面提到的，这类词汇有许多形式，包括外来语借词（通常来自英语，但也不绝对）、仿造语、已有词直译、比喻式翻译和新造词等。新手翻译不应当被这些种类繁多且复杂的词汇所迷惑或扰乱思路。举个例子，把德语"斑晶"（einsprengling）翻译为英语"喷洒"（sprinkle），因为该词源自动词"喷湿"（einsprengen），而einsprengen对应的英文就是sprinkle。这一翻译不仅是错误的，还说明翻译者要么不够专业，要么太懒，没有查阅科学词典，否则一定能找到"斑晶"（phenocryst）这个词。好的电子词典对于所有翻译人员来说都是必不可少的工具，并且很多是可以免费在线获取的。

有些人学了这个专业（他们可能已经接受过科学训练，也有一定的外语能力），但不准备从事翻译工作，这也是非常普遍的。这种选择令人遗憾，也是一种浪费和损失，因为浪费了时间、金钱和声誉。这也是翻译机构只雇佣有经验的翻译人员，或者要对拟录用员工进行资格考试的原因。同时要认识到，只有成为一名有能力的（非常优秀的）作者，才能成为一名有能力的译者。这本应是显而易见的事情，但事实并非如此。拙劣的作者成不了好译者。糟糕的译者不可能在这个行业存活很长时间，他们也不应当存活很长时间。

有什么方法成为一名好译者吗？因为这是科学，所以你必须理解原文中的每一个专业观点和细节。准确是非常关键的，即使是一个小错误也会显著降低翻译质量（有句话说，技术翻译无小错）。因此，首先快速通读原文，大概了解这个翻译任务对你来说难易程度如何。你的评估应当包括文本的术语、科学内容和写作风格。你需要评估自己能否在一个合理的时间内完成这项工作，或者说这项工作会不会超出你的能力范围太多。客户或机构通常都会允许你先评估文档，所以你是有机会推掉翻译任务的。无论任何原因，如果这项翻译任务看起来太困难或要求太苛刻，就不要接这个工作；否则，你就会有出错的风险，进而损害你在翻译圈的声誉。如果这项翻译看起来是可做的，那么就要特别注意那些可能需要做额外功课的地方。回过头来再仔细地阅读最开头的几段话，判断原文本身的写作质量——翻译写作质量不好的文章，可能需要许多额外的工夫。

翻译的时候，建议往前多读一两个段落。至少在翻译之前，你应当仔细地通读一遍整段话。你需要理解一段话中各部分的顺序以及它们之间的逻辑，也要注意文本中段落或要点之间的过渡衔接。阅读一段话或者一系列段落的时候，尝试关注翻译成目标语言后读起来的感觉，与直接用目标语言撰写相似的文稿有什么差异。可能你需要删掉原文中的一些内容，如重复的内容或其他冗余的内容，也可能需要添加一些内容。只要能使译文变得自然清晰，就别怕这样的小改动。

这给我们带来了一个基本问题：翻译应当严格忠实于原文内容和写作风格吗？换句话说，无论原文写得多么糟糕，翻译都必须精准地译出来吗？你应该考虑重写那些表达不好的、混乱的、冗余的或者与核心内容相悖的部分吗？这些问题已经经历了几个世纪的争论，每个翻译人员都必须有意识地处理这个问题——翻译的时候有这个意识能够将文章翻译得更好。

这里有一些专业观点可供参考。如果你交付了一份翻译，写得不好、意思混乱或者存在其他问题，你的工作很有可能会被驳回，然后原文会被发送给其他更能理解客户需求的翻译人员来做。稍微激烈一点的观点认为，忠实和信誉不能对你的职业发展有所助益。毫无疑问，翻译科学有其深远的意义，但是它大部分时候也是一项商业活动。因此，需要有好的产品。无论什么原因造成的糟糕的文稿，都会侵蚀效益。你需要站在客户的角度来思考问题。同时，最好的翻译机构通常在收到翻译稿件后还会有审稿环节，这些审稿人不会让有缺陷的文章通过审查的（还可能会附上一个对你未来工作不太有利的审稿意见）。

至于翻译时可以对糟糕的或一般的原作做多少修改，目前还没有通用的规则。这是一种需求判断，也是展示你翻译能力的一扇窗户。熟练的专家型翻译人员会灵活决定，看不同句子、段落、章节或通篇适合修改到什么程度。对于新手翻译，尤其对新手科学翻译来说，这是首先会遇到的挑战。翻译的目标是让译文在每一个细节上都是准确的，同时读起来也是顺畅的。这是对实用型专业翻译的最高要求。

范例有用吗？对于与作者职业相关的大多数事情来说，这个问题的答案是肯定的。手上有1篇用目标语言撰写的文章或报告，并且主题与你正在翻译的文稿相同或非常相似，会非常有用。这有助于你厘清用法要点、恰当的措辞和术语的使用等。有时候它最大的作用是能够在你头脑中形成恰当的语言表述方式，这样你就能更清楚自己的翻译文稿读起来应该是什么感觉——这是一种不可低估的助益。因此，建立一个参考文献（科学文章、网站等）文件夹会很有帮助，尤其是对于新手翻译来说更是如此。

五、最后说些鼓励的话

尽管存在赚钱和功利的一面，但翻译科学资料仍然是一项高尚的工作。说它高尚，是因为它是历史的产物，具有伟大而古老、可敬且珍贵的价值。此外，这种价值在今天达到了一种前所未有的高度。它所涉及的区域范围和受益人群，也在今天达到了空前的规模。遗憾的是，这些事实并不会经常被提及，但这些事实都是真实存在的。

就翻译报酬而言，作为专业翻译中占比最大的一类，科学翻译通常是所有翻译工作中酬劳最高的。这不是因为它比其他类型的翻译更高贵，而是因为它需要极高的语言水平和专业知识，并且需要有能够写清楚句子的写作能力。随着对这些技能要求的不断升高，只有一小部分专业人员还能继续从事这项工作。因此，不要草率地、别有他图或漫不经心地从事科学翻译工作。这是一项严肃的工作，也会带来正当的回报——在全世界不同地方生活和工作的经济实力和能力，以及在自由作者和签约翻译之间转换身份的自由空间。

翻译工具的种类和专业化程度注定会向前发展。在某种程度上，专业人员可以期待他们的工作未来会变得更容易一些，以及更高效一些。但是，这些翻译工具都是依靠机器翻译或词典更新的，永远无法取代人工判断和理解这一核心要素。与文学领域的情况一样，科学翻译者做的事情永远不会是任人差遣的庸事。

第十八章 应对媒体：
如何成为有效且可靠的信息来源

正如听声可以判断容器是否破裂，闻言可以判断人是明智还是愚蠢。

——德摩斯梯尼（Demosthenes）

一、为何要有这么一章？

在过去超过25年的时间里，我的一部分日常工作就是偶尔给媒体提供专业信息以及为媒体撰写文章等。换句话说，我既是信息来源，也是通讯员。这种双重身份也带来了一些有趣的故事，但是此处我想说的是一个基本事实：对于大多数科学家来说，应对大众媒体是其职业生涯中最有挑战的、有前途的、可以带来潜在收益的，但也是混乱的、令人生气的事情之一。当然，在经历了所有这些之后，最终也可能归于平庸。

基于上述原因，我会以与其他章节不同的方式来组织这一章。我的一部分目标是想告诉读者关于媒体的事实、媒体的需求和期望，以及它们是如何与科学家的需求和期望产生重叠（在某些部分）和冲突的。为了讲得更清楚些，让读者感到切实可用，我给出了许多建议，比如如何准备接受采访、如何在采访中保持感性与理性并存、如何看待你作为发言人的角色，以及如何评价最终效果。限于篇幅，许多建议都是以这种方式给出的，而不是以举例的方式来呈现的。我认为，这样做的好处是，能够在简短的篇幅内帮助读者形成关于科学与媒体互动的感知。毕竟，这种互动在任何民主国家都是一种充满激情和挑战的互动，能够在（强大的）专家知识与公众理解之间搭建起沟通的桥梁。

二、事实与问题

我认识的一些科学家喜欢讲述他们与新闻记者发生冲突的故事。在会议和聚会上，他们相互讲述这些故事，就像在桑拿房中暴露身体疤痕一样不加掩饰。但是当被追问时，这些科学家也会承认，主流报纸、新闻杂志和电视节目上的报道可能会提高自己文章的引用率，甚至可能为自己带来更多资助。再深究下去，他们还会承认，曾经亲眼看到过很有料的新闻报道（既有期刊文章也有纪录片），别开生面地呈现了一个熟悉的话题。事实上，科学界对新闻界的态度是复杂的；反之亦然。然而，与媒体的接触经常会被错误地描述、记忆或者忌惮，进而被认为是一项高风险活动。实际情况往往相反，尤其是当你做好准备应对的时候（这也是本章的目的）。无论如何，提前准备都是必要的。

科学知识在当今世界具有广泛的影响力，其中很大一部分是由公众买单的。但是，除非能够转换为更加日常的用语，否则绝大多数人是无法理解这些知识的（也包括科学家在内，比如我们想让一位植物学家能够理解地球物理学知识）。与此同时，大多数科学研究的目标都是与公众利益重叠的，包括发展知识、增加物质财富、支撑国家和体制的声望，以及留下专业成就，等等。此外，科学还涉及一些重要的社会现实问题，如医学研究、能源和环境保护等。

基于这些基本事实——影响力、神秘性、公众信任和社会效益，可以预见的是，科学最终会成为工业化社会媒体报道中永恒的话题。事情的现状就是科学，即新闻。

但是，科学也并非总是头条或头版新闻。自20世纪90年代后期以来，主流媒体已经大量裁减了科学主题新闻记者和相关员工的数量。其中部分功能已经转移到定期发行的专门报道科学议题的报刊上，这些媒体文章由专业的科学新闻记者来撰写。一些周刊和日报，例如，《发现》杂志（*Discover Magazine*）、《每日科学》（*Science Daily*）、《物理世界》（*Physics World*）、《生命科学》（*LiveScience*）等，已经拥有了相当稳定的读者群。

面向公众的科普网文是增量最大的科学传播形式。在网络世界里，解释新的研究结果、政府科学政策和科学争论等内容的方式是多种多样的。研究者、学术部门、非政府组织、政府实验室和机构、国际项目和专业科学作者都有自己的网页与博客，都在使用社交媒体（如推特和脸书）来引导并影响公众兴趣。

今天，关于科学领域正在发生和经受的事情的相关信息，比历史上任何时候都更容易获得。所有这些新型报道的一个显著特点是，质量越来越好，尽管有时候会有些隐瞒甚至偏见掺杂在里面。造成这种复杂性的原因，不仅仅包括研究者之间的智力博弈（"对于每个博士来说，都有一个与之研究方向相反的博士"），还包括吸引粉丝的私心。

但是，除了在线渠道，大量公众仍然是通过各大报纸、电视节目或科学报刊来获取科学新闻的。这也是研究者在如何看待新闻报道这个问题上仍然存在分歧的原因之一。许多人仍然对科学报道持怀疑或不确定的态度，一些阴谋论或伪科学报道则加剧了这种犹疑，例如，否认气候变化的报道、像冷聚变这样的存疑科学报道，以及认为接种疫苗会导致自闭症的伪科学报道。科学家都是注重细节的，他们理所当然地认为反科学的声音显然都是自相矛盾的。许多科学家都远离新闻媒体，转而使用社交媒体。这是错误的做法。

当前的新闻媒体需要来自科学家群体的智慧的观点。社交媒体不会很快取代科学新闻媒体。简单地摒弃作为大众精神食粮来源的新闻媒体，或者像回避侵害和贬值的东西一样排斥它，都是傲慢的自我拆台的行为。我们应当明白，新闻媒体不仅仅是面向非科学专业的社会公众的，同样也是面向科学家群体的，供他们阅读并了解其他领域和科学争论等信息。此外，把新闻媒体看作一个推广平台——推销你自己的工作、部门或研究领域——也是错误的，并且很容易招来麻烦。

三、新闻媒体的现实问题

媒体是一个庞大的、结构复杂的体系。组成这一体系的人员的能力、悟性和兴趣就像任何其他同等规模的体系（如科学）一样混杂。此外，新闻记者是在一系列必须接受和理解的制约条件下工作的，因为他们在一定程度上决定着什么内容会出现在他们的报告中。因此，要想有效且明智地处理与媒体的关系，就需要了解与之相关的一些现实问题。

以下是一位成功且著名的科学记者在著书谈论自己的职业时开篇写的话：

> 我是一名科学记者。也就是说，我关注科学和工程学领域有趣且重要的进展，与相关研究人员交谈，了解他们背后的想法，然后以尽可能吸引人的方式与公众交流这些信息。
>
> 我喜欢这项工作，不仅因为研究很有吸引力，当然，确实很有趣，还因为科学家和工程学家都很有趣。通常，他们都对自己的工作充满激情——激情是一种很有魅力的品质。[1]

这段话出自科妮莉亚·迪安（Cornelia Dean），她是《纽约时报》（New York Times）的一名资深作家，1997~2003年担任该报纸的科学编辑。这段话告诉我们许多事情。或许，它没有告诉我们某些人想要听到的话：新闻记者是肤浅的、渴望出名的人，力图找到能够震撼世界的突破性的故事，以及可以炒作的争议，或者揭露耸人听闻的科学造假或失败的案例。

显然，上面引用的文字传递给我们的是完全不同的信息：媒体关注的是人，是科学人文的一面。新闻记者想要讲的故事与研究者在论文中写的内容是完全不同的。情感、个人奋斗、坚持、争议及其高潮、新观点或新理论面临的挑战等，这些都可能是新闻记者讲故事的素材。知识

---

[1] Cornelia Dean, *Am I Making Myself Clear? A Scientist's Guide to Talking to the Public* (Cambridge, MA: Harvard University Press, 2009), 1.

是重要的，但是创造它和谈论它以及吹捧它的人，对公众来说也是有趣的，实际情况可能更甚。

这一事实说明了什么？科学家面对媒体时需要有所准备谈一谈自己工作的人文的一面；如果希望更好地完成科学研究，从而向公众传递更好的科学信息，科学家需要配合记者，而不是回避或排斥记者。

如果我们看一看科学记者必须面对的要求，就更能理解他们的需求了。这些要求并不简单。将专家知识转换为街头巷尾都能理解的语句，远不是糊弄就能完成的事情。需要做的事情类似于改写科学知识，把它调整为一种适合普罗大众的表达方式。如果做好了，这将不是一项普通的成果。此外，这一挑战还包括当代新闻媒体的一些要求（但不仅限于此）：①在截止日期之前写完；②有限的篇幅；③编辑的介入；④简化内容的压力；⑤需要权威的意见（来自专家）；⑥需要吸引读者。

记者是如何妥善处理这些事情的？通过一系列的抉择，诸如材料类型、细节程度、比喻的使用和各种叙述技巧。尽管编辑对于记者的选择有很大的发言权，但既定惯例也是存在的。此处，我们可能需要对如下问题进行更详细的回答：是什么使得科学变成新闻？另一位经验丰富的从业者回答了这个问题，并按重要程度列出了衡量依据：魅力价值、可能的观众规模、重要性、结果的可靠性和时效性[1]。大多数人都能明白这些依据的重要意义。

谁是科学新闻记者？这个群体既包括全职的科学记者，也包括偶尔兼顾科学事务的记者。有些科学记者接受过科学训练，有些科学记者是从政治、经济或专栏报道转过来的。记者效力的出版物和媒体类型也是各种各样的。不同出版物和媒体的受众定位也是不同的。一些期刊的目标群体是专业科学家，如《科学》《自然》这种设有新闻版块的学术期

---

[1] B. Rensberger, "Covering Science for Newspapers," in *A Field Guide for Science Writers*, ed. D. Blum and M. Knudson（New York：Oxford University Press，1998），7-16. 对于那些可能（或者应该）会感兴趣的科学家来说，很值得花时间通读这份由美国科学作家协会（National Association of Science Writers）发布的官方指南，了解另一个作者群体是如何生活和工作的，以及他们是如何看待自己的行业和描写对象（包括科学家）的。

刊；另一些杂志的目标群体是专业科学家和业余科学爱好者，如《科学新闻》（Science News）、《科学美国人》（Scientific American）和《新科学家》（New Scientist）。这些期刊经常（虽然没有那么绝对）报道一些新研究成果，但是也把越来越多的版面用于讨论有争议的问题、舞弊行为、舆论追踪、政治局势。像《纽约时报》、《伦敦时报》（London Times）、《法国世界报》（Le Monde）、《法兰克福汇报》（Frankfurter Allgemeine Zeitung）和《朝日新闻》（Asahi Shinbun）这些报纸都倾向于呈现出多形态的报道风格，尽管近年来它们的报道总体上一直是正面声音多于负面声音。广播媒体，包括电视和电台，最感兴趣的是摘要式报告，诸如新发现、公共卫生问题和论战等（健康是美国广播媒体的首选话题）。到目前为止，媒体的这一分支（即广播媒体）是最受空间和时间限制的，因此也比其他媒体更强烈地想要留住观众或听众。

叙事技巧现状如何呢？不同年代的叙事技巧是不同的，但万变不离其宗，都离不开新闻写作的基本准则（别忘了，科技新闻是新闻界的一个分支）。其中之一是开篇要"抓人"。例如，"如果马丁·格罗斯鲍尔（Martin Grossbauer）是对的，到2050年，我们所有人可能都将以虫子为食"，之后再解释并详述这一令人吃惊的、不可思议的开场是什么缘由。另一种开篇技巧是使用双关语或文字游戏，比如"天文学家喜欢思考黑暗的问题，尤其是关于宇宙中物质和能量的问题"。同样也可以采用传统的"4个W和1个H"[①]，类似于标准的新闻报道。此外，自20世纪90年代以来，很流行专栏文章的写作技巧，把个人危机或转变经历作为故事的主线。例如，"玛丽·约翰逊（Mary Johnsen）在被诊断出患有致命的乙型肝炎之前，从未听说过白细胞介素-2"。

这些只是很少的一部分例子。很显然，关于这些语言技巧以及运用这些技巧描绘的科学和科学家形象，还有更多可以列举的例子。对于研究者来说，重要的是认识到做记者也是一项技术活，他们面临各种压力

---

① 4个W和1个H（four Ws and a H）是指4个以W为首字母的疑问词和1个以H为首字母的疑问词，即谁（who）、什么（what）、哪里（where）、何时（when）和如何（how）。——译者注

和约束，像其他领域的作者一样必须用业内特定的方式来构建故事。

最终，有两股强大的力量在拉拽和撕扯着科学记者——所有记者都面临这两股力量，但是它们对科学记者的牵制更强烈。那就是吸引力（引发兴趣、娱乐大众、令人着迷）和传达力（提供知识、增进理解、推进认知）。这些需求是体制环境造成的，在这个环境中，经济利益通常是很迫切的，甚至是首位的。新闻行业的资本体系要求所有出版机构都必须能够吸引注意力（许多注意力）才能成功和生存下去。这是一个不可转移的现实。

当然，从理论上讲，记者是第三方观察者，应当自觉服务于公众兴趣。但从实践上讲，日复一日，他们必须能够让编辑满意，编辑的工作就是销售报纸和传播价值等（从而让他们自己和他们的记者能够一直有饭碗）。当代新闻工作的现实情况使得科学记者，无论对公众知情权起到多大作用，只有极偶尔的时候才会将教育公众视作他们的主要职责。这或许是不幸的，但是只要资本机制还在运转，基本上就是不可避免的。对于科学家来说，关键是要避免因为这些现实问题而谴责记者。

但是必须得说，在科学共同体眼中，新闻媒体在21世纪初对气候变化阴谋论的处理方式是非常差劲的。有接近10年的时间，美国媒体特地持续给一小部分认为气候变化"不成立"的声音留有版面，营造出研究人员对这个问题缺乏共识并且还在继续激烈地争论这件事情的景象。这是完全不正确的。有确凿数据表明全球变暖、海平面上升、冰川融化、海洋酸化、生态系统变化很大可能是人类活动导致的，这是不争的事实。媒体尝试均衡地呈现双方观点，表明媒体没有能力区分科学研究结果与受经济和政治目的驱使的观点。这种"均衡"的想法严重歪曲了事实。某些气候研究者收受金钱后公开发表言论表示应当如何（以一种有利于环保人士的方式）改变社会经济现状，这当然使事情变得更加复杂。但是，许多记者都没有做足功课，只是简单地把反对者宣称但实际并不存在的所谓的科学争议报道出来。

谢天谢地，尽管承受了很大压力，这个问题最终还是纠正过来了，全球科学共同体积极奔走发声，付出不少努力。说到底，这也把媒体报道的问题暴露出来：记者不应成为某个观点的传播工具或鼓吹者，这是一个基本原则。当某位科学家宣称对社会有巨大影响的数据只有一种解释时，他们就要谨慎了，甚至要有所怀疑了。这也是研究者应当牢记的。

四、一个简单的比较

这是另一名科学记者描述他的职业的一段话：

> 当我讲述一个故事时，我喜欢把它当作一部电影来写……通过文字描述形成特写镜头、中景镜头和远景镜头，这样的话，读者仿佛能够看到这个故事，并感觉像是在身临其境地观看。再说了，如果你亲自采访，亲自获得了写作素材，那些特写能不逼真吗？那些远景镜头能没有背景感吗？好的写作需要精妙的细节、有说服力的引用和形象的比喻，有赖于好的报道。没有捷径。要愿意花时间去了解故事的事实、故事中的人物和故事提出的议题。①

同样的，我们看到的"事实"只是记者编织的锦绣文章中的一根线头。但是，这段引文比上一段有更细节的内容，还有"人物"和"议题"，以及"有说服力的引用"和"形象的比喻"。不只是知识，也包含人情和社会意义，共同组成了新闻工作关注的对象。

让我们来看看出自著名社会学家多萝西·内尔金（Dorothy Nelkin）的一些非常重要的话，她富有表现力地描述了新闻是如何报道科学的：

> 记者传递关于科学和技术本质的某些观念，把社会意义融入其中，并塑造公众的观念……干扰素是"灵丹妙药"还是"研究工

---

① M. Knudson, "Telling a Good Tale," in Blum and Knudson, *A Field Guide for Science Writers*, 77.

具"？三里岛（Three Mile Island）事件是"意外"还是"非意外"？……二噁英是"末日毒药"还是"潜在风险"？……科学欺诈事件是"不可避免的"还是"脱离正道的"？一些措辞是无序或混乱的，另一些措辞具有确定性和科学精准度。有选择地使用形容词可以使一个事件变得无关紧要，也可以使之变得至关重要；可以使某些群体边缘化，也可以使另一些群体变得强势；可以把一个议题界定为难题，也可以降低其严重性，使之成为一个平常的话题。①

新闻不仅仅是讲故事，它同样是政治掮客和话题制造者。因此，对于科学家来说，以批判的眼光来阅读新闻是很有帮助的，注意材料是如何组织的，使用了什么语言和比喻来陈述，属于什么精准程度。科普作者有相当大的能量来塑造公众的认知，以及提出公共政策清单。但是无论如何，他们在这个过程中都不是孤独的。想想他们的素材都是从哪里来的。

五、科学家的动机

作为特殊群体，科学家在面对媒体关注时不再是绝对的退缩或被动，越来越多的科学家把自己变成了发言人、公共辩论家甚至是常驻评论员。科学家也需要承受来自各方（科学学会和研究机构等）的要求，研究人员应当主动站到公众面前，展示他们的研究工作，让他们的研究是可理解的且可用的。但是，无论这意味着教育、推销还是意味着普及，通常都取决于当地环境。今天的科学家不再是从神坛上走下来的人，而是从专业领域走到聚光灯下。

不需要公众政策专家来提醒，科学家主动现身能够带来许多益处，

---

① D. Nelkin, *Selling Science*: *How the Press Covers Science and Technology*（New York: W. H. Freeman, 1995），11. 每位科学家都需要读这本书。另外，下面这本书收录了对科学和媒体都非常有益处的文章：E. Scanlon, E. Whitelegg, and S. Yates, eds., *Communicating Science*: *Contexts and Channels*, *Reader 2*（London: Routledge, in association with the Open University, 1999）。

包括增强影响力、吸引更多研究资助、获得工作机会，以及促进公众对自己的学科产生好感。相反，负面报道会对研究项目、职业生涯或研究领域造成很大的损害。当今的科学家意识到，媒体报道蕴藏的风险也是非常高的。同样的，科学期刊也非常清楚媒体宣传能够带来的好处。有些期刊（如《科学》《新英格兰医学杂志》）会把他们即将出版的样刊提供给新闻记者，这些记者会报道其中的文章，这就显得这些期刊像是发布最新科学成果的重要来源，继而也就成真了。这对研究者和记者来说都是有益的，但是也很容易适得其反。正如前面提到的，报刊有自己的需求和安排，有经验的记者都高度敏感，会伺机对其加以利用。

情形的复杂性和利益的牵扯促使研究机构（包括大学）创立媒体或公共信息办公室（public information offices，PIOs），配置一名或多名公共信息或科学出版官员以及相应的职员。这些官员通常拥有出版、广播或电视新闻的工作经历。与媒体打交道，他们是宝贵的资源，他们可以扮演顾问、居间人、过滤器、风险评估人或调解人的角色，为科学家服务——任何时候当你感到不确定或者需要关于如何应对媒体的信息时，都可以寻求他们的介入。如果你发表的东西很重要，或者在高层委员会任职，或者做了一些提升单位形象的事情，他们很可能会来找你谈宣传。许多单位的公共信息办公室会每天或每周在线发布通讯稿，通告教职员工取得的成绩。

公共信息办公室并不是新兴事物，已经成为研究团体与公众打交道的一个常规部门。现在，在许多城市和大学城，地方媒体甚至是国家媒体需要报道某个专题或议题时就会联系公共信息办公室寻求"专家的声音"，这已经成为常态。如果你有兴趣认领其中某个话题，可以和你所在单位的公共信息办公室联系，告知他们你能够演讲和撰写哪个主题（是的，接这个活也意味着你能发表一篇专栏或文章）。从历史发展的角度讲，公共信息办公室的出现，表明单位正在积极把控本单位专家以及整个单位在公共文化中的形象。在长期的争取公众兴趣的努力中，他们是新增的参与者。当然，新闻记者很清楚这一点。他们很愿意与理解他们行业和工作的人打交道。但是，他们之间的关系是业务关系，不谈交情。公共信息办公室不会帮你和他们在美国有线电视新闻网（Cable News Network，CNN）工作的朋友牵线搭桥。

需要承认，作为科学家，我们被各种相互竞争的力量撕扯着。当然，这些力量与媒体承受的压力是不同的。我们希望得到肯定的报道，对我们全心全意劳动的赞许，树立一个干净且闪耀的公共形象。但是，我们的训练和职业操守使得我们倾向于怀疑甚至抵触在公众场合抛头露面。许多科学研究以需求优先、处于特定领域的最前沿并以批判的眼光审视他人的工作。随之而来的是一种谨慎的心态，在公开发表之前保持低调和独家占有，不相信没有细节支撑的空话大话。此外，科学家所接受的训练，让他们以特定的方式将自己和非科学公众分开来看。我们通常认为自己的知识是令人兴奋的、有价值的甚至是值得赞颂的，不然，还有什么意义呢？但是对于新闻报道来说，这些知识仅仅是一个"主题"。认识到这一事实会让人对新闻报道的幻想破灭。

因此，科学出版和媒体出版是非常不同的两件事情。研究者不能以科学出版的标准来衡量媒体出版，也没有新闻记者愿意反过来做。

六、公众的兴趣

公众对科学研究感兴趣的原因有很多。科学是强大的、昂贵的、杰出的、难以接近的，但也是前瞻性的、积极的、充满希望的，甚至有时候是壮观的。相比于任何其他领域的知识，科学能够带来更多的进步、先进、探索和新奇的感觉。科学明显地在提升自己的力量，扩充自己的内容，并且总体感觉是在带着全人类向前发展。报道关于"最新进展"的消息，长期以来都有道德和情感方面的原因，现在也有政治和社会方面的原因。了解基因测序或人类克隆方面的一些事实和争议，可以让一个人成为且感觉到是决策过程的一分子。这样的知识（包括印象）在过去和现在都来自媒体报道。但这并不意味着科学家需要在任何情况下都必须遵从这些印象。

关于特定的科学研究，公众需要了解什么？这个问题没有简单的答案。事实上，对于这个问题本身也常常存在误解。研究者会非常轻率地把公众理解科学与公众鉴赏科学二者混淆在一起。所谓理解（如核能是如何形成的）可以导向质疑、批判甚至拒绝接受。知道关于科学的一些事情并不意味着必须喜爱科学。真正清醒的研究者必须意识到这一点并做好心理准备。

对科学的兴趣同样深受媒体影响。考虑到绝大多数媒体出版物都是用来浏览而非学习的，读者只能从新闻报纸、杂志故事、（尤其是）电视或电台广播中记住极少量的专业信息。造成这种情况的原因有二：一是媒体报道的风格（快速、一次性阅读或者收听）所致，二是通常一次能获取许多科学报道并且涉及的主题非常广泛（政治、国际事件、经济、专栏，等等）。时事新闻不是供人们用来专注学习或接受继续教育的。记者清楚这件事，他们知道自己必须写故事而非启蒙读本。这也是他们需要吸引兴趣的另一方面原因。

公众对科学的兴趣是复杂的、多方面的，难以用任何准确的方式来界定。但有一件事是可以确定的：在大众媒体中，这种兴趣总是会被"新鲜事"（无论是什么事）唤起。在很大程度上，这种"新鲜事"只包括科学金字塔的顶端，也就是今天、此时此刻正在进行的科学研究。这是科学最为活跃多变的部分，充满争论、竞争和不确定性，从社会反响来说，也是科学最令人兴奋的部分。但这也是最难以用任何确切的语言来描写的部分。面向公众报道科学的最新进展和介绍基本的化学原理是一回事，直接使用现有的文献资料就行了；但是，要去讨论物理、化学领域关于超导材料的最新假说的价值及其争议，又是完全另外一回事。

对于科学家来说，区分"懂"和"知道"某一学科分别涉及哪些内容，是很有帮助的。记者愿意写且读者也期待看到关于科学观点、进展和成效等方面的故事。专业知识本身并不是传播的目标；相反，其目标是传达专业知识的性质、重要性和含义，以及这些知识可能对每一位读者或观众意味着什么。这丝毫不能成为媒体报道不准确、耸人听闻或出现其他通病的借口。但这确实有助于科学家找准对媒体报道和公众兴趣的预期定位。

七、做好准备：一些建议

在面对新闻报道和公众时，科学家的主要作用是什么？大部分时候，他们起着"专家信息来源"的作用。这意味着什么？概括地说，这意味着以内部人员的角度来谈你的工作，经常还会谈到你所在领域的认知状态、付出的努力和存在的争论。换句话说，你的主要职责是传播你的研究工作的核心要点、你的知识背景和局限，以及这些对你的研究领域意味着什么。当然，也需要增加一些人文细节，如关于你自己的故事。

这样说，听起来很简单。但对于没有准备的科学家来说还是很有压力的，他们可能会不确定该期待什么，不确定采用什么表达方式，或者不确定"揭露"到什么程度。如果你工作的单位有公共关系办公室，尤其是工作人员当中有科学职员或媒体顾问，那么你在接受采访之前，在撰写新闻发布稿之前，或者在担任公共讨论会嘉宾之前，非常有必要约见这个人一起讨论一下面对媒体和公众的策略。

如果你的研究或专业知识很可能会使你在未来某一刻被采访，你可以做一些事情提前准备。我的意思不是说雇用一名公共事务律师。有一些成本更低的方法，比如：

（1）留意与你所在领域相关的媒体报道。注意提出的问题的类型、记者使用的语言类型、讲述的故事的类型，以及他们是如何看待科学问题的。记者的哪些方面是正确的，哪些方面是错误的（或者不太正确的），你看到了哪些优点和缺点？

（2）当你看到优秀的文章、报告或纪录片时，保存下来学习。你喜欢它什么？为什么它优秀？你可以从中学到什么东西用于讨论自己的工作?

（3）与非科学家交流的一个极其有用的基本原则是，简洁（一页纸的篇幅）。仔细思考你的工作概要及其意义，用通俗易懂的语言来表达。假如你有30秒的时间面对电视镜头或电台广播，你会说些什么？然后，花些时间把这个内容好好写一写，直到你感到比较满意为止，定期拿出来读一读，并进行必要的修改，请同事帮忙看看并提出建议；时不时在头脑中回顾这段内容。这将帮助你变得口齿清晰且更加自信，没准儿会成为未来可以用到的素材。

（4）撰写一份这样的概要，本身就是一个有价值的练习，也能训练你控制语音、语调的能力，这是一项非常重要的技能。

记者既不是你的朋友，也不是一名检察官，但是，他们对接洽合作非常感兴趣。作为信息来源，你是他们的一种资源，未来你们可能还会再次合作。记者更倾向于发掘和培养良好的合作关系，而非破坏这种关系。为了写出能够被接受的（有看头的）文章，他们需要问问题，其中一些问题可能会有些尖锐或很难回答。

这些问题可能会提前通过邮件发给你，你可以用文字回答，或者记者可能希望通过电话或面谈采访你本人。如果你觉得回答或讨论下列问题没有不适感，那么，你应当以良好的状态来回应这些问题：

（1）你是如何对这个主题产生兴趣的？在你的成长背景中，有什么个人原因将你引向了这个主题？

（2）有其他研究者也在参与这项研究吗？为什么他们认为这项研究很重要？

（3）为什么读者应当关注你的研究？（有点儿"那又怎样"的挑衅感）

（4）你是如何做你的研究的，在哪儿做的？你使用的方法是什么？这些方法是传统的还是非传统的？

（5）你的结果可重复吗？它与其他研究的一致性如何？

（6）你的数据有可能有其他解释吗？

（7）在你所在的领域，这项研究存在多少质疑或争论？谁不认同你的观点，为什么？

（8）如果你的观点被证明是对的，从个人和专业的角度讲，你从中有何收益？（也可能会通过一些间接问题来获取这一信息）

以上这些都是在采访或与记者的谈话中可能会出现的问题。你需要真诚地回答每一个问题，泰然处之。毕竟，除非你是存在高度争议的公众人物，否则记者也不希望让你感觉像是在蹚雷一样。

（一）面谈采访

采访就是机会。无论是通过口头还是通过笔头，把你的工作或某个相关主题讲清楚、讲明白对你个人、你的职业、你的同事、你的单位和你的学科都有极大的助益。这里有一些注意事项以确保能够达成预期效果。

（1）确认记者需要的内容是什么以及截止日期，这样，你可以知道对方是着急要还是时间比较宽裕。

（2）明确你回答记者问题的立场。如果主题涉及你还没有发表的文章，你应当考虑告诉对方现在讨论数据还为时过早。如果你已经投稿给期刊，确保你清楚期刊政策，知道什么东西不能向媒体透露。许多期刊有保密政策，详细说明了你什么时候可以谈论相关研究。

（3）弄清楚采访你的记者了解多少情况，以及他已经做了多少关于这一主题的功课（可以问一些问题"你知道……吗？"或者"你阅读过……吗？"）。这将有助于你把握对问题的回答需要基础到什么程度。科学家在采访中常犯的两个错误是，要么过于屈就记者，要么使用太多行话。

（4）记者通常会提前与你联系，把采访安排在你方便的时间。利用这个时间空隙做两件事：①把你想要说的主要观点写下来（记住，记者的版面可能只够撰写其中一部分）；②思考如何来谈论这些观点，尤其是以清晰、简单且没有太多术语的方式来谈。

（5）采访前，上网搜索一下这个记者的情况，看看他之前写的报道。写得怎么样？有什么严重的问题吗？如果有，是什么？你可以如何陈述，以避免出现类似问题？

（6）如果记者想要立刻采访，告诉他你过一会儿再给他回电话（如果需要的话，你可以找一个理由不那么迅速地接受采访，例如告诉对方有人正在你的办公室谈事）。这样能给你一点时间收拾自己，整理一下思路。

（7）避免谈论你的专业领域范围之外的话题。科学家有时候会被当作其他话题的发言人，像政治事件、社会运动和其他学科（如让物理学家谈论进化和历史）等这些话题。不要上套。相比于你说出一些让你看起来很无知或愚蠢的话（尤其是在这些领域真正的专业人士看来），你直接说"我没有资格谈论这个话题"或者"我没有研究过这个领域"，会显得非常坦诚且令人尊敬。

（8）在能够控制的范围内，不要迎合新闻报道的大众倾向，去使用一些类似"奇迹""革命""危险""灵丹妙药"等这样的词汇。用这些词汇去描述一项结果、假设或结论的实际意义，往往会对公众造成误导或伤害。

（9）不要期待在出版之前就能看到终稿。报社和电视台（以及相关机构）有他们自己的内审流程。因此，你更应该在说话之前就想清楚。如果故事的某一部分确实弄错了，那么打电话给记者，告诉他最好如何来修改在线版，毕竟这个版本会永久存在于网络上。

（二）其他注意事项

记住，与新闻媒体打交道是涉及人际关系的。对记者公开表示怀疑和不信任，会毁掉你原本可以从中获益的人脉。

（1）做好准备，你可能会被问到你研究工作的社会效益。记者经常希望科学家能够预测未来可能会是什么样子。聪明一点，描述几种情境，这样会让你看起来特别有思想。

（2）如果谈论的这个主题存在争议或质疑，先承认这一事实。从积极的角度来看待这个问题，"针对新观点的评论和审查，是科学进步的助力"。

（3）准备好指出你的知识或你所在领域的局限性，避免用"我们不知道"这样的回应方式。多数情况下，你是被当作专家来咨询的，因此，尽可能用积极的词汇来回应，例如，"这个问题还在进一步研究当中"，或者"开启了一个新的研究领域"。

（4）最后，但并不意味着最不重要，请记住，作为信息来源，你不能指定最终出版或报道的任何内容。下面这段话可能有助于理解这件事：

> 对于想要成为科学新闻信息来源的科学家来说，预先警醒就是预先准备：与记者合作以及适应新闻惯例，可以让科学家更有效地控制最终报道的重点和基调。但是，最后的决定权永远在新闻记者手中，因为科学新闻本质上是新闻而非科学。①

八、如果我的研究领域特别有争议怎么办？

如果你的研究领域饱受公众争议，就属于接下来要谈论的这类特殊情况。在采访或其他媒体讨论会中谈论一些有争议的话题，如动物研究、转基因生物、胚胎研究和气候变化，常常会承受很大压力，甚至会被推上风口浪尖。你很有可能会被问到一些与科学关系不大且容易招惹是非的问题，例如：

（1）最新的投票数据显示超过一半的美国人认为达尔文是个骗子，作为一位进化生物学家，对此你怎么看？

（2）你认为是什么导致人们强烈反对转基因生物，即便已经经过反

---

① J. Gregory and S. Miller, *Science in Public: Communication, Culture, and Credibility* (New York: Plenum, 1998), 130.

复测试证明转基因生物是安全的？

（3）你认为气候科学家预测的本世纪末会出现的地球环境变化是杞人忧天吗？

数十年来，科学家都不得不回答这类问题，但是，只有一小部分科学家善于应对这些问题。

如果你把这些问题看作一个机会，可以借机挫败那些无知的邪恶力量或颠覆那个所谓的卡尔·萨根口中的"魔鬼出没的世界"，那你可要收缰立马三思而后行了。一位研究者对于个人形象和信誉，以及科学的形象和信誉，能做的最糟糕的事情，莫过于表现得狂妄自大，沦落到无知的地步。20世纪70年代，核科学家在尝试应对抗议和公众恐慌的时候，发现这是非常艰难的。优越的态度（精英拥有真理的样子）将证实你并不是真正地关心公众想法，从而使你变得不值得信任。表现出不在乎观众感受，会使观众变得疏远。

当然，今天许多科学家都能理解这一点。但当被言辞激烈地质问时，可能会失去理智。回应这种质问时要是说出诸如此类的话，"人们需要认识到"，或者"很容易误入歧途地认为"，或者"没有一个聪明人会去看那些数据和声明"，会使你瞬间变成独裁者。这是不可取的。同样不可取的是把反科学的立场（如神创论）说成是"脑子被盐腌了的人的收容所"。

有关科学的争议犹如情绪猛兽。对于反对派来说，他们不仅缺乏相关知识、带有偏见或涉及特殊利益，而且具有关于世界如何运转的固执的信仰和观点，当然，也有各种各样的恐惧。因此，他们能够唤起强烈的情感认同。想要在这场争论中获胜，或者降低反对的声音，仅仅用事实说话是不够的。毫无疑问，事实很重要，但用事实说话的方式与我刚刚描述的反对派的说话方式是不同的，现实情况是，如果不结合其他元素，用事实说话会显得很无力。

听专家讲话，有的公众会感到自己很无知。说一些强化公众这种感受的话，是不明智的。此外，只要科学家表现出精英的做派，听不进别人的意见，那些只有一点点怀疑或有些摇摆的人（当一个有争议的话题正在被热议时，大部分听众可能处于这个状态），就会被推向反科学阵营。接下来的关键不是顺着听众的意愿去说话，而是把听众当作渴望获得新知识或新观点的人。这件事是很困难的，尤其是当你知道许多听众或读者已经持有根深蒂固的观点，甚至是反科学的观点时。所以，该怎么办呢？

初出茅庐，你要保持冷静。这是显而易见的，但真正做到这一点并不容易：保持你作为信息来源的体面和专业形象，将在很大程度上增加你的权威性。但是，保持冷静，不要过于死板，像一个机器人一样，也不要说话不带感情。接受采访时，要记住你实际上是在进行交谈。你与聪明人谈话的感觉是怎样的？你的措辞不是提防的，而是有耐心的，有时是充满热情的，有时是深思的。不要使用前面提到的那些短语，你可以像这样说话，"这是一个好（极好）的问题。我尝试这么来回答"（表现出对记者和听众的尊重，平稳地获得对讨论的控制权）。或者说："嗯，我不确定这是不是这个问题最好的表述方式。如果我们这么来问呢？"（一种很有礼貌地反驳交谈者的方式，同时又拿回了主动权）。或者说："是的，当然，确实存在这种说法（担心）。但是，我们现有的数据有力地指出了（不允许）我们认同……"（表现出对对立方观点的重视，然后用科学证据来推翻它）。类似这样的表达方式能够有效应对有争议的情况。

有些人可能会觉得这样说话太过温和，会给不值得尊重的对立派以太多信任。为什么我们不能坚决一点呢？实话实说，直接说反达尔文派或气候变化质疑者是完全错误的，他们是有宗教和政治意图的。因为这样会让我们陷入一个措辞陷阱。事实上，这是一个老掉牙的陷阱。西塞罗曾经这样解释它：让听众相信你的对手的观点是靠得住的，最有效的办法就是宣称他讲不出什么有价值的东西，应该闭嘴。莎士比亚有一句更著名的话："我认为，这位女士抗议得过头了。"一味谴责智能设计或反转基因激进主义，只会使得这些观点看起来像是精英科学的受害者。

更好的方式是，把主动权掌握在自己的手中，避免摆出生气或对抗的姿态，争取更柔和地证明自己的说法是对的（以柔克敌）。

正如研究这些争议的学者所指出的[①]，对手使用的推广他们观点的最有效的策略之一是坚决主张科学尚未定型。如果能够使听众相信甚至是怀疑一个主题（如进化）在科学领域的争议尚无定论，那么，反科学的立场就站住脚了。辅助这一策略的是许多人都具有的关于科学如何运作的观念。这是一种浪漫的观念，认为科学上的重大进步主要来自少数敢于发表异见的人的贡献，他们不合常规的观点最初总是被占据主导地位的正统思想所拒绝和压制。当反对派采用被不公平对待的少数人的语气发声时，反科学立场就更容易立住了。

在这种情况下，强调争论在现代科学中的作用是一个有效的应对策略。这种争论很少涉及少数人与多数人的对抗，只涉及研究者共同体内部通过发表经由同行评议的论文而开展的广泛讨论，包括新的证据、假设和观点是如何阐述、受到挑战、经过测试和重新测试的，最后科学共同体是如何基于来自多方资源的最佳信息证实或驳回的。这种争论是许多人所理解的"科学方法"的核心。这一情况很混乱，也可能会持续几十年。但是，这是达到目的（即就最靠近真理的科学观点达成共识）的方法。今天科学领域有许多尚未解决的争论，如人类是不是更新世末期猛犸象和其他巨型动物灭绝的主要原因。但是，更多的争论已经解决了，可这并不意味着每个人都认同。20世纪60年代拒绝认同板块构造论的地球科学家，一直在争辩并公开发表观点，直到20世纪80年代板块构造理论建立之后才消停。大量支持这一理论的证据，以及（同样重要的）该理论所能解释的现象范围不断扩大，最终使得反对者销声匿迹。要重启这一争论，需要海量可靠的证据（只靠说是不会被接受的）。关于进化、人类活动导致气候变化、转基因生物的安全性、艾滋病病毒的起源、疫苗与自闭症之间没有关联，也出现过争论并且现在也

---

① 见：L. Ceccarelli, "Scientific Controversy: Science, Rhetoric, and Public Debate," *Rhetoric and Public Affairs* 14, no.2（Summer 2011）: 195-228.

已经被科学地解决了。声称科学尚未解决这些问题的观点是错误的，也是没有科学依据的。

所以，让我们回到这一部分最开始的3个问题上。针对每个问题，有什么好的回应吗？

（1）首先，我得说，我不认为超过一半的美国人相信达尔文是骗子，在科学领域这意味着造假或窃取。达尔文当然既没有造假也没有窃取他人成果。一些人可能会认为他是错的，这是另外一个话题。对于这一点，我认为有必要指出，关于进化论的科学争论已经解决一段时间了，就像关于地心引力的争论被解决了一样。今天的科学家把进化看作自然世界运作的一部分。当然，这一观点仍然可以被反驳，但是那只能基于其他理由，而非科学理由。

（2）是的，这是一个重要的问题。从根本上讲，我不认为这是关于科学知识的问题。关于转基因生物是安全的，许多国家都已反复试验证明过，没有太多需要争论的东西。所以，反对的观点似乎是关于一些其他事情，例如，不相信企业，它们在不承担任何道德责任的情况下利用科学谋利。我认为我们需要谈一谈这些事情，别忘了，因为要吃进身体里，所以食物理所当然地会吸引许多人关注。

（3）不是，我不这么认为。我倒希望是这样的，但是，我们现在所获取的每一个主要领域的证据，包括物质科学和生命科学的证据，都指向了一个令人不安的方向。现在，我们谈论未来可能会出现的各种情景，实际上是在根据我们向大气排放的碳的量来预测未来的各种可能性。这些情景中最糟糕的情况会带来的破坏和灾难确实令人恐慌，但并非"杞人忧天"，因为并没有夸大事实。

第十九章　科普写作和科普讲座：
与公众交流，为了公众而交流

在公众利益的舞台上，学者必须有发言权。

——卡尔·萨根

一、别跑，我们是你的朋友

公众想要听到来自你（研究者）的信息。不论你是否确信这一点，这都是真的。科学家不再是主流社会之外的异类，尽管反过来说不那么容易被证实。科学相关报道的"兴趣市场"是很广阔的，并且还在不断扩大。新世纪已经证实了这一点。如何做到的呢？现在我们的生活填充着大量技术产品，并且这些技术还在不断进步着。从不好的一面来说，各种令人担忧的事情已经扩散开来，例如，健康和医疗卫生，食物和肥胖，流行病和自然灾害（地震、海啸）的可能性，以及气候变化日渐显著的影响；从好的一面来说，我们看到了惊人的发展：人类基因组破译、希格斯玻色子（Higgs boson）的探测，以及火星表面探测，等等。

公众兴趣不断增长还有另外一个原因。我已经在本书中提过几次。互联网，尤其是社交媒体，已经极大地缩小了曾经横在研究者和其他社会群体之间的空间与时间间隔。网站、博客、脸书、推特和其他媒体都提供了交流联系的途径。就像在本书最后一章中提到的，这一事实带来了实实在在的机会。人们用于在线阅读的时间远多于阅读纸质报纸和杂志的时间，所以，人们对你的博客或推文的关注度远高于一篇报道你工作的纸质文章的关注度，即使是刊登在《纽约时报》上也达不到这么高的关注度。虽然不敢说一定会怎么样，但是已经有不少研究者表示，社交媒体带来的益处包括增加了文章引用率，增加了被邀请做公开演讲的机会（即进一步增加了扩大影响力的机会），以及甚至增加了资助经费。

简单来说，用通俗易懂的语言来写科学，包括你自己的研究，你会成为对公众有价值的朋友。成为这样的朋友后，你可能会发现部分公众以可估价的方式回报你的影响。之后的挑战就在于你根据客户需要进行沟通的能力了。

二、什么是科普写作？

描述科普写作（science writing）远比界定科普写作容易。科普写作与本书大部分内容谈到的"科学写作"（scientific writing）不是同一件事情。所以如果我们必须要界定科普写作，不妨搞得简单一点，即"用日常的、非专业的语言写科学"。现在，我们来看看真正的困难是什么。

有一个很神奇的说法，一些名人也相信，认为科学领域的每一件事都能用简明的语言来表达。这是不可能的，说这是可行的就是一种愚蠢的、糟糕的且极具误导性的观点，因为这种说法实际上暗指专业语言既是无关紧要的也是不道德的，并指责使用专业语言的真正目的是让人望而却步。尽管行话确实把世界分成了圈内人和圈外人，但这根本不是专业用语存在的目的，它也不能被说成是浪费笔墨。尝试用日常用语来解释量子力学或蛋白质合成，你将会发现，即使是这两个标题，如果要充分界定，都需要很多页纸和一定程度的简化。重点是科学作者不得不耗费相当大的工夫来选择该说什么内容。

换句话说，这种写作本身并不是科学，它只是在写科学。即使写作的主题是你自己的研究工作，你也是在描述它，而不是把它呈现给同行。在某种意义上，你是一名专家型的通讯员。这种立场既有好处也有挑战。好处是很明显的，大多数情况下，你完全理解自己在写什么，并且知道从哪里获取需要的信息。就挑战而言,第一也是最主要的挑战在于你需要能够写得好,纯粹的实用型写作是不够的。第二,你必须在一定程度上成为翻译员。最好的科普写作是完全不采用术语的,除非对术语做了必要的解释。甚至包括"DNA 测序"或"自然气候异变"等经常出现在媒体报道中的词也不宜在科普文章中出现。第三,你必须能够告诉读者,为什么这个主题既有趣又重要,对你来说这可能没什么,但对读者来说却意义重大。

换句话说,好的科普写作是一种传递信息和教学的方式。这样说来,它比新闻界通常的定位要多许多内容。你把精华的专家知识(这种知识具有相当大的权威性,并且常常与人们的生活和未来高度相关)介绍给公众。此外,"公众"不再局限于某个特定区域、国家甚至某个大洲,它涉及潜在的全球读者群体,这个群体包括任何能够看得懂你所用语言的人(尤其是如果你用的是英语)。

这么说来,科普写作可能听起来像是一种高尚的行为。事实恰恰如此。当科学家自己来写时,更是这样。研究者自己进行科普写作,避免依赖中间人,并在某种程度上自负其责。如果作者把这种写作当作自我推销的工具,那么,这个机会的意义就会被削弱,甚至完全被浪费掉。再说,科普写作的大部分读者并不傻,他们忽视且排斥这样的内容。因此,最好把你自己塑造为一名在为你所在领域发声的有品位的发言人。毕竟,这是一项非常重要的收获。

三、如何做:一些基本要素

(一)好的写作范例:如何选择

科普写作是一项技能,就像一般写作一样。最直接、最实用的方法是学习他人的好的写作——没错,又是好的范例。从报纸、科学杂志、其他研究者的博客和科学网站等渠道发现这些范例是第一步。与专业的科学写作一样,"我也想(希望能)写成那样"的感觉是选取好范例的指标,也可以用来帮助你确定已选择的范例中最好的那个。然后,仔细研究和反复阅读这些范例,这样,它们会成为你的私人导师,为你提供模仿素材。

但是,如何才能知道一篇你喜欢的科普写作是否足够好到可以成为这样的导师呢?你需要通过哪些要素来判断一篇文章的质量好坏呢?我们可以用提问与回答的方式列出一个清单。

(1)它有趣吗?第一句话或者第一段话有可能会让大部分读者对这个主题产生兴趣吗?文章的主体部分能够满足这种兴趣吗?

(2)它是准确的吗?文中的事实和数据是对的吗?概念界定清楚了吗?使用得当吗?作者有使用类比和比喻来帮助读者理解吗?

(3)它易读吗?文中的语言简洁且不依赖于术语吗?你能够非常顺畅地从头读到尾,不出现卡壳或困扰的地方吗?

(4)有良好的过渡衔接吗?内容之间存在良好的组织逻辑吗?

当然,这些问题并不难,但是它们本身就存在挑战。为了有效地回答这些问题,你需要明白你不是观众(重复一遍,你不是目标读者)。观众由不懂科学或对科学知之甚少的人组成,可能会被科学吓到,但是仍然想要学习并获得关于科学的知识和信息,尤其是当科学内容看起来足够有趣且与他们有一定关联的时候。这些人构成了科普写作面向的公众。你的写作往这个方向调整是非常重要的。否则,你的判断鲜能可靠。

让我说得更详细一些。新闻记者认为,美国成人的平均阅读水平处于八年级水平。虽然这种说法并不是在称赞美国成年人,但这一观点也不是想要侮辱所有地方的八年级水平的人。如果这么说让你感到吃惊且难以置信,那么换一种方式来思考这件事。爱因斯坦这样形容科学:"每一件事都应当尽可能地简单,但是不能没有底线地简化。"把这句话送给想要进行科普写作的科学家,它带来的启示就是,以八年级的阅读水平把某一学科的科学材料写得清楚且通俗易懂非常重要。如果你有做讲座和教学的经历，就会立刻领会这一点：要把知识简化到最核心的概念（但不能再简化了），需要具备对相关科学内容的最深刻的理解才能做到。

（二）技巧和示例

写作是有方法和技巧的，专业人员通常会遵循这些方法和技巧，并在他们的一些文章中进行讨论。首要的是文章开头突出重点，也就是通常所说的引子。在科普写作中，最开头的几行字要实现两个重要目标：传递最主要的信息，并吸引读者继续读下去。这里有两篇已经发表的文章的例子，是关于同一个主题的：

> 一个新发现的已灭绝的人类物种，可能是已发掘的最原始的人种，有橘子大小的脑。研究人员说，尽管它的脑尺寸小，但是，早期人类为它的死举行了葬礼仪式。[1]

> 在南非的一个洞穴后面的一个狭小黑暗的洞室里发现的一大兜子骨骼，可能是一个新的古人类近亲物种遗留下来的。探险者勉强从距离约翰内斯堡（Johannesburg）50千米远的明日之星（Rising Star）洞穴后面高处的一个狭长裂缝穿过，然后从狭长的滑道降到40米深的地下，才发现了这些骨骼。[2]

首先，我们可以清楚地看到这两个例子的差异，它们的作者选择呈现的信息是不同的。第一个例子选择了脑和葬礼，第二个例子选择了骨骼和地点。在第一个例子中，我们看到了一个似是而非的点：一个比橘

---

[1] Charles Q. Choi, "New Human Species with Orange-Sized Brain Discovered," *LiveScience*, September, 10, 2015, http://www.livescience.com/52132-new-human-species-with-orange-size-brain-performed-ritual-burials.html.

[2] Ian Sample, "*Homo naledi*: New Species of Ancient Human Discovered, Claim Scientists," *The Guardian*, September 10, 2015, http://www.theguardian.com/science/2015/sep/10/new-species-of-ancient-human-discovered-claim-scientists.

子还小的脑可能发明了宗教。在第二个例子中，给出了一段叙述：探险者深入一个黑暗洞穴的后墙，穿过一条狭窄的裂缝沿着滑道向前推进。如果留心的话，我们注意到一个准确性的问题：新物种是"人类"还是"人类近亲"？文中的比喻也值得一看。用橘子来形象地比喻脑很有表现力（只是颜色不太对），每个人都知道橘子是什么，所以一个这么大小的脑很容易就让人产生画面感。第二个例子中出现的"一大兜子骨骼（huge haul of bones）"（注意其头韵）也不难让人形成画面感。

但是，这两个例子有什么共同之处吗？它们最基本的方面是相同的，语言水平是相同的，都在第一句话反映了相同的核心信息，即找到了一个古人类物种。这两个例子都很好地激发了读者的阅读兴趣，把读者的注意力引到了后续文字上。请注意，每一个例子的开头都给读者留下了悬念，这些悬念是读者需要从后续阅读中找到答案的。在第一个例子中，这些悬念包括这次发现是怎么发生的，为什么这个新物种如此古老，它的头盖骨和身体是否也是非常小，以及葬礼仪式的证据是什么。在第二个例子中，读者会期待从后续故事中了解到这些骨骼是如何被发现、被复原以及被鉴定的。在两个例子中，读者都会想要知道这个新物种的名字，它意味着什么，以及这个物种处于现有的进化树的什么位置或者是否会被放进现有的进化树。

因此，在每个例子中，文章的主体部分将围绕开头这几行文字引发的问题来撰写，而不是把信息碎片化地堆砌在页面上，这也是好的科普写作应当做的事情。整篇文章应当具有真正的一致性，全文内容与最开头的信息相呼应。

现在，把这两篇文章的开篇写法与它们的原始信息来源（即相应的科研论文）的开头进行比较：

2013年10月，位于明日之星洞穴系统中的迪娜乐迪洞室（Dinaledi Chamber）里首次发掘出古人类化石。在相当短暂的发掘过程中，我们团队采集到多达1550个古人类样本，几乎每一种骨骼元素都有好几个样本，包括许多完整的骨骼元素和有形态学意义的碎块，还有一些关节，以及许多可以重组成完整骨骼元素的小碎块。①

在这个案例中，非科学专业的读者会提出的问题主要涉及特定术语的意思——"古人类"（hominin）、"骨骼元素"（skeletal element）、"形态学"（morphological）、"关节"（articulation）和"重组"（refit）。更重要的是，他们还不知道一个新物种已经被发现了。这一事实只有在对所有证据都进行仔细描述、分析和考虑之后，在文章最后才会提到。面向公众的科普写作的一个重要方式就是，转换科研论文的这种行文结构，把最终结论放在最前面。

面向公众的科普写作就应该这样。在最开头激发读者的阅读兴趣，这是能够吸引他们继续花时间阅读余下内容的唯一方法。这种写法完全不是虚伪或耍心机。几乎所有的作者都会这么做，从职业写手和纪实作者到诗人、小说家和戏剧家，包括莎士比亚［《哈姆雷特》（Hamlet）中的第一句话："谁在那里？"］，都是这么做的。无论读者的受教育程度有多高，开头必须能够起到让他们愿意继续读下去的作用。另一个例子，下面的哪个开场更能激发读者的阅读兴趣？

> 自日本福岛核泄漏事故发生以来，全世界范围内出现了许多新的关于未来核动力的质疑。在美国和欧洲国家质疑声更大。

> 在福岛核泄漏事故的直接刺激下，许多国家宣布将相应缩减新建核反应堆的计划。发出最有力的这类声明的是欧洲国家和美国，而不是日本。

---

① L. R. Berger, J. H. Darryl, J. de Ruiter, S. E. Churchill, P. Schmid, L. K. Delezene, T. L. Kivell, et al. "*Homo naledi*, a New Species of the Genus *Homo* from the Dinaledi Chamber, South Africa." *ELife* 4（2015）: e09560, http://elifesciences.org/content/4/e09560.

很显然，第二个例子的开场更有趣。请注意，第一个例子的开场仅仅是给我们提供了信息。它的语气是平淡的，没有情感或暗示，被动语态也会增强这种感觉。我们不会再继续读下去，因为余下的部分不会有什么不同，仅仅是填充细节，告知我们信息，而不是教导或吸引住我们。

第二个例子带来的是完全不同的感受。它使用主动语态，表现出各国对福岛灾难直接且受到惊吓的回应。这些国家不是仅仅表示质疑，他们还做了实质性的事情：削减未来计划。此外，用到"直接"这个词，暗示他们可能后续会推翻这个决定，因此我们希望继续读下去看看会不会出现变化。然后，还有一个讽刺，或者说是一个矛盾，在结尾迸出这几个字，"而不是日本"（第一个例子没有呈现这个信息）。我们想要知道，为什么最强硬的反核声明不是来自这个遭遇了灾难的国家。为什么这些声明出现在世界其他国家？

除了激发兴趣和呈现主要信息外，一个好的开头可以通过呈现需要回答的问题，引出文章（或者博文、专栏等）余下的内容或文章的主体部分。现在，能够实现前两种效果的开头通常也会这么来写。成功地以有趣的方式呈现关键信息后，下文自然就顺势而出了。

好的开头不拘泥于一种形式和篇幅。正如我们在前文看到的，一些是提供新知识，一些以叙述（故事）开头，另一些则通过讽刺或意想不到的情况来开头。也有把两种甚至更多种表达方式结合起来放在一段话中，既有深度又能激发好奇心。这里有一个极好的例子：

> 几年前，美国伊利诺伊州厄巴纳（Urbana）的基恩·鲁滨逊（Gene Robinson）请墨西哥南部的一些组织帮他诱拐1000个左右动物的新生儿。这些组织选择诱拐蜜蜂的新生儿。一半是欧洲蜜蜂——一种意大利蜜蜂（*Apis mellifera ligustica*），是大多数养蜂人饲养的性情温和的种类；另一半是意大利蜂的近亲——一种非洲蜂（*Apis mellifera scutellata*），通常称之为杀人蜂。这两个亚种在外观上几乎无法区分，但后者保卫领地的行为要积极得多。捅一个欧洲

蜜蜂的蜂巢，可能会有100只蜜蜂攻击你；捅一个杀人蜂的蜂巢，你可能会遭遇1000只甚至更多只蜜蜂蜇你。2000只就能杀了你。①

关于这段话以及它是如何操弄读者心理的，可以说出很多东西。但是，读了本节前面的内容，你应该不用指点就能看出它的写作技巧了（因此，此处不再赘述）。

一个好的开头能够给你提供极好的继续写下文的方向。一个简单的写下去的方式就是，按顺序解答你在开头部分埋下的问题。但是，如果严格遵循这种方法，可能会遗漏一些重要资料。在涉及一个或多个实验时，你需要说明做了什么以及为什么这样做。如果像前面两个例子一样，涉及探险活动，那么，需要讨论如何与为什么要发起这次探险活动，以及谁出资，去了哪里和发现了什么。除了这一类细节，或者最大限度地利用这些细节，你还必须回答最重要的问题：为什么读者应当继续读下去？里面有什么值得读下去的内容？好的科普作者不会不回答这些问题，除非问题的答案显而易见会引发痛苦（如一种新的癌症治疗方法）。但这也不是说答案不得不直接触及忧虑或焦虑。关于我们人类祖先和人类这一物种的认识，已经被一个我们未曾预料到其特征的新物种所扩展，这一认识对我们每个人都会有影响。决定是否要增加或减少世界对核能的依赖，对于气候变化、煤的使用、能量安全和防止核扩散来说，具有一连串深远的意义。

你的文章的主体部分需要有组织逻辑，使之连贯顺畅并且前后一致。找到你的文章主要观点之间的逻辑关系。一定能找到或者创建出一个恰当的逻辑，除非你的材料非常散乱并且完全不相关。为了达到这个目的，许多短语都可以选用："也就是说"（that being said）、"这意味着"（what this implied was）、"下一个需要考虑的事情"（the next thing to consider）、"我们不相信并且怀疑"（we weren't convinced, suspecting

---

① David Dobbs, "The Social Life of Genes," *Pacific Standard*, September 3, 2013, http://www.psmag.com/books-and-culture/the-social-life-of-genes-64616. 我使用这段话，是因为科普作家卡尔·齐默在他曾经教过的一门课上提到过多布斯（Dobbs）的文章。

that）、"物理学家早已接受这一点"（physicists have long accepted this），以及"她的下一步是"（her next step was to），等等。提问有助于建立或者捋顺文本逻辑："为什么我们之前没有看到这点？"（Why hadn't we seen this before?）、"他们已经在那里多久了？"（How long had they been there?）、"什么样的过程可能会起作用？"（What kind of process could possibly be at work?）、"从哪里得出这个结果？"（Where did that result come from?），以及"……有可能是真的吗？"（Can it be true that...?），等等。

如果你正在写一篇博客文章，可以在观点中放入更多自己的看法。但对于报纸或杂志来说，你的观点中如果涉及社会、政治或经济等话题的看法，就太冒险了。科普写作同样如此，除非你告诉读者这些实际上都是你自己的观点。这是博客的一个优势——缺少新闻检查，没有编辑，没有外部权威要求你表达与你个人意志相悖的观点。

最后我们谈谈结尾怎么写，此处的写作技巧同样很重要。不要以一种无聊或没有特色的方式来结尾，既不要以一种毫无生趣的方式结尾，也不要像记流水账一样结尾。应当给读者留下突出的、令人回味的甚至强有力的印象。以前面提到过的福岛核泄漏事件为例，下面是它的结尾：

> 人类美好的未来依赖于扩大现代能源的使用范围，同时减少碳排放量。降低煤和石油的使用不是一件容易且很快就能实现的事情，也不是一件廉价的事情。但是，选择核能就能有极大的改善，只是需要按照最高标准来设计并严格按照标准来执行和监管。现在，越来越多的国家和地区认识到这一事实，即使在福岛核泄漏事件之后，这些国家和地区也明白气候变化才是对人类前景更具切实威胁的事情。

这样，就完成了一个引人注目的结尾。蜜蜂的例子使用了不同的结尾方式，那篇文章实际上是关于社会行为和基因的。结尾引用了一位知名研究者在公共讲座中的结束语："你今天的经历将会影响未来2～3个月你身体的分子组成，或者，可能会影响你的余生。因此，好好计划你的每一天。"

四、公开演讲：基于实战的实用建议

我们在前面第十三章中看到了一些关于公开演讲的建议，那是针对口头学术报告的。这里，我将谈一谈与非科学家群体的口头交流。那些没有与世隔绝的科学家都知道，这个主题值得再多讲一讲，因为当今世界科学传播的重要性正在不断攀升。

如果与非科学专业的观众讲话是你感兴趣的事情，或者是你很可能需要做的事情，那么记住以下这3点最重要的要求：第一，你必须尽可能表现出自己是一个有趣的人；第二，你说的内容必须准确，也就是，必须讲真话（关于知道什么和不知道什么，关于问题、论辩和争议等，务必如实相告）；第三，如果你的主题是科学知识，你必须保持科学家的理智，不要变成一个激进分子。

像所有讲话一样，公开演讲也是一种表演。要想讲得好，你必须有足够的能力吸引听众的兴趣，人们不是来看数据，也不想被说教或被单纯取悦的。他们想看到一位鲜活的科学家，能够做一些或知道一些重要的甚至令人兴奋的事情，并且能够以一种保真且生动的方式告知他们这些事情。

或许你会认为我谈到的这些，就像在跟你说雪是白的一样，没有太大作用。但是可能并非如此。值得注意的是，整个修辞学传统，可以追溯到古希腊辩论术，极其强调和看重雄辩演说、成功演讲后产生的影响。虽然那时候有一些人会为了正当或不正当的理由，别有用心地使用这些辩论技巧，但当时最伟大的演讲，如德摩斯梯尼的《关于王权》（*On the Crown*），都是属于那种"拥抱真理"、避免打着个人信仰或政治晋升的名义夸夸其谈的演讲。但是，空谈并不是科学家讲话的常见问题。有多少你坚持从头听到尾的讲座，研究者本人的东西一点都看不见：没有奇闻趣事，没有个人信息，没有情感或热情，没有（特意设计的）幽默，没有真正地与听众互动，换句话说，没有表演。仅仅是一个展示幻灯片的科学家躯壳。我们会怀疑日常生活中也有许许多多这样的对话吗？它们可能可以满足前面提到的第二个要求（准确和不激进），但是，却在一定程度上没有满足第一个也是最重要的要求。

所以，考虑做一场你自己（作为一名来自另外一个不相关领域的科学家）会喜欢且难忘的演讲。什么样的事情能够激发你的兴趣，抓住你的兴趣？难道这些事情没有包含前面提到的一些要素——有意思的故事、热情的表达、有一点幽默等吗？只要科学本身是准确的，是演讲的重点，就不妨在内容中纳入这些要素。

那么，如何设计和进行演讲，才能吸引其至触动你的听众呢？你又不是赫赫有名的善辩人物。关于公开演讲的指南有许多，这并不令人惊讶，因为这样的指南在西方世界已经存在了2000多年了。可能最著名的是大约公元前80年一位不知名的作者写的《修辞学》（*Rhetorica ad Herennium*）。这本书作为雄辩术的核心教材已经使用了1600多年，直到19世纪仍然在印刷出版。说它具有很强的影响力都是保守说法，它曾是西方教育史上很重要的一本书。它的主要目的是教授政治和司法演讲技能，但是，人们后来发现它适用于任何情况，只要演讲者想要说服听众接受自己的观点，这本书都适用。即便是在今天，这本书也为演讲提供了一个实用性很强的模板，这也是无论是有意还是无意，大部分现代指南都在步其后尘的原因。该模板包含6个部分[①]。

（1）介绍部分。演讲者让听众产生想要听下去的意愿并且乐于接受所讲内容，承诺演讲内容"重要、新鲜、不寻常或与听众有关系"。有意思的奇闻趣事，引用著名作家的话，或者用类比的方法（如在科学演

---

① 以下引用来自：Cicero, *Rhetorica ad Herennium*, trans. Harry Caplan, Loeb Classical Library (Cambridge, MA: Harvard University Press, 1954).

讲中说"启动这项计划就像是……"），同样也很有效。

（2）叙述部分。演讲者简要地描述演讲主旨，可以涉及新发现、论点或概要等。同时也要提及参与人员，以及有关他们的事情和他们的性格特征，就像是在奠定故事基础。

（3）分章部分。演讲者"简洁且完整地列出我们打算讨论的要点"（不要超过3个），也可以提一提为什么这些要点是独一无二的，以及这些内容或思想为何不同于其他人宣称或支持的观点。

（4）证据部分。演讲者给出"我们的论点及其事实依据"，即证据。关于证据的错误解释也可以呈现出来，作为制造舞台辩论的一种方式，从而保持听众充分参与。

（5）辩驳部分。反驳反面的论点以及任何可能与演讲者观点不一致的异议。

（6）结论部分。演讲者对整个论辩进行简要总结，并说明其意义。

如果我们以递进或平行的方式，把所有这些部分放在一起，那么我们看到的是一场在每一个环节都会把听众反应考虑进来的演讲或谈话。介绍部分是为了与听众建立起一种友好的甚至温暖的联结，用于叙述和分章部分的时间与篇幅稍长一些，使听众准备好进入演讲的关键部分，即证据部分。然后，虽然非常简短，但是辩驳部分表明你关注到了其他观点、解释和看法，这是一名优秀学者必须做的——对听众来说，这也是你所述内容合理、可靠的一个有力标志。最后，作为总结，结论部分表明你希望听众能从他们的经验中唤起某些回忆，让他们真正学到一些新的东西。

六段式演讲的好处在于，它展示了一幅在演讲中可能会出现的情感（热情）水平蓝图：最开始暖场，叙述和分章部分在一定程度上更为严肃，证据部分更为热切，辩驳部分热切度降低一些，较为轻松，结论部分冷静且确信。你可以想象自己的语速会有什么变化：最开始较为缓慢，中间加快，最后又变缓。

你在现今的指南中能够找到的建议都不会与这个建议差异太大。就像《修辞学》这本古老且实用的书一样,这些建议也将留给你实践价值。这套方法没有替代品,你需要多试几次,直到你变得适应并能够自如地运用这套方法,不再感到有负担(或者厌烦),而是真正想要与他人进行分享。是的,也有可能因为练习过多,过度训练,导致素材变得没有新鲜感(《修辞学》里说,"勤劳的未必是优秀的")。任何事情都需要适度,以帮助你保持热情。

至于语言,当你与一名非科学领域的听众交谈时,在最重要的观点上,有必要把非专业的口语化的用语与正式表达结合起来。当讨论关键的科学观点时,过于随意会让你的演讲变得平淡无奇;也要避免使用那些会让你的演讲听起来像是在迎合一群不太有文化的听众的短语、隐喻和类比(比如使用流行文化或者运动隐喻)。

许多公开演讲指南都会告诉你,以下这个过程是非常重要的:首先确定想要传递的确切信息,然后仔细划分你将如何传递这些信息,逐一填入细节。毫无疑问,这一套思路在某些情况下由于主题的原因是适用的。但是,这绝不是一个普适的原则,不应当被严格遵守。它可能对某些科学家确实有用,但对其他科学家可能会起反作用。在写作的时候,重要的观点和想法是随着撰写过程的推进逐渐浮现出来的。虽然在最开始列提纲是很有帮助的,但在填补细节和写脚本或者做幻灯片的时候,就不可避免地会出现变化,甚至是大的改动。对改动持开放的态度是非常重要的。好的演讲可以在不断修改的过程中找到自己的内在逻辑,连接点和次级主题也会随之浮现出来。

我认识的一些做演讲非常出色的科学家,靠直觉或试错来构建面向公众的演讲。他们从一个能够吸引注意力的图片或简短的故事开始,然后寻找能够深入科学话题的下一个图片或过渡衔接。如果他们的演讲素材以视觉图像为主,他们可能就不需要用讲稿,几乎是即兴的,逐一讨论每张图片。但是,另外一些有经验的演讲者告诉我,他们会把演讲拆分为几个部分,列出每个部分的要点(包括奇闻趣事或其他有意思的小插曲),然后以大纲的形式写一个脚本,甚至给每一张幻灯片撰写备忘录。

接下来是一份演讲注意事项清单,这些建议来源广泛,包括现在的和过去的经验,也包括我个人的经验以及我与某些科学家(他们的演讲我很欣赏且借鉴过)探讨过的问题。其中有一些你可以在其他指南中看到,但还有一些可能是你从别的地方看不到的。为了更容易且更有选择地使用,我把它们按照演讲的不同方面进行了分类。

(一)演讲的姿态

(1)保证最后一排的听众能够听清你的演讲,如果他们能听清,那么其他人也都能听清。

(2)不要面向屏幕说话。如果你在指幻灯片上的内容,半侧身一小会儿指示你说的是什么,然后边讨论边转身回来面向听众。听众应当是你注意力的焦点。

(3)要与听众交流,不要单方面冲着他们说话。直视听众,但不要一直看着同一个地方。在会场的不同地方挑选一些听众,面向他们讲话,就像是在单独面谈一样(如果他们与你的距离大于6米,那么,会看起来像是你正在面对若干听众说话,而不仅仅是在和个别人说话)。你的这种眼神和姿态会显得你非常关注听众,让他们感觉到你真的很希望他们能够理解这个非常酷的主题,而你也的确是这样,不然你根本不会到这来进行演讲。

(4)微笑,至少偶尔微笑(这个主题也是你乐在其中的,对吗?)。这会让你与听众之间产生一种温暖的、人文的联系,并且会让听众更能原谅你偶尔(微乎其微的可能)出现的口误或失误。

(5)踱步移动是非常有用的。首先,演讲速度比平时的说话速度稍慢一些。偶尔停顿一下,给听众留一点反应时间。像前面建议的那样,尝试不同语速、节奏相配合。例如,当说到令人兴奋的事情时,语速加快一点并且音量提高一点。我认识一位科学家,当他谈到自己的工作时,有时会说得过快;然后,他就会停下来道歉,并且说一些类似这样的话"这项工作对我和我的同事来说意义重大"。这对于听众来说极为有效，能够激发他们的同理心。记住，单调的声音（像割草机一样）是听众兴趣的"刽子手"。

（6）试着看起来很自信且听起来很自信。站直了，保持你的双臂适度张开，这样你不至于弯腰驼背或出现自我封闭的姿态（相对开放的姿态意味着自信、掌控和欢迎）。

（二）演讲的内容

（1）不要以自我介绍和介绍你要讲的主题或者说"谢谢你邀请我"等诸如此类的开场白来开头。听众已经通过海报、邮件或其他方式，了解了你是谁以及你将要讲什么内容。如果以这些完全意料之中的方式开头，会让听众认为你没有什么特别的东西要说，并且可能会让他们的头脑变得麻木。

（2）好的开场方式包括以下几种。①用能够触动听众兴趣的问题开场。例如，"我们有可能治愈癌症吗？"；或者"关于人类起源，我们真正知道的是什么？"；或者"化学在帮助我们制造新型交通工具方面，能够起到什么作用？"②用与你的演讲主题相关的一个惊人的事实（或虚构的故事）开场。例如，"今天，世界上大约有3万亿棵树"（林业、生境丧失和气候变化方面的话题可以用这个开场）；或者"每40分钟，从太阳到达地球表面的能量总和相当于地球上所有人一整年的能量消耗总量"。这些事实很容易就能查到，稍加练习，就能有效利用。当然也可能使用不当（例如，"嘿，孩子们，猜猜看？"）。③面向成人听众使用叙事性开场，以"从前"（once upon a time）开头，将科学和关键事件埋藏在故事及其人物关系当中。以诸如此类的话开头："我想给大家讲一个故事"，或者"我想带你们进入一场旅行"。把故事简略地写下来，讲的时候面带微笑并且带着一点热切，这样的开场能够使听众真正进入你的演讲（我们还是孩子的时候，就被训练得喜欢听以关切的声音讲述的故事）。然后讲讲做出这项科研成果的人，尤其是，如果是你和你的同事做出来的，更需要讲讲。他们是谁，他们为什么选择这个主题，他们付出了什么，以及他们遇到过哪些死胡同——简单说来，就是新的科学知识发现过程中的人文细节。

（3）明确的语言线索和过渡衔接，将帮助你的演讲内容沿着关键要点推进。例如，"这就是我们做的事情""现在，这个部分很重要""如果我们仔细看，会发现……""我们发现的事情完全不是预期的事情""所以，现在我们理解了"。

（4）提问能够非常有效地保持听众注意力。例如，"但是，这意味着什么呢？""为什么他们决定……""有其他解释吗？"

（5）如果你使用幻灯片，必须让听众产生视觉兴趣。别当作是与其他同行科学家在交流，从那个角色转换出来。你应当毫不犹豫地把用语转变为最简单的通俗的语言（听众中的"八年级生"会很喜欢这样的语言表达）。

（6）在科学报告中，为了打败怯场这个"恶魔"，你可以把要讲的前几行字或前几段话写下来并且背下来，这样你就能有一个自信的开场。

（7）引用著名思想家（包括科学家）的话是有必要的，但是，需要小心斟酌。阿尔·戈尔（Al Gore）的《难以忽视的真相》（*An Inconvenient Truth*）中对名人名言的审慎选择和策略性使用［马克·吐温（Mark Twain），为了深思熟虑的重点］，就非常有效。不要用俗套的方式来迎合你的听众，例如，"科学奇迹"（wonders of science）以及"宇宙的奥秘"（mysteries of the universe）。也要小心，不要过于依赖意料之中的素材，例如，爱因斯坦、沃森和克里克，以及达尔文。引用不能仅仅是为了讨巧或赶时髦，而是应当实实在在地用于强调某个特定的点，总结一个关键部分，提出一个核心问题，以及帮助你过渡到一个新的话题上。

（8）热情比你想象的还要重要，事实上，这一点极为重要。人们来听一场讲座，不仅仅是为了学习新事物，也是为了被激励去学习。他们放弃了其他活动来到这里。你收获了一些意义深远的事物，向他们展示让他们知道选择来这里是正确的。你很容易就能做到这一点，只需要称赞你讲的内容。例如,"我们要讲讲一些着实令人兴奋的(令人敬畏的、使人着迷的)事情""接下来的事情令所有人惊讶""这是伟大的材料",等等。很显然,这种方式可能会做过头了;但是,如果你在一场45分钟的讲座中只说2~3次这样的话,会非常有用。

(9)记住,你的听众最想听到你所讨论的科学话题的积极一面,不想听到你抱怨或评判其他研究者和他们的工作。经历过短暂的失败之后最终迎来了成功,是很好的故事套路,但只有失败不是好故事。

(10)最后,要注意你如何描述科学。正如本书其他部分提到的,公众通常对科学工作有一个相当原始的看法,不幸的是,这一看法得到了媒体报道的支持。这一看法认为绝大多数科学家的贡献是微小且缓慢的,科学上的主要进步都来自真正的天才和世外高人,他们挑战常规、遭受诽谤但最终被证明是正确的。这种观点需要被转变,而不是被强化。

(三)练习

(1)练习你的演讲不是一件可做可不做的事,而是必须要做的事。只有说出来,而不仅仅是在头脑中过一遍你的演讲或看优秀演讲视频,你才能成为一名更好的演讲者。你需要完全清楚你的演讲听起来怎么样。

(2)需要在准备演讲的早期阶段(当你完成了大约1/3的讲稿时)就开始练习。这将帮助你发现哪些地方很顺畅,哪些地方需要再加工或做些调整。

(3)注意你的演讲语速。找出哪些地方你讲得太慢或太快,哪些地方会卡壳,哪些地方有点生疏(或很生疏),发现后及时做出调整,使演讲顺利进行。

(4)一个很好的练习方法是自己录像然后观看。现在,大多数(如果不是全部的话)笔记本电脑、平板电脑和智能手机都有摄像功能,使这件事变得极其容易操作。不要在意你在这些视频中的衣着和装扮,把注意力集中在你的语言、表情和手势上。在同事或其他朋友面前演练之前,至少要做几轮这样的自我录像和评估。

五、结语

今天愿意做公众演讲的研究者,比他们的前辈有一个明显的便利条件,那就是有油管(YouTube)视频网站。通过这个网站,科学家能够找到可以作为范例的好的甚至优秀的演讲视频,想看多少遍就看多少遍,而且是免费的。他们其至直接搜索"最好的科学演讲",就可以链接到一个不断增加的可供选择的视频库。这当然值得从中选些用得着的了。

有些评价非常高的演讲都来自TED会议(https://www.ted.com)。这些演讲值得说一说。尽管许多TED科学演讲的确令人佩服,并且很值得作为范例,但同样重要的是,你要清楚这些演讲是为特定的场合和听众设计的。这些演讲很少超过20分钟,视频影像高度聚焦于演讲者,几乎不展示可能会用到的幻灯片。这对于讲话方面有很大参考价值,但对于图像素材方面却没有帮助。在剧院式舞台上进行的演讲,演讲者是最重要的视觉焦点,这与科学家通常面对的场合有显著差别。其他一些积极的方面:经验较少的演讲者通常会受到严格的指导,他们的演讲会精心设计以吸引公众的兴趣,他们通常使用趣闻、幽默和引用,并且演讲者的热情几乎全程在线。演讲也通常具有好的开场和好的节奏。只有一个方面需要特别指出来提醒注意,那就是听众。TED演讲的听众是经过筛选的,只有受邀人员才能去听,他们中的大部分人都具有高学历,并且所有人都需要支付6000美元购买入场券(2015年时的票价)。因此,TED演讲不是很适合普通听众,当然这也得看演讲内容。

我建议上网观看一些演讲视频,找出几个你特别喜欢的,研究它们,看这些演讲是如何进行的,对于你的听众来说有什么地方可能需要调整。不同科学家难免有自己的喜好。我喜欢的有卡罗琳·波尔科(Carolyn Porco)的"这是土星"(This is Saturn)、布莱恩·考克斯

(Brian Cox)的"欧洲核研究组织的超级超导对撞机"(CERN's Supercollider)、戴维·加洛(David Gallo)的"水下的惊喜"(Underwater Astonishments),以及邦妮·巴斯勒(Bonnie Bassler)的"细菌如何'对话'"(How Bacteria 'Talk')等。值得花时间去找到那些你认为可以很好地帮助你进行公众演讲的视频范例。但是,要对互联网上的其他演讲保持开放的态度,因为除了TED之外还有许多别的演讲。一如既往地明智地选择范例,因为它们的影响可能会伴随你一段时间。

第二十章　教授科学传播：给课堂教学的建议

能人，做；智人，教。

——艾琳·施瓦茨（Irene Schwartz，教师）

一、致谢

我的教学经验和职业科学家如何提升交流技能的经验,如果不能介绍给导师,那就不能体现其价值。没有哪个课堂是一成不变的。每一堂课都是一个新的挑战。我教过研讨会似的5~6人规模的课,也教过中等规模的15~25人的课,甚至大规模的40~50人的课。这些课程有在大学开设的,有在政府实验室开设的,也有在企业总部开设的,还有在会议和其他专业集会(面向各种各样的专业领域)开设的,甚至还有在客厅开设的;听课的人既有母语为英语的人,也有母语非英语的人;还有教授写作的教师。

从各种各样的讲课经历中,我发现了一些规律。教授人们如何进行更好地交流有一定程度的风险。我指的不是被拒绝或者令人失望的风险,而是可能无法永久转变学生观点。本能的反应强烈地影响着人们的写作或说话方式,这就需要学生(无论什么背景)能够在接受新技能的同时,转变自我意识,调整行为方式。真正的学习都是与个人转变相关的,因此,教的责任是广泛且深入的,学习者是否真的发生了转变永远是无法确定的。

我的观点是:改变人们的交流能力通常是从改变他们对交流的感知开始的。这也是本书的切入点——许多章节都是从态度开始的。此处,在最后一章当中，有必要谈一谈如何能够有效地做到这点。

读者可以注意到，我没有给出一个细致的模板或者列出各种指令，来说明日复一日周复一周该如何教一门课。教师不喜欢别人告诉自己该如何教课，尤其不喜欢按照固定模式来教课；如果教师喜欢这样做，那就不在本章讨论的范畴之列了。接下来，我将介绍一些建议和想法，那是我长期从事各种各样教学活动的体会，这些观点对我设计课程以及成功教授写作和演讲课程有着极大的促进作用。

二、教授科学写作和演讲

在这一部分，我会提供一些关于"如何教"的观点，这些观点在我20多年的教学经验中适用于所有教学状况。这些观点不完全是我独创的，要说有点见解，那都是从大量的阅读和向优秀教师学习以及课堂实践的尝试中积累下来的。有效的教学技巧是可以通过学习获得的，也是可以有组织、有逻辑地合理使用的，但是，正如拥有完美的语法知识并不能使你成为小说家一样，仅仅知道这些教学技巧并不能使你成为一名优秀的教师。

教课就是创建体验。对于教授写作和演讲来说更是如此，主要是因为与陌生人（包括教室里的所有人）交流时需要克服个人层面的暴露感（不安全感）。因此，对于教师来说，与学生之间建立起情感与信任关系是非常有帮助的。面对由在职人员或本科生组成的班级，在这一点上是一样的。怎样建立这种关系呢？

尽可能记住每一个学生的名字。并不是夸大这件事情的重要性，但是，记住学生的名字能够与学生建立起真正的关联（你正在认识每一个人）。看看有没有学生名单，或者最好是带照片的学生名单（许多大学现在都会为教师提供这个）。如果没有学生名单，在课堂上回答问题的学生，你都问问他们的名字——这种方式比在课堂上点名让学生一个接一个机械地答"到"更好。学习名字记忆技巧，当你叫错了名字，以开玩笑的方式缓解尴尬（比如，戏谑地说"对不起，我还在颅骨骨折的恢复期"）。

偶尔停下来讲一些故事，包括你自己作为教师、作者和演讲者的经历，发生在你教的其他班级中的事情，或者你读到、听到的有助于写作和演讲的事情。这些故事同样应当是有意义且有趣的（比如，说"我曾经遇到过这样的编辑，总是在生气，对语言文字或作者的文章生气，我的文章到他手里，就没有一句话能够健全地保留下来"）。这些故事可以是真实的，但如果观点是准确且有价值的，故事也可以是虚构的。它们都是教学素材，其中至少应当有一些故事是真正与你有关的，当然，一点点的自我贬低远比任何形式的自夸要好得多（比如，说"这让我想起来我之前的一次拒稿经历，审稿意见几乎涉及文章的所有方面，就差说我的工作一文不值了"）。

作为一个权威和审判的角色，你被赋予了许多权利。因此，说几句好话将会大有帮助。当学生给出了一个有思想或正确的回答时，称赞学生将会极大地提升学生的参与度和学习动机。一些简单的短语，例如，"好主意"（nice idea）、"说得很好"（that's well said）、"很好的点"（good point）、"我没有想到这一点"（I hadn't thought of that）和"这是一堂令人印象深刻的课"（this is an impressive class），对于鼓舞学生士气并继续努力是非常有效的。同时，如果这样的反馈放在少数特别外向或过度自信的学生身上，有可能会产生相反的效果。在这样一种情况下，鼓励的话是起作用的，例如，"对于这个问题有别的看法吗？"如果没有学生回应，可以接着说："好的，我从你们当中看到了一些很好的作业，你呢，玛莎（Marsha），你对这件事怎么看？"同时，如果你的风格是外表严肃（或许是内在），以示权威尊严，考虑时不时露出一点微笑，以缓和气氛。

当分析已发表的文章时，使用一些你自己的文章。使用这些案例，在分析结束之前，不要说明你就是文章的作者，这样效果最好。同样的，如果你先展示质量不太高的案例（并且告诉学生这些是早期的文章），再展示高质量的案例，从而呈现你的进步，也是非常有帮助的，可以在一节课中完成这一系列展示，也可以用一周或者更长时间完成整套展示。

设计一门课的时候，像本书建议的那样，一个有效的方法就是，把整个计划分成两个基本部分，第一个部分是阅读，第二个部分是写作。相应的，对于演讲来说，也包含两个基本部分，第一分是关于"听"的，第二部分是关于"说"的。这里我将主要谈谈阅读和写作。

第一步是帮助学生学习如何以批判的眼光来阅读，也就是说，如何分析一段科学写作并对它进行评价。这样的分析可以有许多不同的方法，例如，按文章的部分来分析，按修辞功能来分析，按流畅性、逻辑性和过渡衔接来分析等，这些方法没有优劣之分。在讨论沃森和克里克关于DNA的著名论文时，我就用到了其中一种方法。

对于学生来说，一个关键目标是，带着一系列清楚的问题从文章中寻找答案。或者，换成另外一种方式，学生应当有关于写作质量应当关注哪些要点的具体构想。例如，这篇文章的每一个部分都能达成它的目标吗？写作流畅且有逻辑吗？有好的过渡衔接，从而让人读起来不会感觉跳跃吗？有介绍和结论吗？术语选得恰当吗（即术语使用正确吗？或者，用了过多的行话吗）？这些都是有助于评价写作质量的问题。当然，所有这些问题中最重要的就是关于内容的科学性的问题。例如，方法是可接受的吗？数据是令人信服的吗？结论有足够的证据支持吗？等等。

有一个好方法，那就是给学生提供写得不好的文章，让他们阅读并评议，从而自己发现文章中存在的一些写作问题。如果学生们在课堂上能积极踊跃发言，那口头回答就行，这样也给你提供了可以称赞学生的机会。但是，如果学生们不太配合，也可以让他们自行完成，再交上来，或者作为课后作业课下做，再在课堂上分享。

这门课或培训的第二部分是写作练习。可以给学生提供一段话（同样来自一篇写得不好的文章），让学生直接运用已学的批判性阅读技能，首先找出写得不好的地方，然后进行改写。这些改写段落可以作为以后上课的阅读材料，如果学生有配对分组，也可以让他们交换改写段落，然后相互批改。

当然，有许多类型的写作练习或活动都是可以做的。我只想说，学生们确实需要看高质量的写作案例，分析为什么写得好，并学着仿写。如果你的课程能够持续一周或更长时间，这项练习就很容易开展了。如果是一两天的培训，这项练习就不太可能做，就算范例足够短也只能是勉强做一下。

三、教授科普写作和演讲

一些教师知道，为想要学习面向公众写作的科学家开设一门课程或办一次培训班，是一件有趣甚至好玩的事情，也可能是折磨人的事情。当学生愿意积极学习新的技能时，这样的课堂是令人愉快的；当学生怀疑这些技能的价值或根本看不上这些技能时，课堂就会变得让人难以忍受。这两种类型的课堂经历我都有过许多次。

读者可以发现，本书第一部分中提到的几乎所有事情只要做一些关键调整，就都可以用到这里来。对比科普写作和科学写作，是一个很有帮助的课程引入或者可以在课程初期做的事情。关于这个话题已经说过很多次了，本书也谈了一些关于两者的主要差异（见第十九章）。一个有效且常用的方法，是比较科研论文原文和一篇或几篇关于该论文的媒体报道，把两者的开场段落摆在一起，这样学生就能直观地对比并做出评议。

关于从事科普写作，无论你是否会遇到阻力（当然，一开始你可能不知道），克服这些阻力就会朝着好的势态发展。在任何国家和地区谈论获取知识的途径当然是好事，也是科学家对政府资助和公众的回馈。但是你可能会发现，看清楚想明白科普写作能给研究人员的职业生涯带来的好处也是有必要的，即科普写作能够提升研究者及其工作的曝光率和后续影响，改进公众的认知，并为科学本身树立一个正面形象（这不是一件小事）。

在分析一段科普写作时，需要关注的事情与分析科研论文是不同的。可以提出一些问题：它有趣吗？它是在尝试吸引我们还是仅仅把信息堆砌在纸面上？对于非科学家来说，它易读（不含有没说清楚的术语）吗？信息准确吗？作者使用的比喻或类比手法恰当吗（它们看起来怪异、不合适或者勉强吗？例如，"地震引发的海啸扑向海岸"）？文章逻辑合理吗？有良好的过渡衔接和内在联系吗？有令人回味的结尾吗？

另一种方法是问学生文章讲了什么故事，这有助于把注意力聚焦在人物和事件上，并且有助于教师指导学生追踪文章的叙述脉络。根据班级人数和人员组成，灵活使用这一方法，从这一步开始，再聚焦到上述问题上。

在查找和使用好的范例方面，你（教师）可以自己提供，也可以让学生找一些他们特别喜欢的。学生查找的时候，一个有用的筛选标准是"我希望自己也能写成这样！"（或者，在多个可选案例当中，找到"我真的想要能够写出这样的文章"。）

如果班上的人都来自同一个学科，那么，你或者学生选择的范例就能适用于所有人进行评价练习。换句话说，学生可以讨论并最终决定（教师给予必要的指导）他们最想要仿写哪些案例。但是，如果你的课堂上有来自多个不同学科的人，要做这件事情就会困难很多。在这种情况下，建议不要只选用一个领域的案例。

在标题上花一些时间。人人都能认识到标题的重要性，标题往往是读者第一眼看到的东西，并且常常决定了读者是否会继续读下去。同样的，展示不同写作质量的案例，是非常值得做的。然后，让学生改写一些质量较差的案例，全班讨论并比较他们改写的版本。

最后，在任何班级都需要争取达到的一个目标是，让学生愿意做志愿者，把自己的写作（和改写案例）拿出来供其他人讨论。在我的经历里，只有少数人在为期只有一两天的培训课程刚开始的时候愿意这么做。你可能会幸运地找到一个更有勇气的群体，在你的指导下愿意做志愿者，或者用你自己的方法让学生很快就愿意做志愿者（如果你做到了，诚挚地恭喜你，并请告诉我你的方法）。一个班级的成员如果能够有自信把自己的写作贡献出来，现场供同伴评审，这是一个真正成功的标志。

　　在高等教育中，教授交流技能可能与其他类型的课程不同。本质上，它就是不同的。它属于人文学科（如文学）和技能训练（如翻译）相结合的课程。这使得它既有挑战又有风险，一旦成功就有巨大价值。教师（包括我）认为自己是社会的奉献者，应当把进入他们课堂的学生培养成为与上课前不同的、更有学识且更有能力的人。本章中本人不揣寡陋，提出各项建议，为的就是增加实现这一目标的可能性。其中的相当一部分建议是我从其他教师那里学来的，例如，艾琳·施瓦茨（见本章开篇语），她曾是一名出色的英语教师，教八年级学生，她以极大的耐心和关怀改变了一名任性学生的人生。

第二十一章 结　　语

我们经常错误地认为，教育是一件可以做完的事情。

——艾萨克·阿西莫夫（Isaac Asimov）

第二十一章 结 语

我写这本书的原因是我认为研究和传播是一个连续的统一体,最后发现,现实更甚,在真实世界的日常科研工作中,二者是不可分割的。研究涉及若干核心活动,传播是其中之一。从头到尾,与科研相关的所有事情,包括实验室工作、图书馆工作、理论工作、与校方的联系和所有其他相关工作,都离不开语言文字。如果你不能与同行进行充分交流,那么你就无法做研究,至少无法做出有任何真正意义的科研产出。拙劣的写作往往导致劣质的科学成果。

上面这些话是"严厉的家长"会说的话。我倾向于说得更加温和一些(但意思是一样的):共享知识(尤其是以正式的、公开的方式)是一个滋养的过程,使得科学本身成为一项鲜活的、不断成长的事业。读、说和写是最基本的技能,也是每一位希望为科学文库的壮大做贡献的科学家应当承担的责任。因此,把自己的工作展示给别人,不仅仅是为了生存,还能深化一个人在某个领域的参与度。毕竟已经选择了这个领域并决定为之奋斗终生。

把以上观点与传统的标准观点[科学家必须"跟进报告(write up)"自己的研究]进行对比。"跟进报告"这个短语如此常用,鲜被质疑,是什么意思呢?在一定程度上,它让人回想起可怕的学校科学实验报告,要求在写实验结果之前把数据(一个劲儿来回核对)写在纸上。这样的记忆也延伸到专业科学工作中,"跟进报告"意味着研究者在开始写报告之前,必须先停下手中的工作(在实验室、办公室、野外等任何地方的工作）。然后，研究者必须坐下来，以修道的方式，深呼吸，与语言"怪兽"搏斗并将其驯服为自己想要的样子。因此，写作就成了一个不幸的甚至可悲的障碍，而且不得不屈从于外界干预。

当然，这样的态度是致命的。我们可以说这是毁灭性的、自寻灭亡吗？当然可以，写作是一项工作，就像任何实验和探索过程一样——虽不比实验和探索过程艰难，但同样重要。

写作是通往内心的旅行，对于许多人来说，这可能并不是一种非常愉悦的体验。事实上，这是一种"曝光"，要把一个人所做的工作表达出来，有可能会给人带来明显的焦虑感。但是，我敢打赌，如果我们能够回到过去，回到我们第一次被科学所吸引并愿为之奋斗终生的那一刻，我们将会发现，在那时的我们对"科学"的认知中，仰慕的背后埋藏着某种愿望：渴望能够影响其他人，渴望竞争和攀升，渴望分享，渴望与更广阔的世界连通，为之增添精彩。这种渴望及其抱负，本质上就是希望我们的思想和工作能够为人所知。

像任何作者一样，科学家通过文字符号来标记自己的存在，这也是他们做出贡献的方式。今天的科学家比以往任何时候都拥有更多、更令人振奋的表达渠道。确切地说，这是一个令人振奋且要求苛刻的时代。有更多形式的出版物需要了解，有更多类型的媒介需要学习和使用，专业人员和机构之间也有更多的联系途径。科学覆盖的范围比以往任何时候都要大得多，也更加紧迫，更加多样化，更加复杂，更加渴望补充新的知识。但传播交流仍然是它的核心内容。科学家比以往任何时候都更需要进行文字撰写工作。懂得如何运用一点实用技能或更好的方式来写作，甚至带有一定程度的自豪感或愉悦感，等于是多了一门最基本的看家本事，不惧吃科学这碗饭的艰难。

我写这本书，是为了列出一些方式，帮助学生和科学实践者获得并提升这种能力。一个主要的思想就是利用好的写作范例来改进自己的表达。这并不是一个原创观点，很久以前就有这种观点。但是它需要时间和耐心。我们一直需要好的作者来保持我们的科学充满活力、不断成长，如果我们不能在他们上学的时候给予他们充分的训练，那么，当他们离开学校之后，我们就需要给他们提供方法来发展写作技能。不论是否刻意，所有作者都是通过范例和尝试来学习写作的。这是习得任何艺术或手艺的必要条件。使这个过程变成是有意识的，甚至是有章法的，对于新手或自认为娴熟的作者来说，都能够带来相当大的好处。

丹尼尔·笛福（Daniel Defoe）——全球最高产的作者之一，500多部作品出自他之手——曾经说过："世界是一个嘈杂的交易所。"如果我们认为写作是对这种噪声的一个主要贡献，那么，科学无疑是无数激荡回响的源头，把我们从安静的过去带进喧嚣的未来。当代科学在很大程度上始于文学——通过书籍、期刊、日志和翻译等文本的出版来分享知识与经验。现在，科学可能已经不再是文学了，但是，从广义上讲，科学仍然属于文献。伟大的"科学图书馆"一年比一年更加壮大。

参 考 文 献

Alley, M. 1996. *The Craft of Scientific Writing*. 3rd ed. New York: Springer.
——. 2013. *The Craft of Scientific Presentations*. 2nd ed. New York: Springer.
Anholt, R. R. H. 1994. *Dazzle' Em with Style: The Art of Oral Scientific Presentation*. New York: W. H. Freeman.
Baron, N. 2012. *Escape from the Ivory Tower: A Guide to Making Your Science Matter*. 2nd ed. Washington, DC: Island Press.
Bishop, C. T. 1984. *How to Edit a Scientific Journal*. Baltimore: Williams and Wilkins.
Blicq, R. S. 1995. *Writing Reports to Get Results: Quick, Effective Results Using the Pyramid Method*. 2nd ed. New York: Institute of Electrical and Electronics Engineers.
Blum, D., M. Knudson, and R. M. Henig, eds. 2006. *A Field Guide for Science Writers*. 2nd ed. New York: Oxford University Press.
Booth, V. 1993. *Communicating in Science*. 2nd ed. Cambridge: Cambridge University Press.
Borgman, C. 2010. *Scholarship in the Digital Age: Information, Infrastructure, and the Internet*. Cambridge, MA: MIT Press.
Borowick, J. N. 1996. *Technical Communication and Its Applications*. New York: Prentice Hall.
Briscoe, M. H. 1996. *Preparing Scientific Illustrations: A Guide to Better Posters, Presentations, and Publications*. 2nd ed. New York: Springer-Verlag.
Ceccarelli, L. 2011. "Scientific Controversy: Science, Rhetoric, and Public Debate."

Rhetoric and Public Affairs 14 (2): 195-228.

Chambers, J. S. 1983. *Graphic Methods for Data Analysis*. London: Chapman and Hall.

Cleveland, W. S. 1993. *Visualizing Data*. Summit, NJ: Hobart Press.

———. 1994. *The Elements of Graphing Data*. Rev. ed. Boca Raton, FL: CRC Press.

Coghill, A. M., and L. R. Garson. 2006. *The ACS Style Guide: A Manual for Authors and Editors*. 3rd ed. New York: American Chemical Society.

Council of Science Editors. 2014. *Scientific Style and Format: The CSE Manual for Authors, Editors, and Publishers*. 8th ed. Chicago: University of Chicago Press.

Davis, M. 1997. *Scientific Papers and Presentations*. San Diego: Academic Press.

Day, R. A. 1995. *Scientific English: A Guide for Scientists and Other Professionals*. 2nd ed. Phoenix, AZ: Oryx Press.

Dean, C. 2009. *Am I Making Myself Clear? A Scientist's Guide to Talking to the Public*. Cambridge, MA: Harvard University Press.

Dear, P., ed. 1991. *The Literary Structure of Scientific Argument*. Philadelphia: University of Pennsylvania Press.

Duarte, N. 2008. *Slide: ology: The Art and Science of Creating Great Presentations*. Sebastopol, CA: O'Reilly Media.

Fourdrinier, S., and H. J. Tichy. 1988. *Effective Writing for Engineers, Managers, Scientists*. 2nd ed. New York: John Wiley & Sons.

Gant, S. 2007. *We're All Journalists Now: The Transformation of the Press and Reshaping of the Law in the Internet Age*. New York: Free Press.

Glasman-Diel, H. 2009. *Science Research Writing for Non-native Speakers of English*. London: Imperial College Press.

Goodlad, S. 1996. *Speaking Technically: A Handbook for Scientists, Engineers and Physicians on How to Improve Technical Presentations*. London: World Scientific Publishing Co.

Gopen, G. D., and J. A. Swan. 1990. "The Science of Scientific Writing." *American Scientist* 78 (6): 550-558.

Gregory, J., and S. Miller. 1998. *Science in Public: Communication, Culture, and Credibility*. New York: Plenum.

Hailman, J. P., and K. B. Strier. 2006. *Planning, Proposing, and Presenting Science Effectively: A Guide for Graduate Students and Researchers in the Behavioral Sciences and Biology*. 2nd ed. Cambridge: Cambridge University Press.

Hayes, R., and D. Grossman. 2006. *A Scientist's Guide to Talking with the Media:*

Practical Advice from the Union of Concerned Scientists. New Brunswick, NJ: Rutgers University Press.

Hers, H.-G. 1984. "Making Science a Good Read." *Nature* 307 (5256): 205.

Hodges, E. R. S. 1988. *The Guild Handbook of Scientific Illustration*. New York: John Wiley and Sons.

Hoover, H. 1980. *Essentials for the Scientific and Technical Writer*. 2nd ed. Mineola, NY: Dover.

JAMA Archives. 2007. *American Medical Association Manual of Style: A Guide for Authors and Editors*. 10th ed. New York: Oxford University Press.

Kenny, P. 1982. *Public Speaking for Scientists & Engineers*. Bristol, UK: Adam Hilger.

Lannon, J. 1979. *Technical Writing*. Boston: Little, Brown, and Co.

Levine, G., ed. 1987. *One Science: Essays in Science and Literature*. Madison: University of Wisconsin Press.

Lindsay, D. 1995. *A Guide to Scientific Writing*. 2nd ed. New York: Longman.

Locke, D. 1992. *Science as Writing*. New Haven, CT: Yale University Press.

Matthews, J. R., J. M. Bowen, and R. W. Matthews. 1996. *Successful Scientific Writing: A Step-by-Step Guide for Biomedical Scientists*. London: Cambridge University Press.

Medawar, P. B. 1990. "Is the Scientific Paper a Fraud?" In *The Threat and the Glory*, 228-233. New York: HarperCollins.

Meredith, D. 2013 *Explaining Your Research: How to Reach Key Audiences to Advance Your Work*. New York: Oxford University Press.

Montgomery, S. L. 1996. *The Scientific Voice*. New York: Guilford.

———. 2000. *Science in Translation: Movements of Knowledge through Cultures and Time*. University of Chicago Press.

———. 2013. *Does Science Need a Global Language? English and the Future of Research*. Chicago: University of Chicago Press.

Morgan, S., and B. Whitener. 2006. *Speaking about Science: A Manual for Creating Clear Presentations*. Cambridge: Cambridge University Press.

Moriarty, M. F. 1997. *Writing Science through Critical Thinking*. Boston: Jones and Bartlett.

Nelkin, D. 1995. *Selling Science: How the Press Covers Science and Technology*. New York: W. H. Freeman.

O'Connor, M. 1991. *Writing Successfully in Science*. New York: Harper Collins.

Paradis, J. G., and M. L. Zimmerman. 1997. *The MIT Guide to Science and Engineering Communication*. Cambridge, MA: MIT Press.

Pechenik, J. A. 1993. *A Short Guide to Writing about Biology*. 2nd ed. New York: Harper Collins.

Scanlon, E., R. Hill, and K. Junker. 1999. *Communicating Science: Professional Contexts*. London: Routledge, in association with the Open University.

Scanlon, E., E. Whitelegg, and S. Yates. 1999. *Communicating Science: Contexts and Channels, Reader 2*. London: Routledge, in association with the Open University.

Schimel, J. 2012. *Writing Science: How to Write Papers Th at Get Cited and Proposals That Get Funded*. New York: Oxford University Press.

Schoenfeld, R. 1989. *The Chemist's English*. New York: John Wiley & Sons.

Shortland, M., and J. Gregory. 1991. *Communicating Science: A Handbook*. New York: John Wiley & Sons.

Sides, C. S. 1991. *How to Write and Present Technical Information*. Phoenix, AZ: Oryx Press.

Slade, C., and R. Perrin. 2007. *Form and Style: Research Papers, Reports, Theses*. 13th ed. Belmont, CA: Wadsworth Publishing.

Stapleton, P. 1987. *Writing Research Papers: An Easy Guide for Non-native English Speakers*. Canberra: Australian Centre for International Agricultural Research.

Suber, P. 2012. *Open Access*. Cambridge, MA: MIT Press.

Tufte, E. R. 1983. *The Visual Display of Quantitative Information*. Cheshire, CT: Graphics Press.

———. 1990. *Envisioning Information*. Cheshire, CT: Graphics Press.

———. 1997. *Visual Explanations*. Cheshire, CT: Graphics Press.

Valiela, I. 2000. *Doing Science: Design, Analysis, and Communication of Scientific Research*. Oxford: Oxford University Press.

Wilkinson, A. M. 1991. *The Scientist's Handbook for Writing Papers and Dissertations*. New York: Prentice Hall.

Williams, J. M. 1995. *Style: Toward Clarity and Grace*. Chicago Guides to Writing, Editing, and Publishing. Chicago: Chicago University Press.

Wolff, R. S., and L. Yeager. 1993. *Visualization of Natural Phenomena*. New York: Springer-Verlag.

Wood, P. 1994. *Scientific Illustration: A Guide to Biological, Zoological, and Medical Rendering Techniques, Design, Printing, and Display*. 2nd ed. New York: John

Wiley and Sons.

Worsley, D., and B. Mayer. 1989. *The Art of Science Writing.* Philadelphia: Teachers & Writers Collaborative.

Yang, Jen Tsi. 1995. *An Outline of Scientific Writing for Researchers with English as a Foreign Language.* World Scientific Publishing Co.

Zimmerman, D. E., and D. G. Clark. 1987. *The Random House Guide to Technical and Scientific Communication.* Random House.

Zinsser, W. 1985. *On Writing Well: The Classic Guide to Writing Nonfiction.* 6th ed. New York: Harper Reference.